聚合与分化

——仰韶文化中期的聚落与社会

马萧林 著

文物出版社

图书在版编目（CIP）数据

聚合与分化：仰韶文化中期的聚落与社会 / 马萧林
著. -- 北京 ： 文物出版社，2024．12． -- ISBN 978 - 7
- 5010 - 8529 - 3

Ⅰ．K871. 13 - 53

中国国家版本馆 CIP 数据核字第 20242YU197 号

聚合与分化

——仰韶文化中期的聚落与社会

著　　者：马萧林

责任编辑：郑　彤
封面设计：王文娴
责任印制：王　芳

出版发行：文物出版社
社　　址：北京市东城区东直门内北小街 2 号楼
邮　　编：100007
网　　址：http：//www. wenwu. com
邮　　箱：wenwu1957@126. com
经　　销：新华书店
印　　刷：宝蕾元仁浩（天津）印刷有限公司
开　　本：787mm×1092mm　1/16
印　　张：16
版　　次：2024 年 12 月第 1 版
印　　次：2024 年 12 月第 1 次印刷
书　　号：ISBN 978 - 7 - 5010 - 8529 - 3
定　　价：128. 00 元

自　序

本书收集了我在近二十年里发表的关于仰韶文化中期或庙底沟期（距今约6000～5300 年）的研究文章。1999 年 2 月初，我第一次来到豫西灵宝铸鼎原调查史前遗址，没想到从此与灵宝结下了不解之缘。二十多年来，我的考古生涯与学术研究大多围绕灵宝境内的史前遗址展开，尤其是聚焦考古发掘工作比较多的西坡遗址。我尝试把灵宝作为仰韶文化核心区的典型标本来观察，把西坡遗址当作仰韶文化中期的麻雀来解剖，希望通过管窥西坡的聚落演变、生业经济，以小见大，由点及面，进而认识仰韶文化中期的聚落形态与社会变迁，探讨仰韶文化社会复杂化或文明化的过程及动因。

灵宝市位于河南最西部，北隔黄河与山西芮城相望，西与陕西潼关接壤。在地理上，灵宝南部为秦岭山区，北部为黄土塬，地势大致南高北低。境内发源于秦岭的七条河流，将深厚的黄土分割成六道东西并列、南北走向的黄土塬，铸鼎原（又写作"铸鼎塬"）便是其中一条。铸鼎原南倚荆山、夸父山，北濒黄河，这里与黄帝有关的传说丰富而集中。

1998 年以前，灵宝境内的史前遗址并没有引起学术界的关注。20 世纪 90 年代初，灵宝市阳平镇为发展旅游，计划在铸鼎原的最高处（海拔 599 米）修建一座黄帝陵。1992 年 7 月，正在灵宝调查冶铁遗址保护问题的河南省文物考古研究所冶金专家李京华先生，得知当地要修建黄帝陵的消息，遂向市镇两级政府提出了多项建设性意见，其中包括调查铸鼎原周围的史前遗址。

1998 年 9 月中旬，灵宝市政府在阳平镇召开了有李京华、杨肇清、高炜、许顺湛等专家参加的座谈会，与会学者先调查了黄帝陵和北阳平、西坡等仰韶文化遗址，对黄帝文化与仰韶文化的关系产生了浓厚兴趣。1998 年底，河南省文物考古研究所成立了由杨肇清、李京华、张居中和马萧林组成的铸鼎原考古调查组。1999 年 2 月初，正值春节前夕，我们一行 4 人带车赶赴灵宝，在灵宝市文管所郭敬书、宁建民、胡小平、赵来坤等陪同下，先后考察了黄帝陵及北阳平、西坡、东常等新石器时代

1

遗址。商定春节过后，由我先期来灵宝，对铸鼎原两侧的阳平河和沙河流域的史前遗址进行复查，摸清遗址的大致位置和规模，然后整理在调查中采集的文化遗物，确定遗址的文化年代和性质，尽快写出考古调查报告。

1999 年 3 月初，刚过春节，气温乍暖还寒，我带着一名文物绘图员来到灵宝，与文管所几位业务人员一起用了一周时间做田野调查、复查工作，初步搞清了阳平河、沙河两侧 30 多处新石器时代遗址的地理位置、海拔和现存面积。3 月中旬，我所杨肇清、李京华、张居中、中国社会科学院考古研究所陈星灿、李新伟、黄卫东，北京大学考古系赵辉、张江凯、赵春青等专家一起来到灵宝，随即对铸鼎原周围及灵宝东部的五帝、三圣、双庙沟等大型仰韶文化遗址进行了考察，并对北阳平遗址开展详细调查。调查工作于 3 月底结束，这时我也完成了近 3 万字的调查报告。我执笔的铸鼎原及其周围的调查报告、陈星灿执笔的北阳平遗址的调查报告，先后发表在 1999 年的《华夏考古》和《考古》期刊上。这次联合考古调查和两篇调查报告的发表，拉开了铸鼎原史前聚落考古的序幕。

1999 年 10 月，围绕仰韶文化考古与黄帝传说，灵宝阳平镇政府召开了学术研讨会，来自全国各地不同专业的学者，针对铸鼎原仰韶文化遗址群、黄帝及中国文明起源等课题展开了热烈讨论。与会专家把仰韶文化与黄帝或黄帝文化相提并论，对在这里从事具体工作的考古工作者提出了很高的要求，我们在这种氛围里承受着很大的压力。

1999 年 10 ~ 12 月，中国社会科学院考古研究所与河南省文物考古研究所组成联合考古队，对铸鼎原一带面积最大的遗址——北阳平遗址（约 70 万平方米）进行了试掘。通过试掘发现，那些适合选择发掘的地点，也就是地面上没有苹果树的地方，文化遗存的保存状况不够理想，于是从 2000 年开始，把考古工作的重心转移到保存状况较好的第二大遗址——西坡遗址。

西坡遗址位于灵宝市阳平镇西坡村西北，南距秦岭约 5 公里，北距黄河约 11 公里。发源于秦岭山地的夫夫河和灵湖河，由南向北从遗址东西两侧流过，在遗址以北不远处交汇，流入黄河的支流沙河。遗址西南高、东北低，海拔 455 ~ 475 米，面积约 40 万平方米。灵宝境内的考古调查结果表明，西坡遗址是铸鼎原周围 20 多处仰韶文化中期遗址中规模仅次于北阳平遗址的中心性聚落。

2000 ~ 2013 年，联合考古队对西坡遗址先后进行了八次发掘和一次系统的考古勘探，发掘面积近 8000 平方米。第一次发掘选择在遗址的中部偏南，第二次、第三次、第四次、第七次发掘主要在遗址中部，第五次、第六次发掘揭露了遗址南壕沟以南的墓地，第五次、第八次发掘解剖了遗址的北壕沟、南壕沟。这些发掘揭露了7座大型和中型房屋基址，清理百余座灰坑和34座墓葬，出土大量陶器、石器、玉器、骨器等文化遗物，采集了人类骨骼、动物骨骼以及植物、微生物和土样标本。发掘结果表明，西坡是一处以仰韶文化中期遗存为主的新石器时代遗址，遗址中部和北部有部分仰韶文化晚期遗存，北部还见少量庙底沟二期文化遗存。

尽管西坡八次发掘的面积仅占遗址总面积的不足2%，还难以像全面揭露的临潼姜寨遗址那样能够清晰地呈现仰韶文化早期的聚落形态，复原当时的社会结构和历史场景，但根据考古勘探和发掘结果，基本探明了遗址的南、北壕沟的位置和大体走向，首次发现了仰韶文化中期晚段的墓地，初步把握了遗址的结构布局。在西坡的考古发现对于认识仰韶文化中期的文化面貌、聚落形态、埋葬制度、社会结构以及中原文明起源等问题具有重大价值，因而入选2006年度"全国十大考古新发现"。西坡遗址的发掘成果还为豫陕晋邻近地区仰韶文化中期的聚落考古研究提供了可资借鉴的思路和方法，对沉寂多年的仰韶文化研究起到了积极的推动作用，故而西坡遗址的考古发掘与研究被列入"中华文明探源工程"的重点研究项目。

需要说明的是，联合考古队对西坡遗址八次发掘的主要收获及时在《考古》《文物》《华夏考古》《中原文物》《中国文物报》等刊物上进行了报道，西坡墓地的发掘与研究成果集中体现在《灵宝西坡墓地》（文物出版社，2010年）。围绕西坡遗址刊布的考古发现，我们联合考古队成员以及相关学者发表了近百篇研究文章，深化和拓展了对仰韶文化中期聚落与社会的认识。

我在1999年春结束对灵宝铸鼎原的调查之后，参加了郑州商城东北部的宫殿区、小浪底水库淹没区的渑池南村遗址的考古发掘工作。2000年4月赴澳大利亚拉筹伯大学考古系，师从刘莉和Richard Cosgrove攻读动物考古专业博士学位，2003年10月完成博士论文后回国。读博期间，我回国参加了西坡遗址的第二次发掘以及动物骨骼的采集、鉴定工作。博士论文主要是基于灵宝铸鼎原周围的考古调查资料，以及西坡遗址的第一次、第二次、第三次考古发掘资料，围绕仰韶文化社会复杂化这个主题展开。通过采用聚落考古和动物考古的方法，探究仰韶文化社会复杂化的特征、过程和动因。随着西坡遗址考古成果的不断丰富、黄河流域仰韶文化遗址考古工作的持续开展，在博士论文的基础上，我对西坡聚落形态及其社会变迁的认识也在不断深化。

2010年12月，我被组织调到河南省文物局工作，2017年6月又到河南博物院工作，因此不能亲自参加田野发掘工作，也无法全身心投入考古研究。但这么多年来，我并没有因为行政管理工作而放弃考古研究，而是时刻关注考古新发现和学术动态，积极参加国内外考古学术会议，还在郑州组织了几次国际动物考古学术研讨会，不断思考着史前考古和动物考古方面的学术问题，挤出时间撰写论文。同时，还指导省文物考古研究院动物考古实验室的工作，编著动物考古文集、动物鉴定图谱，翻译动物考古著作，以期推进中国动物考古学科的发展。

本书收录的 18 篇文章大致分为四个部分：第一部分的这篇短文是从《灵宝西坡墓地》一书摘取的，简要回顾了仰韶文化的发现与研究现状，阐明了当时发掘西坡遗址的必要性和迫切性；第二部分关于动物考古方面的 4 篇文章，是从我的博士论文抽取出来的，对西坡遗址出土的动物骨骼进行了比较系统的分析；第三部分的 6 篇文章是对西坡墓地及相关问题的研究；第四部分的 7 篇文章主要是对西坡的聚落形态及仰韶文化中期相关问题的讨论。

关于动物考古研究，这 4 篇文章是相互关联的一个整体，试图通过对西坡遗址出土动物骨骼的全面分析，探讨西坡聚落中先民的肉食资源、消费模式，认识当时的生业经济和社会状况。《灵宝西坡遗址动物骨骼的收集与整理》一文，对动物骨骼的收集过程、鉴定、记录和统计的方法，以及收集方法与埋藏因素对骨骼保存和收集质量的影响作了介绍和评估，其目的在于对西坡遗址第一次和第二次发掘过程中，采用不同的收集方法获得的动物骨骼标本能否放在一起分析，分析结果是否科学、可靠进行评估。一方面让我们对不同采集方法收集到的动物种类、数量所产生的差异有直观而感性的认识，从而了解出土动物骨骼的基本面貌；另一方面可以评估和预测骨骼收集过程中存在的问题，避免骨骼分析和阐释中的片面性，还能指导今后的田野收集和室内整理工作。在《河南灵宝西坡遗址动物群及相关问题》中，通过对西坡出土动物骨骼的系统分析，发现到仰韶文化中期，家猪已经取代野生动物成为人们肉食消费的主要来源，与黄河中游地区仰韶文化早期以野生动物为主要肉食消费对象相比，发生了显著变化。更为重要的是，这一变化与仰韶文化中期人口规模和密度明显增加的情况一致，也与这一时期社会结构发生变化、社会复杂化程度进一步加深密切相关。《灵宝西坡遗址家猪的年龄结构及相关问题》一文，对西坡遗址出土家猪的年龄结构进行了详细分析，尝试通过对家猪年龄结构的研究，探讨早期复杂社会中心聚落的家畜生产和消费模式，进而判断社会结构和社会复杂化程度。研究结果表明，在西坡这样的中心聚落，很可能猪仍然是作为居民自给自足经济成分的一部分被饲养和消费的，人们在肉食消费质量上的差异性尚未明显表现出来。高级复杂社会特征中显示的专业化的动物生产、分配和消费模式，在早期复杂社会阶段还没有出现，它很可能发生在后来的与日益发展的政治、经济和社会结构复杂化密切相关的社会历史阶段。《灵宝西坡遗址的肉食消费模式——骨骼部位发现率、表面痕迹及破碎度》一文，对西坡遗址出土动物的骨骼部位发现率、表面痕迹、破碎度以及空间分布进行了详细分析，旨在通过建构遗址的肉食消费模式，认识仰韶文化中期中心聚落的社会关系和经济社会状况。分析结果表明，绝大多数的猪和鹿很可能是在居住址被屠宰和消费的，之后的埋藏过程对骨骼表面的影响很小，人们对骨髓和脂肪的需求是造成骨骼破碎的主要原因。西坡没有把猪用作祭祀动物，而是作为宴饮活动中的消费对象。宴饮可能用来创造和强化社会群体的认同感，并为某些个人或群体获取威望提供竞争机会。

关于墓地及出土遗物研究的 6 篇文章，是基于西坡墓地考古发掘信息而拓展和引发的一些思考。《灵宝西坡仰韶文化墓地出土玉器初步研究》对西坡墓地第一次发掘出土的 10 件玉器的质地、陈放位置、加工技术等进行了细致分析，认为西坡墓地随葬的这批玉钺已具备礼器性质，集中体现了仰韶文化中期黄河中游地区玉石制作技术的发展水平，其制作技术的形成和发展乃至利用方式等，均与当时的文化交流互动有关。《河南灵宝三件馆藏玉钺的年代及相关问题》一文，根据灵宝西坡墓地出土玉钺的特征，对灵宝市文管所收藏的三件玉钺的性质与年代进行了认定，并结合玉钺采集遗址的基本信息及考古成果，对三件玉钺的相关问题进行了探讨。三件玉钺属于仰韶文化中期遗物，灵宝一带仰韶文化中期的部分墓葬或多或少都随葬这类玉钺，玉器原料产地很可能不会太远。相比墓葬规模及随葬的大口缸，玉器在仰韶文化中期的墓葬等级指示性方面不具较强代表性。《华县泉护村遗址的墓地在哪里——灵宝西坡墓地发掘启示》是一篇启示性文章。西坡墓地发掘后我们发现，华县泉护村遗址揭露的 M701，无论从墓地位置、墓葬形制还是器物组合、陈放位置，都与灵宝西坡遗址非常相似。因此，我们通过对比得出几点认识：M701 的长宽比不符合墓葬结构常理，宽度明显不够，很可能还有二层台，只是墓葬上部几乎被晚期活动破坏掉了，仅剩下能够容身的墓室；M701 未能复原的器物应该是类似西坡的簋形器，同样因火候低而不易复原；泉护村墓地的年代与西坡墓地年代相近，同为仰韶文化中期的最晚阶段；泉护村的墓地很可能就在 M701 所在位置附近，即遗址南部地势较高的区域，与西坡墓地在遗址中的相对位置近似。《灵宝西坡墓地复原研究》是一篇探索性文章，旨在提醒考古工作者在发掘时既要注意发掘时揭露的遗迹是否为原生的，即它是否受到后期自然和人为因素破坏，也要留心遗址周围的埋藏环境。在西坡墓地发掘过程中，我们发现墓葬填土中大多为黄色土，但也明显掺杂少量棕红色土，这些棕红土是当时人们有意为之还是埋葬时形成的自然填土？有趣的是，在墓地南边不远处地势较高的断崖上，发现了一层厚约60厘米的棕红土，距离地表较浅。这让我蓦然想到，很可能墓地本来的地势高度与南边大体一致，由于自然和人为原因，墓地原有深度遭到严重破坏，墓葬中的棕红土是墓葬开挖时的原生土。由此推断，我们就可参照现在的棕红土高度复原墓葬的原有深度。同时，还根据黄河中游地区史前墓葬常见的埋葬密度，复原了西坡的墓葬密度，"活化"了特殊的历史场景。这种在研究方法上的尝试性探索，为考古发掘者客观、动态地认识古代遗址中的遗迹现象提供了新思路、新理念。《灵宝西坡墓地再分析》一文，根据墓地考古报告及新补充的测年数据，对墓地分区、墓地形成以及特殊随葬品等问题作了进一步分析。研究发现，现存墓葬的埋藏深度和排列密度远非墓地的原始状况，多数埋藏较浅的墓葬已不复存在，墓地不具备开展分区研究的客观条件。墓葬之间的地层关系和人骨测年数据显示，墓地很可能是由西往东逐渐埋葬形成的。随葬大口缸和玉钺的现象仅是仰韶文化中期晚段埋葬习俗的一段"插曲"，在黄河中游考古学文化中找不到这种葬俗的来源与流向，该葬俗或许受到黄河下游和长江中下游考古学文化的影响。《河南灵宝西坡墓地的多学科考古实践与探索》是一篇介绍西坡墓地多学科考古实践的文章，旨在说明在考古发掘中全面采集各类标本的必要性和重要性。采用多学科手段对西坡墓地所作的分析，能够使我们比较清晰地了解到仰韶文化中期居住在灵宝这一地域人群的体质状况和饮食结构。对墓地出土人骨口腔疾病的分析，证明当时的经济模式属于农业社会，而食性分析显示粟是西坡居民的主食，同时还食用其他块茎类植物。个体的对比分析揭示出当时不同的社会阶层在饮食上存在差别，高等级墓葬的墓主在生前应有更多的机会享用肉食；而人骨的对比分析还表明，高等级个体之间存在更密切的血缘关系，预示着当时可能已经发生了权力继承。通过这些科技手段得到的分析结果，为我们以墓葬规模、随葬品多寡为依据划分的墓葬等级增加了科学性，对深入认识西坡遗址的社会发展状况，进而研究仰韶文化中期的社会复杂化进程具有重要意义。

关于西坡聚落及仰韶文化中期相关问题的研究，这7篇文章涉及出土朱砂、青灰色泥的讨论，围绕西坡的聚落布局变化探讨社会变革，从更大区域讨论仰韶文化中期的相关问题。《灵宝西坡出土朱砂及相关问题研究》对西坡遗址出土朱砂进行了分类梳理，并结合中外民族志和考古材料，对朱砂的功能及含义进行了探讨。朱砂作为特殊媒介在西坡聚落不同的时空环境里表达了不同的含义，这里使用朱砂的现象具有时间上的连续性、礼仪上的传承性，标志着以朱砂为介质来表达人们思想观念的方式，在仰韶文化中期发展到了较为成熟规范的阶段。色泽鲜艳的朱砂与聚落特定空间的有机结合，使得朱砂本身及其使用环境被赋予独特的社会功能，成为鉴别社会角色和身份差别的重要标识物。《大型建筑、中心聚落与社会整合——仰韶文化中心聚落的出现与嬗变》一文，首先根据田野调查资料，对灵宝铸鼎原一带的史前聚落形态进行了简要分析归纳，强调在仰韶文化中期出现了中心聚落；然后基于西坡遗址前六次发掘，重点围绕西坡的聚落布局及演变，大型房屋建筑在聚落中的位置、建造时间、废弃方式及其功能，中心聚落在区域中的功能等问题作详细讨论。研究表明，中心聚落的出现实质上是社会整合的产物，反映了仰韶文化中期发生了明显的族群聚合；大型房屋建筑的公共性特征和仪式性功能在中心聚落的整合过程中扮演了重要角色，而大型房屋建筑的废弃及聚落布局的显著变化则反映了社会内部发生了深刻变革。《仰韶文化中期的聚落与社会——灵宝西坡遗址微观分析》是基于西坡遗址的八次发掘对西坡聚落的进一步研究，尝试通过聚落考古方法探讨社会演进过程。西坡是豫西地区仰韶文化中期中心聚落的典型代表，其向心式聚落布局的形成与终结，见证了中心聚落从出现到内部发生演变的轨迹。这种聚落布局的演变恰恰反映了当时社会关系的相应变化。若干血缘关系亲近的氏族在面临各类竞争压力过程中，从先前较小的聚落逐渐聚合到了更大的中心聚落中来。中心聚落的早期功能主要是由大型房屋组合来实现的，大型房屋为礼仪性公共活动创造了庄严而神圣的空间，并成为强化人们共同信念和族群意识的重要载体。在这里，少数人或某些家户获得了人气和威望，他们的欲望膨胀和权力增长，推动聚落形态发生了根本性改变，使得以大型房屋向心式布局为特征的空间格局趋向终结，并导致聚落内部社会阶层走向分化。《仰韶文化"陶鹰鼎"的定名及相关问题研究》，对陕西华县泉护村出土的陶鹰鼎的文化背景和形制功用进行了综合分析，认为豫西、关中等区域在仰韶文化中期既无用鼎传统，又无随葬陶鼎的葬俗，这件器物不符合陶鼎的特征，应是盛酒用的陶尊，在特殊活动场合用作祭器或法器，与商代盛行的鸮鸟造型青铜酒尊在形制和功用方面有相通之处。因此，将其称为"陶鹰尊"或"鹰形陶尊"更为贴切、合理。仰韶文化中期，豫西、关中等地区率先开始了社会复杂化进程，各类原始宗教仪式逐步成为社会上层的政治统治手段，陶鹰尊等特殊物品开始具有象征权力或身份地位的功能，成为区分社会阶层的重要标志。《灵宝西坡遗址所见青灰色泥及相关问题探析》一文，对西坡遗址在大中型建筑基址和墓葬中发现的青灰色泥或青灰色草拌泥进行了分析。我们认为，西坡遗址的三座"蓄水池"应当是用来制作青灰色泥的澄泥池，所产出的泥料作为建筑材料在居住面、墙壁等部位涂抹、铺垫，在使用方式和功能上与后来流行的白灰面建筑较为接近。西坡遗址建筑基址中青灰色泥的大量使用和澄泥池的发现，表明仰韶文化中期先民已经掌握澄泥技术，这是我国古代建筑领域的创举。西坡墓葬中的青灰色泥主要来自经简单处理后的河边湿地淤泥，其功能不同于商周秦汉时期墓葬所见青膏泥的防腐功能，而是用作葬仪中的"道具"，这是仰韶文化中期晚段西坡社会人群所特有的一种阶段性集体意识取向。西坡遗址的建筑基址和墓葬使用青灰色泥的来源和功能并不相同，应当区别看待。《三门峡庙底沟遗址 F301 房屋复原图修正》一文，对庙底沟遗址仰韶文化 F301 房屋复原图进行了讨论。该复原图形象地展示了仰韶文化中期的房屋形态和结构，因而长期被学术界和科普界广泛引用。然而，根据与庙底沟遗址年代相近、距离不远的灵宝西坡、北阳平遗址揭露的多座大中型房址的考古信息判断，庙底沟遗址的 F301 房屋复原图对半地穴墙壁、壁柱和外墙的展示方式是有问题的。本文在庙底沟遗址 F301 原有复原图的基础上，对房屋复原图和半剖图作出恰当修改，以期客观反映房屋的真实面貌。《河南地区仰韶文化庙底沟期遗存的发现与研究》一文，系统梳理了河南地区发掘的 40 多处仰韶文化中期或庙底沟期遗址，并对这一时期的生业经济、手工业生产、社会发展程度等进行了详细讨论。我们认为，仰韶文化是中原文明起源和形成的关键阶段，其社会形态在庙底沟期完成了从简单的平等社会到复杂社会的重要转变。不同区域庙底沟期的文化面貌和社会发展程度存在一定差异，以三门峡为核心的豫西是河南地区在仰韶文化庙底沟期社会复杂化进程的引领者，灵宝西坡等中心聚落从出现到聚落布局发生根本性变化，见证了这一时期社会关系的聚合与分化。可以说，该文是对河南地区仰韶文化庙底沟期考古发现与研究的综述，同时也提出了一系列需要进一步探索的学术问题。

灵宝西坡遗址是在仰韶文化中期的核心区发现的极具代表性的中心聚落，可以说是目前开展考古勘探和发掘工作最多、获取考古信息最为丰富的仰韶文化中期遗址，对认识这一时期的聚落形态和社会形态具有重要价值，尽管还有不少疑问，需要更多的考古发掘来揭晓答案。多年来，西坡的聚落演变与社会变迁的历史图景一直萦绕在我的脑海里，并尝试用"聚合与分化"来描绘以西坡为代表的仰韶文化中期中心聚落的动态画面。所谓"聚合"，是指中心聚落的形成很可能是由多个血缘关系密切的普通聚落聚合而成的；所谓"分化"，是指中心聚落与普通聚落之间产生了等级差别，聚落内部出现了社会阶层分化。这也是我用"聚合与分化——仰韶文化中期的聚落与社会"来命名文集的缘由。

我在从事灵宝史前考古调查、发掘与研究过程中，得到了陈星灿、刘莉、赵辉、杨肇清、孙新民、魏兴涛、李新伟、杨海青、郭敬书、宁建民、胡小平等先生的指导和帮助。收录的文章中，有的是与李新伟、魏兴涛、刘丁辉、贺传凯等合作完成的。文物出版社郑彤女士为文集的编辑出版付出了辛勤的汗水，我的同事刘丁辉和贺传凯参与了对文稿的收集和校对工作，在此一并表示衷心的感谢！

马萧林

2024 年 10 月 18 日

目　录

西坡墓地发掘的学术背景[*]

西坡墓地的考古发掘，是与仰韶文化的研究现状、灵宝铸鼎原周围的新石器时代遗址考古调查以及西坡遗址的聚落形态研究等学术问题密切联系在一起的。

一 仰韶文化的时空分布研究

仰韶文化因瑞典地质学家安特生 1921 年在河南省渑池县仰韶村的考古发掘而得名，它是中国第一个被确认的以彩陶为特征的新石器时代文化，也是中国迄今为止研究历史最长的新石器时代文化。

继仰韶村的发掘之后，20 世纪 20 年代和 30 年代早期，考古工作者在豫中、豫北和晋南陆续发现了一些包含彩陶的遗址[1]。1928 年，以黑陶为特征的龙山文化在山东历城龙山遗址被发现[2]。1931 年，河南安阳后岗遗址的考古发掘证明了至少在豫北，仰韶文化要早于龙山文化，尽管当时这两种文化的关系在黄河流域还不完全清楚[3]。20 世纪 30～40 年代，由于抗日战争和内战的爆发，仰韶文化的考古发掘工作被迫中断。

20 世纪 50 年代后期和 60 年代早期，考古工作者在黄河中游地区开展了一系列考古发掘，证明了在豫西地区仰韶文化早于龙山文化，其中在豫西三门峡庙底沟[4]和洛阳王湾[5]两个重要遗址发现了清晰的地层关系和明确的文化发展序列。陕西西安半坡[6]、宝鸡北首岭[7]、华阴横阵村[8]和华县元君庙[9]等遗址和墓地的考古发掘表明，仰韶文化存在时空变化[10]。研究者根据陶器的特征，把仰韶文化区分为半坡类型和庙底沟类型[11]，但对它们之间的年代关系还存在争议[12]。

70 年代，在陕西临潼姜寨[13]和河南郑州大河村[14]遗址进行了大规模发掘，澄清了仰韶文化的年代关系。姜寨一期、二期、三期和四期分别代表仰韶文化的早期、

---

[*] 本书出现的地名均使用当时考古发掘的行政区划名称。

中期和晚期。同时，前仰韶文化的陆续发现表明，仰韶文化在不同地区具有不同的来源。例如，在河南，仰韶文化是由裴李岗文化发展而来[15]；在陕西，仰韶文化源自老官台文化[16]；在豫北冀南，仰韶文化来自磁山文化[17]。

到了 80 年代，考古学家逐渐认识到，仰韶文化是一个由多个阶段和类型组成，覆盖约 50 万平方公里，延续达两千年的考古学文化。巩启明将仰韶文化分为四个阶段八个类型[18]，阶段为历时性的划分，而类型则为共时性的分布。严文明对仰韶文化提出了更为细致的划分，包括四个阶段，至少十八个类型。根据五十多个碳十四测年数据，他还划定了仰韶文化四个阶段的绝对年代：半坡期约为公元前 4900～前 4000 年，庙底沟期约公元前 4000～前 3500 年，秦王寨期约公元前 3500～前 3000 年，庙底沟二期约公元前 3000～前 2500 年[19]。需要强调的是，不像大多数考古学家把庙底沟二期作为龙山文化的早期，严文明把它归入仰韶文化。

尽管有些学者提出了更多的划分方案，但大多数研究者认识到，仰韶文化可以划分为东西两个传统区域。每一个区域有其自身的文化来源和流向。西部传统区域主要分布于渭河流域、晋南和豫西，东部传统区域为豫中、豫北和冀南[20]。在地理上，黄土高原的东部边沿大致为这两个传统区域的分界线[21]。

进入 90 年代，一些考古学家认识到，虽然仰韶文化以彩陶为特征，但它是一个包含了诸多文化特征的扩大了的文化。他们提倡将仰韶文化分解为若干个文化，包括半坡文化[22]、庙底沟文化[23]、秦王寨文化[24]、泉护二期文化[25]，并把后岗一期文化从仰韶文化中分离出去[26]。

截至 20 世纪 90 年代末，在黄河中游发现了大约五千处仰韶文化遗址，其中发掘或试掘的约有百处[27]。在我们的研究中，仍沿用传统的"仰韶文化"概念，包含半坡期、庙底沟期和西王村期，分别代表该文化的早期、中期和晚期。

二 仰韶文化的社会组织研究

自从 20 世纪 60 年代早期开始，仰韶文化社会组织的研究成为一个热门话题，对仰韶文化社会的认识随着考古资料的增加、新分析方法的出现以及理论方向的转变等三个重要因素的变化而发生了显著变化。

19 世纪由摩尔根[28]首先提出、后来由恩格斯[29]总结的人类社会进化理论，影响中国的史前研究达数十年[30]。由于对这一理论的片面理解，大多数考古学家相信，人类史前社会毫无例外地沿着单一的进化序列由原始社会的母系氏族社会发展到父系氏族社会。这一进化标志着由相应的平等社会进入到阶级社会。

父系氏族社会的出现也因此成为社会复杂化的标志。区分母系和父系氏族社会的标准包括劳动分工、私有财产、性别地位及新的婚姻形式的出现等。考古资料和社会进化阶段之间简单而教条的相互对应成为研究者分析社会组织的常用方法。有关社会结构的许多解释根据的是预设的框架，而不是基于坚实的证据和明确的分析。

20世纪60~70年代，除了个别学者[31]，多数考古学家都把仰韶社会界定为母系氏族组织[32]。然而，到了80年代，大多数考古学家认识到，在长达两千年的仰韶文化后期发生了由母系向父系氏族组织的转化[33]。需要强调的是，学者们关于仰韶社会组织的认识的变化不是由新的分析方法和研究理念引起的，而是由新的考古资料引起的。以前，讨论的资料集中于仰韶文化早期，而80年代不断增加的仰韶文化晚期的资料促使人们重新评估整个仰韶文化的氏族制度。

自80年代起，由于受中国对外开放的影响，单线进化论和传统分析方法在中国考古学研究中遇到了挑战。例如，汪宁生采用民族学资料进行对比分析，认为中国新石器时代的母系或母权社会的证据并不清楚[34]。童恩正认为，人类社会的进化并没有固定的单线模式，母系和父系社会不一定具有承继关系，母系社会并非意味着母权制[35]。高强和李润权根据仰韶文化史家墓地的人骨分析，认为父系可能至少在以前考古学家认为是母系的社会中存在过[36]。同时，严文明更是明确地指出："把人们的世系和社会发展阶段两个性质不同的问题混淆起来是不恰当的。仰韶文化可以是母系或父系的，甚至可以是双系的，但这并没有说明它所处的社会发展阶段的实质。……世系的变化不能成为原始社会发展的动力，不能说明原始社会何以能够向前发展，并且最终进入阶级社会。"[37]

从80年代后期开始，中国史前考古中的社会组织研究转向了以中国文明起源为中心的讨论。研究者大致采用两种思路探讨文明的起源。一种思路是通过辨别某些文化特征来界定一些社会是否文明化，这些特征被用来作为文明的标志，包括文字的起源、青铜器的发明、城市的形成和礼仪性建筑的出现等[38]。在这种情况下，由于仰韶文化没有直接与这些基本特征相关联，因此在很大程度上，仰韶文化在中国文明起源的研究中被边缘化了。学者们的研究精力主要放在了龙山文化以及沿海其他新石器时代文化上。

另一种思路是把社会进化当作过程来看待，这在某种程度上为中国文明起源和古代社会的研究做了科学的理论定位。然而，由于仍然缺乏有效的分析方法，一些研究仅仅根据不同文化间的陶器特征对比提出宏大的观点，而不是基于系统的研究。有些采用从晚到早或由早及晚的叙述方式，描述国家阶段和新石器文化的重要考古发现。

近年来，越来越多的学者认识到，仰韶文化中期发生了一些重大变化，包括遗址数量激增、文化区域扩大、聚落等级呈现等。张忠培把渭河流域及陕西、山西与河南的交界地区看作仰韶文化中期阶段中国新石器时代最发达的文化区[39]。戴向明将仰韶文化中期描述为五百年的文化繁荣，聚落分布从豫西晋南扩张到了黄河中游地区，整个文化区域内的文化相似性增强，并强烈地影响了邻近地区[40]。严文明认为，大型中心聚落的出现标志着这个时期社会分化的出现[41]。学术界对仰韶文化中期出现的这些文化现象的认识，促使人们日益关注仰韶文化中期的社会发展机制与中原地区文明起源和发展的关系。

在整个仰韶文化的研究中，对早期、中期和晚期的研究深度和广度存在着明显的不平衡现象。由于考古工作者对渭河流域多处仰韶文化早期遗址的发掘，尤其是对临潼姜寨遗址的大规模系统揭露[42]，使我们对仰韶文化早期的社会形态有了比较清晰的认识。郑州大河村[43]、秦安大地湾[44]等仰韶文化晚期聚落的大面积发掘，使我们基本认识了仰韶文化晚期的社会发展状况。然而，我们对仰韶文化中期的社会形态却知之甚少，其中一个主要原因就是考古工作者还没有对一处比较典型的仰韶文化中期聚落进行过大面积的发掘，墓地材料更是罕见。对仰韶文化各时期研究的不平衡状况在严文明的经典著作《仰韶文化研究》中就有体现，他在分析仰韶文化的聚落形态和社会组织的时候，就苦于仰韶中期材料的匮乏[45]。因此，加强对仰韶文化中期区域聚落的系统调查和对典型中心聚落的考古发掘已成为学术发展的迫切要求。

注释

[1] a. Andersson, J. G., 1923, An early Chinese culture, *Bull*, *GsuC* 5: 1 – 68; b. 李济：《西阴村史前的遗存》，清华研究院丛书，1927年；c. 梁思永：《小屯、龙山与仰韶》，《梁思永考古学论文集》，科学出版社，1959年，第91–98页。

[2] 吴金鼎：《平陵访古记》，《中央研究院历史语言研究所集刊》1，1930年，第471–486页。

[3] a. 尹达：《中国新石器时代》，生活·读书·新知三联书店，1955年；b. 同注[1] c。

[4] 中国科学院考古研究所：《庙底沟与三里桥》，科学出版社，1959年。

[5] 北京大学考古实习队：《洛阳王湾遗址发掘简报》，《考古》1961年第4期，第175–

178 页。

［6］中国科学院考古研究所：《西安半坡》，文物出版社，1963 年。

［7］考古研究所渭水调查发掘队：《宝鸡新石器时代遗址第二、三次发掘的主要收获》，《考古》1960 年第 2 期，第 4－7 页。

［8］黄河水库考古工作队陕西分队：《陕西华阴横阵发掘简报》，《考古》1960 年第 9 期，第 5－9 页。

［9］黄河水库考古队华县队：《陕西华县柳子镇考古发掘简报》，《考古》1959 年第 2 期，第 71－75 页。

［10］同注［4］，第 103－104 页。

［11］a. 安志敏：《试论黄河流域新石器时代文化》，《考古》1959 年第 10 期，第 559－565 页；b. 石兴邦：《黄河流域原始社会考古研究上的若干问题》，《考古》1959 年第 10 期，第 566－570 页。

［12］a. 同注［11］a；b. 同注［11］b；c. 苏秉琦：《关于仰韶文化的若干问题》，《考古学报》1965 年第 1 期，第 51－58 页。

［13］a. 西安半坡博物馆、临潼县文化馆：《1972 年春临潼姜寨遗址发掘简报》，《考古》1973 年第 3 期，第 134－145 页；b. 西安半坡博物馆：《从仰韶文化半坡类型文化遗存看母系氏族公社》，《文物》1975 年第 12 期，第 72－78 页。

［14］郑州市博物馆：《郑州大河村遗址发掘报告》，《考古学报》1979 年第 3 期，第 301－375 页。

［15］李友谋、陈旭：《试论裴李岗文化》，《考古》1979 年第 4 期，第 347－352 页。

［16］张忠培：《关于老官台文化的几个问题》，《社会科学战线》1981 年第 2 期，第 224－231 页。

［17］严文明：《黄河流域新石器时代早期文化的新发现》，《考古》1979 年第 1 期，第 45－50 页。

［18］巩启明：《试论仰韶文化》，《史前研究》1983 年第 1 期，第 71－90 页。

［19］严文明：《仰韶文化研究》，文物出版社，1989 年，第 122－165 页。

［20］a. 邵望平：《黄河中游的仰韶文化》，中国社会科学院考古研究所编《新中国的考古发现与研究》，文物出版社，1984 年，第 41－68 页；b. 张居中：《仰韶时代文化刍议》，河南省文物考古学会、渑池县文物保护管理委员会编《论仰韶文化》，《中原文物》1986 年特刊，第 94－106 页。

［21］苏秉琦：《纪念仰韶村遗址发现六十五周年》，河南省文物考古学会、渑池县文物保护管理委员会编《论仰韶文化》，《中原文物》1986 年特刊，第 1－6 页。

［22］a. 孙祖初：《秦王寨文化研究》，《华夏考古》1991 年第 3 期，第 64－78 页；b. 赵宾福：《半坡文化研究》，《华夏考古》1992 年第 2 期，第 34－55 页。

［23］a. 戴向明：《黄河流域新石器时代文化格局之演变》，《考古学报》1998 年第 4 期，第 389 －418 页；b. 张忠培、乔梁：《后冈一期文化研究》，《考古学报》1992 年第 3 期，第 261 － 281 页。

［24］同注［22］a。

［25］张忠培：《仰韶时代——史前社会的繁荣与向文明时代的转变》，《故宫博物院院刊》1996 年第 1 期，第 1 －44 页。

［26］同注［23］b。

［27］任式楠、吴耀利：《中国新石器时代考古学五十年》，《考古》1999 年第 9 期，第 11 － 22 页。

［28］Morgan，H. L.，1963［1877］，*Ancient Society*，World Publishing，New York.

［29］Engels，F.，1972［1884］，*The Origins of the Family*，*Private Property and the State*，International Publishers，New York.

［30］a. Liu，Li，and Xingcan Chen，2001，China. In *Encyclopedia of Archaeology*，edited by T. Murray，pp. 315 － 333，ABC － CLIO，Santa Barbara，Denver，Oxford；b. Olsen，J. W.，1987，The practice of archaeology in China today，*Antiquity*，61：282 － 290；c. Thorp，R.，1980 － 1981，The Chinese Bronze Age from a Marxist perspective，*Early China*，6：97 － 102；d. Tong，Enzheng，1989，Morgan's model and the study of ancient Chinese society，Social Sciences in China，（2）：182 －205.

［31］许顺湛：《"仰韶"时期已进入父系氏族社会》，《考古》1962 年第 5 期，第 256 － 261 页。

［32］a. 邵望平：《横阵仰韶文化墓地的性质与葬俗》，《考古》1976 年第 3 期，第 168 － 172 页；b. 石兴邦：《半坡氏族公社》，陕西人民出版社，1979 年；c. 杨建芳：《仰韶时期已进入父系氏族社会了吗?》，《考古》1962 年第 11 期，第 592 －597 页。

［33］a. 李友谋：《黄河流域母权制倾覆的历史时限》，《史学月刊》1986 年第 4 期，第 14 － 18 页；b. 艾延丁：《元君庙墓地反映的社会性质》，河南省文物考古学会、渑池县文物保护管理委员会编《论仰韶文化》，《中原文物》1986 年特刊，第 196 －200 页；c. 曹桂岑：《论仰韶文化的"二次葬"》，河南省文物考古学会、渑池县文物保护管理委员会编《论仰韶文化》，《中原文物》1986 年特刊，第 201 －206 页；d. 郭引强：《从半坡类型和庙底沟类型谈仰韶文化的社会性质》，河南省文物考古学会、渑池县文物保护管理委员会编《论仰韶文化》，《中原文物》1986 年特刊，第 206 －209 页。

［34］a. Wang，Ningsheng，1985 － 1987，Yangshao burial customs and social organization：A comment on the theory of Yangshao matrilineal society and its methodology，*Early China*，11 － 12：6 － 31；b. 汪宁生：《仰韶文化葬俗和社会组织的研究对仰韶母系社会说及其方法论的商榷》，《文物》1987 年第 4 期，第 36 －43 页。

〔35〕童恩正：《摩尔根模式与中国的原始社会史研究》，《中国社会科学》1988 年第 3 期。

〔36〕Gao，Qiang，and Yunkuen Lee，1993，A biological perspective on Yangshao kinship，*Journal of Anthropological Archaeology*，12：266－298.

〔37〕严文明：《仰韶文化研究》，文物出版社，1989 年，第 347－348 页。

〔38〕a. 安志敏：《试论文明的起源》，《考古》1987 年第 5 期，第 453－457 页；b. 邹衡：《中国文明的诞生》，《文物》1987 年第 12 期，第 69－74 页。

〔39〕同注〔25〕。

〔40〕戴向明：《黄河流域新石器时代文化格局之演变》，《考古学报》1998 年第 4 期，第 389－418 页。

〔41〕严文明：《文明起源研究的回顾与思考》，《文物》1999 年第 10 期，第 27－34 页。

〔42〕半坡博物馆、陕西省考古研究所、临潼县博物馆：《姜寨——新石器时代遗址发掘报告》，文物出版社，1988 年。

〔43〕郑州市博物馆：《郑州大河村遗址发掘报告》，《考古学报》1979 年第 3 期，第 301－375 页。

〔44〕a. 甘肃省博物馆文物工作队：《甘肃秦安大地湾第九区发掘简报》，《文物》1983 年第 11 期，第 1－14 页；b. 甘肃省博物馆文物工作队：《甘肃秦安大地湾遗址 1978 至 1982 年发掘的主要收获》，《文物》1983 年第 11 期，第 21－30 页。

〔45〕严文明：《仰韶文化研究》，文物出版社，1989 年，第 347－348 页。

（原刊于《灵宝西坡墓地》，文物出版社，2010 年）

灵宝西坡遗址动物骨骼的收集与整理

西坡遗址位于河南省灵宝市阳平镇西坡村西北，是一处以仰韶文化中期遗存为主的新石器时代聚落遗址，现存面积约 40 万平方米。2000 年秋和 2001 年春、冬，由中国社会科学院考古研究所和河南省文物考古研究所等单位组成的联合考古队在此进行了三次发掘[1]，出土了大量动物骨骼，我们对前两次发掘收集的动物骨骼作了深入研究[2]。本文仅对动物骨骼的收集过程、鉴定、记录和统计的方法，以及收集方法与埋藏因素对骨骼保存和收集质量的影响作比较详细的介绍和评估。

一 收集过程

西坡遗址初步分为南北两个发掘区。2000 年秋在南区、2001 年春主要在北区进行了发掘[3]。收集的动物骨骼出自仰韶文化中期的地层、3 座房址、51 个灰坑和 2 个蓄水池，以及西周期的地层和 5 个灰坑。

2000 年秋在南区的发掘，对动物骨骼没有进行筛选，但作了比较认真的收集。2001 年春对北区的 H110、H107、H104、H114 和 F102、南区的 H20 进行了筛选，对其余单位的动物骨骼均作了非常细致的收集。两季发掘对收集到的每一件骨骼均记录了明确的出土单位。

为了解灰坑内不同时间段的骨骼堆积情况，我们特别对出土骨骼距灰坑开口的深度作了记录；同时，为了解骨骼在 F102 内（约 68 平方米）的空间分布情况，我们在房内布设了间距为 2 米的四纵四横网格，以 2 米×2 米为单元，对房屋居住面以上约 15 厘米厚的填土进行了筛选，并对出土骨骼按单元作了记录。

为了把握和评估不同收集方式对骨骼收集的影响程度，我们采用了筛孔边长分别为 6 毫米和 3 毫米的方形网筛进行筛选（干筛）。在发掘每个被筛选的单位时，骨骼收集分两个步骤：一是发掘者先将能够看到的骨骼尽量从填土中拣出来，我们称之为手选；二是对手选过的土样分别用叠加的 6 毫米和 3 毫米筛子进行筛选。手选的和两个筛子筛选的骨骼分别装在三个袋子中：袋上记录骨骼的出土单位、收集方式（手选、6 毫米筛、3 毫米筛）、大体出土位置（距遗迹开口深度）、日期和发掘者。根据收集方式，被筛选的每个遗迹单位均包括手选、6 毫米筛选和 3 毫米筛选三个动物骨骼集合。

二　室内整理

（一）清洗与晾晒

室内整理首先是将收集的动物骨骼用水清洗。为避免在骨骼表面留下痕迹，我们选用了软毛刷清洗泥土。对个别因带有钙质附着物而不易清洗的骨骼，我们将其放入蒸馏水加兑约 5% 量的稀盐酸溶液（37% 浓度）中浸泡数分钟，待黏附物容易剥离之后再用水清洗。我们对盐酸溶液浸泡过的骨骼均作了记录。需要说明的是，稀盐酸溶液在溶解骨骼钙质附着物时，会因骨骼浸泡时间长短而不同程度地改变骨骼表面颜色，但骨骼表面不见明显痕迹，短时间内不影响对骨骼作埋藏因素分析[4]。此外，为避免发生污染，经盐酸溶液浸泡过的骨骼，不用于化学分析（如 ^{14}C、^{13}C、^{15}N、^{18}O 和微量元素分析等）。

为防止太阳照射、温度过高或过低对骨骼造成的物理形态变化（如破裂、扭曲变形等）影响骨骼测量，清洗后的骨骼均放置于室内晾干；同时，也确保将骨骼放置于现生啮齿类动物不易啃咬的地方。

（二）鉴定和记录

室内分析的第一步是按出土单位将发掘或搬运途中破碎的动物骨骼进行拼合粘对，然后对原已破碎的骨骼尽量拼合粘对，并对后一类拼合的破碎骨骼作了记录。第二步，将骨骼按出土单位分为可鉴定和不可鉴定两类。可鉴定标本类是指能够鉴定到科、属或种的骨骼。可鉴定标本记录了以下信息：

（1）出土单位；（2）鉴定号；（3）骨骼名称；（4）左/右；（5）骨骼部位（近端、骨干、远端等）；（6）破碎度；（<1/4、1/4<2/4、2/4<3/4、3/4<、完整）；（7）表面改变类型（人工痕迹、火烧程度、动物啃咬、风化程度等）；（8）种属；（9）骨骼愈合阶段；（10）牙齿萌出和磨损级别；（11）年龄；（12）性别；（13）重量（克）；（14）长度（毫米）；（15）收集方式（手选、6 毫米筛、3 毫米筛）。

动物骨骼的测量部位、记录和描述方式均参照国际动物考古界比较通行的标准。例如，猪牙萌出和磨损级别参照 Grant 的标准[5]，猪骨愈合阶段依照 Silver 的标准[6]，骨骼测量部位按照 von den Driesch 的界定[7]，骨骼风化级别参考 Behrensmey-er 的界定[8]。

种属鉴定参考 Hillson 的《哺乳动物的骨骼和牙齿：鉴定方法指南》[9]、Schmid 的《动物骨骼图谱》[10] 和中国科学院古脊椎动物与古人类研究所编著的《中国古脊椎动物化石手册》[11] 等图谱。鉴定标本参照中国科学院古脊椎动物与古人类研究所标本馆的鹿、熊、猕猴和羚羊等现代动物标本，中国社会科学院考古研究所考古科技中心的古代动物标本，西坡田野发掘期间从山上采集的野山羊（非人为致死）以及自制的家猪、兔和鸡等标本，河南师范大学生物系标本室的贝类标本等。

我们对适宜测量尺寸的可鉴定标本均作了测量。尽管一部分被测量的同类标本的数目很少，目前不具备比较研究的条件，或者说部分测量数据没有用于目前的分析，但我们还是将其作为潜在的骨骼研究的重要组成部分。

不可鉴定骨骼包括两类：一类是指不能鉴定到科、属或种的骨骼，包括肋骨、脊椎骨及破碎的长骨骨干部分等，但依骨骼形态特征（如骨壁厚度、骨腔弧度、骨骼大小等）可大体记录为大、中或小型动物；另一类是指不能鉴定到骨骼部位及大、中或小型动物的骨骼碎片。

西坡遗址出土的不可鉴定骨骼归为大型动物的很可能是牛骨；归为中型动物的很可能是猪、狗、梅花鹿和獐等动物的骨骼；归为小型动物的很可能是幼猪、麝和其他小型动物的骨骼。我们对每件不可鉴定骨骼均作了记数和称重。

（三）统计

由于不同的统计方法直接影响到动物骨骼的分析结果，因此统计方法的选择曾一度成为西方动物考古学家争论的一个焦点[12]。尽管讨论最终也没能遴选出一种最好的方法，但它使人们认识到了统计方法和骨骼埋藏过程的复杂性和多样性。人们常用的可鉴定标本数和最小个体数两种方法均有局限性。由于骨骼破碎和关节不相连，可鉴定标本数法很难区分不同的个体，并且容易对同一动物的骨骼或者同一骨骼的不同部分多次统计[13]；而最小个体数法不能消除聚合（aggregation）因素的影响。例如，如果把从若干单位收集的骨骼归到一个单位（如一个遗址）进行分析，将低估最小个体数；反之，如果把分析单位细分，就会高估最小个体数[14]。即使发掘者能够科学客观地揭露遗迹现象，将动物骨骼按单位分别收集，并依单位进行分析，但也很难判断哪些单位的破碎骨骼是来自同一动物个体。此外，可鉴定标本数法和最小个体数法均受主观和客观因素的制约，其中包括发掘技术、鉴定水平、堆积状况、骨骼保存状况以及与古代搬运、屠宰、分配、烹饪和废弃等相关的活动等[15]。

由于可鉴定标本数法和最小个体数法各有优劣，因此一些学者指出，若同时用这两种方法统计并分析动物遗存，能够减少骨骼破碎和单位聚合等因素的影响，更好地理解动物遗存的特征[16]。例如，某种动物的可鉴定标本数与最小个体数的比率越大，那么骨骼的破碎度就可能比较小，或骨骼的分布就可能比较集中（如墓葬随葬的动物个体）；相反两者的比率越小，那么骨骼的破碎度就可能比较大，或骨骼在遗址中的分布就可能比较分散。总之，两种统计方法可以相互补充，而不应相互排斥，统计方法的选择应根据所分析的动物材料的状况和所要研究的问题[17]。

在西坡遗址分析中，基于以下两点考虑，我们主要采用了可鉴定标本数法，辅以最小个体数法。一是由于遗址的地层关系十分复杂，在埋藏过程中同一动物的骨骼被分散或多次扰动的可能性很大，也就是说聚合因素在统计时起很大作用，因此不宜采用最小个体数法为主要统计方法。其二，由于动物种类间标本数量差异很大（比如猪骨在西坡骨骼集合中占绝对多数），最小个体数法倾向夸大可鉴定标本数目少的动物个体数，而大大减少可鉴定标本数量多的动物个体数在动物群中的比重，因而统计结果容易产生片面性。

在整理中，我们也对骨骼重量进行了测量，因为它可以帮助了解骨骼的破碎程度、空间分布和相对尺寸等[18]，同时，骨骼重量可以用来评估遗址内和遗址间动物骨骼的收集质量[19]。

三　收集方法和埋藏过程评估

收集方法和埋藏过程是影响动物骨骼分析结果的主要因素[20]。收集方法的影响主要在于发掘中对动物骨骼没有充分收集，以及同一遗址采用不同的收集方法[21]；而埋藏过程的影响则是指在骨骼废弃后到发掘前的这段时间里，自然、生物和人为等因素对骨骼保存的影响。这些因素造成的影响在不同程度上都可能掩盖甚至改变动物骨骼原本与古代人类行为相关的模式[22]，因此，在分析之前，对各种因素对出土动物骨骼的影响程度给予适当的评估非常必要。

（一）收集方法评估

1. 对不同发掘区的骨骼发现率的影响

如前所述，北区的发掘比南区的发掘更强调了对动物骨骼的收集，收集质量的差异显著影响了动物骨骼的发现率。例如，北区手选法收集的可鉴定标本的平均重量（12.3克）明显低于南区手选法收集的可鉴定标本的平均重量（20.3克），换言之，北区的发掘收集到了更多的小骨骼。这一结果也表明，在南区的发掘过程中，很可能遗失了比较多的动物骨骼。

2. 对动物种类数和可鉴定标本数的影响

不同的收集方法对动物种类数和可鉴定标本数有明显影响。表一显示，在三个筛过的灰坑中（H110、H114、H20），手选遗漏了大多数的小动物，其中包括仓鼠、鼢鼠、蛙、豪猪、圆顶珠蚌、河蚬和灰巴蜗牛等。手选遗漏了占总数40%（52.1%，47.9%，42.5%）以上、占总重量20%（20.8%、15.1%、20.1%）左右的可鉴定标本（表二）。相比而言，收集方法对动物骨骼数量的影响更大一些。手选与筛选的差别还可从这三个灰坑出土的可鉴定标本的平均重量得到反映（表三）。

不同的收集方法也影响到可鉴定标本数在整个动物骨骼集合里所占的比例，即可鉴定标本率。表四显示，在手选的骨骼集合里，可鉴定标本率为35.9%，而在筛选集合里，可鉴定标本率仅为5.6%。

另外，表一亦显示，用6毫米筛子可以有效收集到手选遗漏的动物种类和可鉴定标本，而叠压在6毫米下面的3毫米筛子对收集可鉴定标本的作用不明显。

表一　H110、H114和H20中手选和筛选收集的各类动物的[*]数量和重量（以百分比表示）

H110

种类	手选		6mm 筛选		3mm 筛选	
	数量（%）	重量（%）	数量（%）	重量（%）	数量（%）	重量（%）
家猪	88.2	90.7	73.2	90.5	62.5	91.4
鹿	9.1	7.8	8.3	5.5	—	—
中华竹鼠	1.6	0.2	4.1	1.2	—	—
鼢鼠	—	—	1.6	0.4	12.5	2.9
仓鼠	—	—	6.2	0.4	25.0	5.7
豪猪	—	—	0.5	0.5	—	—
圆顶珠蚌	—	—	3.1	0.6	—	—
猕猴	0.5	+	—	—	—	—
蛙	—	—	0.5	+	—	—

种类	手选		6mm 筛选		3mm 筛选	
	数量（%）	重量（%）	数量（%）	重量（%）	数量（%）	重量（%）
兔	—	—	2.1	0.8	—	—
貉	0.5	0.1	0.5	0.2	—	—
总数量与总重量（克）	185	2144.6	194	561.74	8	3.5

H114

种类	手选		6mm 筛选		3mm 筛选	
	数量（%）	重量（%）	数量（%）	重量（%）	数量（%）	重量（%）
家猪	80.6	84	78.6	87.3	—	—
鹿	17.7	16	8.9	8.1	—	—
狗	1.7	+	—	—	—	—
鼢鼠	—	—	1.8	0.1	—	—
仓鼠	—	—	1.8	0.1	100	100
蛙	—	—	1.8	+	—	—
兔	—	—	5.4	0.7	—	—
中华圆田螺	—	—	1.8	0.1	—	—
总数量与总重量（克）	62	1068.8	56	89.83	1	0.1

H20

种类	手选		6mm 筛选		3mm 筛选	
	数量（%）	重量（%）	数量（%）	重量（%）	数量（%）	重量（%）
猪	96.7	97.1	86.5	90.3	—	—
鹿	2.4	2.8	2.0	4.5	—	—
狗	—	—	2.2	3.5	—	—
中华鼢鼠	—	—	2.2	0.2	—	—
仓鼠	—	—	4.5	0.5	50	76.9
蛙	—	—	—	—	50	23.1
兔	0.9	+	—	—	—	—

种类	手选		6mm 筛选		3mm 筛选	
	数量（%）	重量（%）	数量（%）	重量（%）	数量（%）	重量（%）
豪猪	—	—	1.1	0.8	—	—
中华圆田螺	—	—	1.1	0.2	—	—
总数量与总重量（克）	123	1030.5	89	258.7	2	0.13

"—"表示本栏无骨骼，"+"表示小于 0.01% ，"*"指可鉴定标本数。

表二 H110、H114 和 H20 中手选遗漏的* 可鉴定标本的数量和重量（以百分比%** 表示）

单位	数量（%）	重量（%）
H110	52.1	20.8
H114	47.9	15.1
H20	42.9	20.1

"*"指手选遗漏即筛选的，"**"百分比等于遗漏骨骼的数量和重量分别除以总数量和总重量。

表三 H110、H114 和 H20 中手选和筛选的可鉴定标本的平均重量（克）

单位	手选	筛选（6mm）
H110	11.5	2.9
H114	17.2	3.4
H20	8.4	2.9

表四 手选和筛选集合中可鉴定与不可鉴定骨骼的数量（以百分比表示）

收集方法	手选	筛选
	数量（%）	数量（%）
可鉴定骨骼	35.9	5.6
不可鉴定骨骼	64.1	94.4

3. 对不可鉴定骨骼的影响

不同的收集方法对出土的不可鉴定骨骼的数量和重量的影响是显而易见的（表五）。在 H110、H114 和 H20 中，筛选的不可鉴定骨骼的数量比手选的大得多，尽管不同收集方法对重量的影响程度不像对数量影响那么大。

表五　H110、H114 和 H20 中手选和筛选的不可鉴定骨骼的数量和重量

种类	手选		6mm 筛选		3mm 筛选	
	数量	重量	数量	重量	数量	重量
H110	539	1092.29	2584	1779.55	1894	51.55
H114	93	173.4	531	443.9	780	78.1
H20	349	37.4	718	832.44	405	52.15

4. 对猪和鹿的骨骼发现率的影响

以 H110、H114 和 H20 中出土的动物骨骼为例，不同收集方法对猪和鹿等主要动物种类的骨骼发现率影响不大（见表一、图一），即在手选和筛选的骨骼集合里，猪骨和鹿骨的数量分别在其总数量中所占的比例比较接近。相比而言，猪骨发现率受收集方法的影响更小。但这是否表明在骨骼集合中，越是标本数量多的动物，其骨骼发现率受收集方法差异的影响越小，还需作进一步的分析验证。

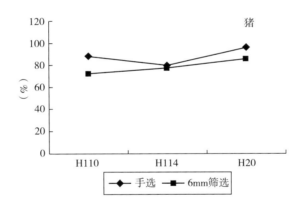

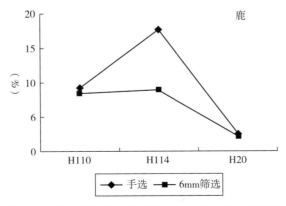

图一　猪骨和鹿骨分别在手选和筛选集合里的发现率

15

5. 对猪的各部位骨骼发现率的影响

以 H110、H114 和 H20 中出土的猪骨为例，尽管猪各部位骨骼在不同遗迹单位中的比例各异，但总体来讲，它们在手选和筛选集合中的比例差别不太大（表六、图二）。这表明，不同收集方法对猪各部位骨骼的发现率影响不明显。

表六　猪各部位骨骼的数量在手选和筛选集合里的比例

H110

部位	手选（%）	筛选（%）
头骨	43.5	49.2
颈骨	1.5	—
上肢骨	33.3	17.5
下肢骨	14.5	20.0
肢梢	7.2	13.3
总数量	138	120

H114

部位	手选（%）	筛选（%）
头骨	42.0	36.4
颈骨	4.0	—
上肢骨	20.0	18.2
下肢骨	28.0	25.0
肢梢	6.0	20.4
总数量	50	44

H20

部位	手选（%）	筛选（%）
头骨	51.3	30.1
颈骨	—	—
上肢骨	19.3	30.1
下肢骨	19.3	31.6
肢梢	10.1	8.2
总数量	119	73

"—"表示本栏无骨骼。

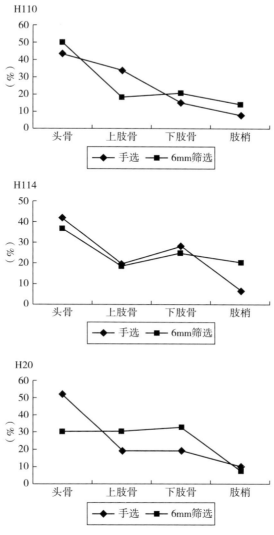

图二 猪各部位骨骼的数量在手选和筛选集合里的比例

(二) 埋藏因素评估

1. 风化的影响

风化是自然条件影响骨骼保存的埋藏因素之一[23]。骨骼风化是一个历史过程[24]，因为骨骼风化的表面特征蕴含着骨骼废弃后至埋藏前暴露于户外的时间信息[25]。根据实验，Behrensmeyer[26]将骨骼风化等级界定为六级（0、1、2、3、4、5级），每一级代表连续的骨骼腐朽过程中的一个时间段。级数越高表示风化程度越高，骨骼表面破裂迹象越明显；0级一般指骨骼无风化或风化不明显，骨骼表面比较光滑。

参照 Behrensmeyer 的界定，我们对西坡遗址出土的每件能够鉴定为 1~5 级的骨骼均作了记录，其余的均定为 0 级。分析结果显示（表七），可鉴定为 1~5 级的风化骨骼仅占 0.4%，表明自然风化对西坡遗址动物骨骼的影响很小。

表七　骨骼风化比例

风化级别	1 级	2 级	3 级	4 级	5 级
百分比*	0.4%	—	+	—	—
风化骨骼数	77	—	1	—	—

"*"指风化骨骼数除以骨骼总数，"+"指小于 0.1%，"—"指本栏无骨骼。

2. 土壤酸碱度的影响

土壤影响骨骼保存的关键在于它的酸度或碱度，用 pH 值衡量。一些研究表明，骨骼保存的理想土壤条件是 pH 为 7.8~7.9。pH 值高于 8，土壤呈碱性时，有利于骨骼保存；pH 值越小，土壤酸度越大，对骨骼保存也越不利[27]。

我们从西坡遗址 5 个遗迹单位选取了 7 个土样，依照化学分析要求测定每个土样的 pH 值。具体测量步骤是：把 10 克干燥的粉状土样放入一个 25 毫升容积的干杯中，接着将 10 毫升的蒸馏水与土样混合并摇均匀，然后放置 10 分钟，最后用经校正的 pH 测量仪测定悬浮液的 pH 值。分析结果显示（表八），所测土样的 pH 值在 8.0~8.6 之间，呈碱性，当有利于骨骼保存。另外，一些保存比较完好的小动物骨骼及骨骼碎屑的发现也表明，西坡遗址的土壤化学成分对骨骼保存比较有利。

表八　土样 pH 值

样品出处	F102（1）	F102（2）	F102（3）	F109	H110	T2（3）	H106
时代	仰韶中期	仰韶中期	仰韶中期	仰韶中期	仰韶中期	西周	西周
土样颜色	浅黄	红烧土	黑灰	深灰	深灰	红褐	浅褐
pH 值	8.5	8.6	8.0	8.3	8.6	8.5	8.5

3. 食肉动物对骨骼的影响

食肉动物对骨骼的影响主要表现在两方面：一是啃咬、踩踏和吞食骨骼，造成骨骼破碎和数量减少；二是衔运骨骼改变骨骼的原始遗弃位置。食肉动物往往啃咬长骨一端的松质骨，留下骨端参差不齐的骨干[28]。年幼动物的骨骼一般要比成年的被啃咬的频率高，因为年幼动物的骨骼容易被咀嚼且更富营养[29]。

西坡遗址出土的动物骨骼中，狗和熊等食肉动物的骨骼发现很少，被啃咬的动物骨骼更少[30]。尽管食肉动物的骨骼数量与被啃咬的骨骼数量之间没有直接的因果关系，但在西坡遗址，食肉动物对骨骼的影响并不明显。

4. 人为因素对骨骼埋藏的影响

人为因素对骨骼埋藏的影响主要在于对废弃骨骼的二次或多次扰动，使骨骼离开原生或再生废弃地点。一般来说，与动物屠宰、肉食分配、烹饪、储藏、消费、祭祀、随葬等相关的活动地点为原生地点（如屠宰场、厨房、窖藏、祭祀场所、墓葬），这些地点与人的行为关系最直接、最密切，也最能揭示人的行为目的。灰坑中的骨骼往往是被人为清理而离开原生或再生地点的遗存，灰坑被扰动越频繁，动物骨骼就越容易被变动原有位置。

就西坡遗址而言，灰坑间叠压或打破现象十分普遍，并且绝大部分的动物骨骼出自灰坑，房址内收集的骨骼几乎全部出自填土中。因此可以说，西坡出土的动物骨骼基本上均脱离了原生地点，在埋藏过程中受到人为因素的严重影响。鉴于此，在对西坡动物骨骼作空间分布研究时，必须考虑人为因素对骨骼埋藏过程的影响。

五　结　语

以上分析表明，自然和生物因素对西坡遗址动物骨骼的影响较小，而人为因素对骨骼埋藏过程的影响比较显著。不同的收集方法对动物骨骼的绝对数量和重量有显著影响。筛选能够收集到更多的动物种类，并增加可鉴定和不可鉴定骨骼的绝对数量与重量。不同的收集方法用于同一遗址的发掘将人为改变动物骨骼在遗址的分布密度。因此，在作任何与动物骨骼绝对数量和重量相关的分析与解释时，必须考虑收集方法的不同所造成的差异。值得注意的是，当我们用相对比例来分析主要动物的骨骼发现率及其各部位骨骼发现率时，能够大大减小不同收集方法所造成的影响。

在西坡遗址发掘中，因为受到时间、经费和其他多方面因素的制约，我们不可能对发掘全部进行筛选，但通过对典型遗迹单位采用不同的收集方法收集动物骨骼，能够比较全面地了解该遗址出土动物骨骼的基本面貌。同时，还可以评估和预测骨骼收集过程中存在的质量问题，避免骨骼分析中的片面性，进而指导以后的田野收集和室内整理工作。

附记： 在西坡遗址动物骨骼收集过程中，得到中国社会科学院考古研究所的陈星灿、黄卫东、李永强和王明辉，河南省文物考古研究所的李胜利，三门峡文物考古研究所的史治民等先生的鼎力支持。动物骨骼的种属鉴定得到中国科学院古脊椎动物与古人类研究所的高星、裴树文和刘金毅，中国社会科学院考古研究所的袁靖，华北石油局的郭书元，河南师范大学的李秋发等先生的热情帮助。河南省文物考古研究所的李占扬先生对初稿提出了宝贵意见，在此一并表示感谢！

（原刊于《华夏考古》2004 年第 3 期）

注释

［1］a. 中国社会科学院考古研究所河南一队、河南省文物考古研究所、三门峡市文物工作队等：《河南灵宝市西坡遗址试掘简报》，《考古》2001 年第 11 期，第 3–14 页；b. 河南省文物考古研究所、中国社会科学院考古研究所河南一队、三门峡市文物考古研究所等：《河南灵宝市西坡遗址 2001 年春发掘简报》，《华夏考古》2002 年第 2 期，第 31–52 页；c. 河南省文物考古研究所、中国社会科学院考古研究所河南一队、三门峡市文物考古研究所等：《河南灵宝西坡遗址 105 号仰韶文化房址》，《文物》2003 年第 8 期，第 4–17 页。

［2］Ma，Xiaolin 2003. *Emergent Social Complexity in the Yangshao Culture：Analyses of Settlement Patterns and Faunal Remains from Lingbao，Western Henan，China*. PhD Dissertation，Archaeology Department of La Trobe University，Australia.

［3］a. 中国社会科学院考古研究所河南一队、河南省文物考古研究所、三门峡市文物工作队等：《河南灵宝市西坡遗址试掘简报》，《考古》2001 年第 11 期，第 3–14 页；b. 河南省文物考古研究所、中国社会科学院考古研究所河南一队、三门峡市文物考古研究所等：《河南灵宝市西坡遗址 2001 年春发掘简报》，《华夏考古》2002 年第 2 期，第 31–52 页。

［4］长时间内，用酸处理过的骨骼容易加速骨骼风化，参见成小林和原思训《周原甲骨灼烧状况与风化原因研究》，《文物保护与考古科学》2004 年第 1 期，第 20–28 页。

［5］Grant，A. 1982. The use of tooth wear as a guide to the domestic ungulates. In Grigson，C.，Wilson，B.，and Payne，S. ed. *Ageing and Sexing Animal Bones from Archaeological Sites*. Oxford：British Reports British Series 109，91–108.

［6］Silver，I. A. 1969. The ageing of domestic animals. In Brothwell，D.，and Higgs. E. S. *Science in Archaeology*. London：Thames and Hudson，283–302.

［7］a. von den Driesch，A. 1976. *A Guide of the Measurement of Animal Bones from Archaeological*

Sites. Cambridge：Harvard University，Peabody Museum of Archaeology and Ethnology Bulletin 1；b. Payne，S. B.，and G. Bull，1988. Components of variation in measurements of pig bones and teeth，and the use of measurements to distinguish wild from domestic pig remains. *Archaeozoologia* 2（1，2）：27 – 66.

［8］ Behrensmeyer，A. K. 1978. Taphonomic and ecologic information from bone weathering. *Paleobiology* 4（2）：150 – 162.

［9］ Hillson，S. 1992. *Mammal Bones and Their Teeth*：*An Introductory Guide to Methods of Identification.* London：Institute of Archaeology，University College London.

［10］ Schmid，E. 1972. *Atlas of Animal Bones for Prehistorians*，Archaeologists，and Quaternary Geologists. Amsterdam：Elsevier Science Publishers.

［11］ 中国科学院古脊椎动物与古人类研究所：《中国脊椎动物化石手册》，科学出版社，1979 年。

［12］ a. Chaplin，R. E. 1971. *The Study of Animal Bones from Archaeological Sites.* New York：Seminar Press；b. Clason，A. T. 1972. Some remarks on the use and presentation of archaeological data. *Helinium* 12（2）：139 – 153；c. Grayson，D. K. 1984. *Quantitative Zooarchaeology*：*Topics in the Analysis of Archaeological Faunas.* Orlando，Florida：Academic Press；d. Nichols，D. L.，and F. E. Smiley. 1984. *Excavations on Black Mesa*，1982：A Descriptive Report. Southern Illinois University，Center for Archaeological Investigations Research Paper 39；e. Payne，S. B. 1972. Partial recovery and sample bias：The results of some sieving experiments. In Hggs，E. S. ed. *Papers in Economic Prehistory.* Cambridge：Cambridge University Press：49 – 64；f. Ringrose，T. J. 1993. Bone counts and statistics：A critique. *Journal of archaeological science* 20（2）：121 – 157；g. Steele，D. G.，and Parama，W. D. 1981. Frequencies of dental an omalies and their potential effect on determining MNI counts. *Plains Anthroploogist* 26（91）：51 – 54；h. Upermann. H. – P. 1973. Animal bone finds and economic archaeology：A critical study of osteoarchaeological method. *World Archaeology* 4（3）：307 – 322；i. Watson，J. P. N. 1979. The estimation of the relative frequencies of mammalian species：Khirokitia 1972. *Journal of Archaeological Science* 6（2）：127 – 137.

［13］ Grayson，D. K. 1973. On the methodology of faunal analysis. *American Antiquity* 38（4）：432 – 439. 1979. On the quantification of vertebrate archaeofaunas. In Schiffer，M. B. ed. *Advances in Archaeological Method and Theory.* New York：Academic Press，199 – 237.

［14］ Grayson，D. K. 1973. On the methodology of faunal analysis. *American Antiquity* 38（4）：432 – 439.

［15］ Grayson，D. K. 1984. *Quantitative Zooarchaeology*：*Topics in the Analysis of Archaeological Faunas.* Orlando. Florida：Academic press.

［16］ a. Brewer, D. J. 1992. Zooarchaeology. method, theory, and goals. In Schiffer, M. B. ed. *Archaeological Method and Theory*. Tucson: The University of Arizona Press: 195 – 244; b. Grayson, D. K. 1984. *Quantitative Zooarchaeology: Topics in the Analysis of Archaeological Faunas*. Orlando. Florida: Academic press.

［17］ Reitz, E. J. , and Wing. E. S. 1999. *Zooarchaeology*. Cambridge: Cambridge Universiy Press.

［18］ a. Erlandson, J. M. 1994. *Early Hunter-gathers of the California Coast*. New York: Plenum Press; b. Zeder, M. A. 1991. *Feeding Cities*. Washington and London: Smithsonian Institute.

［19］ Upermann, H. P. , 1973. Animal bone finds and economic archaeology: A critical study of osteoarchaeological method, *World Archaeology* 4 (3): 307 – 322.

［20］ a. Butler, V, L. 1993. Natural versus cultural salmonid remains: Origin of the Dalles Roadcut bones, Columbia River, Oregon, *U. S. A. Journal of Archaeological Science* 20, 1 – 24; b. Lyman, R. L. 1982. Archaeofaunas and Subsistence Studies. In Schiffer, M. B. ed. *Advances in Archaeological Method and Theory*. New York: Academic Press: 331 – 393; c. Payne, S. B. 1972. Partial recovery and sample bias: The results of some sieving experiments. In Higgs E. S. *Papers in Economic Prehistory*. Cambridge: Cambridge University Press, 49 – 64; d. Lyman, R. L. 1994. *Vertebrate Taphonomy*. Cambridge University Press.

［21］ a. Casteel, R. W. 1972. Some biases in the recovery of archaeological faunal remains. *Proceedings of the Prehistoric Society* 36: 382 – 388; b. Casteel, R. W. 1976. Comparison of column and whole unit samples for recovering fish remains. *World Archaeology* 8, 192 – 196; c. Grayson, E. A. 1993. Screen size and differential faunal recovery: A Hawaiian example. *Journal of Field Archaeology* 20, 453 – 460; d. Gayson, D. K. 1984. *Quantitative Zooarchaeology: Topics in the Analysis of Archaeological Faunas*. Orlando, Academic Press; e. James, S. R. 1997. Methodologjcal issues concerning screen size recovery rates and their effects on archaeological interpretations. *Journal of Archaeological Science* 24: 385 – 397; f. Payne, S. B. 1972. *Partial recovery and sample bias: The results of some sieving experiments*, In Higgs, E. S. Papers in Economic Prehistory. Cambridge: Cambridge University Press, 49 – 64; g. Payne, S. B. 1992. Some notes on sampling and sieving for animal bones. In *Ancient Monuments Laboratory Report*. London: English Heritage: 55 – 92; h. Shaffer, B. S. , and Sanchez, J. L. J. 1994. Comparison of "1/8 – and 1/4" – mesh recovery of controlled samples of small – to – medium – sized mammals. *American Antiquity* 59 (3): 525 – 530.

［22］ a. Davis, S. J. M. 1987. *The Archaeology of Animals*. New Haven: Yale University Press; b. Klein, R. G. , and Cruz – Uribe, K. 1984. *The Analysis of Animal Bones from Archaeological Sites*. Chicago: University of Chicago Press; c. Lyman, R. L. 1994. *Vertebrate Taphonomy*. Cambridge: Cambridge University Press.

［23］a. Behrensmeyer, A. K. 1978. Taphonomic and ecologic information from bone weathe-ring. *Paleobiology* 4（2）：150－162；b. Miller, G. J. 1975. A study of cuts, grooves, and other marks on recent and fossil bone：Ⅱ weathering cracks, fractures, splinters, and other similar natural phenome-na. In Swanson, E. ed. *Lithic Technology*, *Making and using Stone Tools*. The Hague：Mouton Publishers.

［24］Lyman, R. L. 1994. *Vertebrate Taphonomy*. Cambridge：Cambridge University Press.

［25］Behrensmeyer, A. K. 1978. Taphonomic and ecologic information from bone weathe-ring. *Paleobiology* 4（2）：150－162.

［26］Behrensmeyer, A. K. 1978. Taphonomic and ecologic information from bone weathe-ring. *Paleobiology* 4（2）：150－162.

［27］a. Gordon, C. C., and Buikstra, J. E. 1981. Soil pH. bone preservation, and sampling bias at mortuary sites. *American Antiquity* 46（3）：566－571；b. Scudder, S. J., J. E. Foss, and Collins, M. E. 1996. Soil science and archaeology. *Advances in Agronomy* 57：1－75；c. Linse, A. R. 1992. Is bone safe in a shell midden? In Stein, J. K. Deciphering A Shell Midden. San Diego：Academic Press, 327－345.

［28］a. Haynes, G. 1980. Evidence of carnivore gnawing on Pleistocene and Recent mammalian bones. *Paleobiology* 6（3）：341－351；b. Klippel, W. E., Snyder, L. M. and Parmalee, P. W. 1987. Taphonomy and archaeologically recovered mammal bone from southern Missouri, *Journal of Ethno-biology*（2）：155－169；c. Sutcliffe, A. J. 1973. Similarity of bones and antlers gnawed by deer to human artifacts. *Nature* 246（5433）：428－430.

［29］Gifford-Gonzalez, D. P., 1989, Ethnographic analogues for interpreting modified bones：some cases fom East Africa. In *Bone modification*, edited by R. Bonnichsen and M. H. Sorg, pp. 179－246. University of Maine, institute for Quaternary Studies, Centre for the Study of the First Americans, Orono.

［30］Ma, Xiaolin 2003. *Emergent Social Complexity in the Yangshao Culture：Analyses of Settlement Patterns and Faunal Remains from Lingbao. Western Henan, China.* PhD Dissertation, Archaeology De-partment of La Trobe University. Australia.

河南灵宝西坡遗址动物群及相关问题

灵宝西坡是仰韶文化中期的村落遗址，面积约 40 万平方米。2000 年至 2006 年在此进行了 6 次发掘，获得重要考古发现[1]。其中 2000 年秋和 2001 年春的发掘，出土了大量动物骨骼。我们曾对这批动物骨骼的收集与整理、家猪的年龄结构及相关问题作了详细分析[2]，本文拟对该遗址的动物群及相关问题进行讨论。

一　动物群

两次发掘共计收集动物骨骼 15452 件，重 57724.1 克，出自仰韶文化中期的地层、3 座房址、51 座灰坑和 2 座蓄水池。其中 2832 件、重 40173.85 克可以鉴定到种、属或科。可鉴定种属（species）、可鉴定标本数（NISP = number of identified specimens）、最小个体数（MNI = minimum number of individuals）、重量（Wt = weight）见表一，不可鉴定骨骼的数量和重量见表二。可鉴定种属合计 24 种，其中猪和狗为家养动物。下面我们重点讨论确定猪为家养动物的证据。

表一　西坡遗址动物种类、可鉴定标本数（NISP）、最小个体数（MNI）、重量（Wt）

种属	名称	NISP	MNI	Wt（g）	NISP（%）	MNI（%）	Wt（%）
Sus scrofa domesticus	家猪	2380	244	3167.5	84.0	58.9	82.6
Canis familiaris	狗	38	6	30.5	1.3	1.4	0.8
Cervus nippon	梅花鹿	10	9	40.3	0.4	2.2	1.3
Hydropotes inermis	獐	12	10	87.3	0.4	2.4	0.2
Moschus moschiferus	麝	2	1	15.8	+	0.2	+
Cervus spp.	鹿	184	59	2681	6.5	14.3	6.7
Bos sp.	牛	8	3	1941.8	0.3	0.7	4.8
Gazella sp.	瞪羚	1	1	60.7	+	0.2	0.2

续表

种属	名称	NISP	MNI	Wt（g）	NISP（%）	MNI（%）	Wt（%）
Ovis/caora	绵/山羊	1	1	18.2	+	0.2	+
Equus sp.	马	1	1	12.7	+	0.2	+
Macaca mulatta	猕猴	1	1	26.6	+	0.2	0.1
Rhizomys sinensis	中华竹鼠	69	8	102.85	2.4	1.9	0.3
Hystrix	豪猪	6	5	5.1	0.2	1.2	0.1
Myospalax fontanierii	中华鼢鼠	13	9	12.1	0.4	2.2	+
Sinocricetus sp.	仓鼠	28	15	6.58	1.0	6.8	+
Lepus	兔	46	16	60.1	1.6	3.6	0.2
Rana sp.	蛙	5	5	0.32	0.2	3.9	+
Nyctereutes procyonoides	貉	3	2	5.8	+	1.2	+
Calhaica pulveratricula	灰巴蜗牛	3	3	0.3	+	0.5	+
Selenarctos thibetanus	熊	2	1	48	+	0.2	0.1
Corbicula fluminnea	河蚬	2	1	0.2	+	0.2	+
Unio douglasiae	圆顶珠蚌	7	6	4.4	0.2	1.4	+
siaotaia quadrata	方形环棱螺	1	1	0.2	+	0.2	+
Phasianus sp.	雉	9	6	14.2	0.3	1.4	+
合计		2832	414	40173.85			

表二　不可鉴定骨骼的数量和重量

骨骼	数量	数量（%）	重量	重量（%）
大型动物	10	+	181.9	1.0
中型动物	3038	24.1	12013.1	68.4
小型动物	2115	16.8	1330.85	7.6
鸟	79	0.6	58.6	0.3
软体动物	9	+	5.8	+
不可鉴定骨骼	7369	58.4	3960	22.6
合计	12620	99.9	17550.25	99.9

1. 关于中国早期家猪的研究

在中国考古学界，家猪的起源引起了学者的极大关注，但关于中国何时何地开始驯养猪的问题仍存在很大分歧。有学者认为，距今12000年～7000年的广西桂林甑皮岩遗址发现的猪，是中国最早的家猪[3]，这一观点曾被国内外学者广泛引用[4]。近年有学者提出甑皮岩遗址的资料及研究存在一些问题，其中包括猪骨出土的层位和鉴定家猪的方法[5]。

根据猪的年龄结构，研究者断定距今约9000年的河南舞阳贾湖遗址出土的猪为家猪[6]。但有学者认为鉴定年龄的方法有问题。比如，一些上下颌第三臼齿已经磨损的猪被鉴定为未成年猪，因此研究者人为地把猪的年龄向前提了[7]。

近年，一些学者根据猪的牙齿尺寸、死亡年龄和考古背景，判定距今约8000年的河北武安磁山遗址出土的猪为家猪[8]。据磁山遗址发掘报告，猪的下颌第三臼齿的平均长度为41.4毫米，宽度为18.3毫米，这些测量数据被归入中国家猪的范围之内[9]。60%以上的猪的死亡年龄在0.5岁～1岁，表明人们有意控制了猪的年龄，因此与驯养猪有关，而与狩猎无关[10]。此外，1岁左右的完整猪骨架埋在灰坑中或大量的粟下面，被看作是家猪的间接证据[11]。

但我们认为，判断磁山遗址猪属性的方法和证据值得商榷。第一，鉴定猪属性的测量数据太少。原报告仅提供三个下颌第三臼齿（40×17.5毫米、39.2×17.5毫米、45×20毫米）和两个上颌第三臼齿（37×21毫米、35×22毫米）的数据[12]，除此之外，没有其他任何用来判定猪属性的测量证据。显然，根据如此少的抽样得出如此重要的结论，不能令人信服。关键的是，这些标本的测量数据可能落在了野猪的范围之内[13]。尽管有学者提出，中国野猪牙齿的尺寸可能比欧亚大陆其他地区的要大，但没有给出支持这一命题的证据。第二，磁山报告称，动物遗存里可能有野猪[14]。在多数情况下，早期家猪遗存往往与野猪遗存并存[15]。当研究的抽样标本过少时，野猪混进家猪集合里或者野猪被掩盖的可能性很大。因此，鉴定家猪必须建立在可分析标本数量较大、证据比较充足的基础之上[16]。第三，近年来，根据年龄结构判定家猪的原则遭到越来越多学者的质疑[17]。例如，所有狩猎者都倾向选择那些容易被捕猎的对象，被猎获动物的年龄结构往往反映的是狩猎者使用的技术和方法[18]。如果采用公共狩猎的方法会产生一个灾变性或群体性死亡的年龄模式，可能包括较高比例的未成年个体[19]。最近，我们在河南济源王屋山收集的数十件狩猎野猪标本的年龄结构也不支持采用年龄结构判定猪属性的方法[20]。总之，大量未成年个体本身未必是早期驯养动物的标志。需要说明的是，磁山遗址动物报告除了简单的描述之外[21]，没有提供任何关于猪个体比例的信息。第四，在磁山遗址，农业发展可能是驯养猪的一个前提条件，但把葬猪作为驯养动物的理由还不够充分。例如，在内蒙古敖汉旗兴隆洼新石器时代遗址，曾发现用野猪随葬或埋在房屋内的现象[22]；在巴布亚新几内亚农业社会里，既有野猪也有家猪[23]。总之，磁山遗址没有确凿证据表明驯养猪，尽管我们不排除这里出现家猪的可能性。

中国动物考古研究存在两种值得注意的倾向。其一，鉴定家猪主要根据年龄结构，未成年动物标本的发现率是研究者关注的焦点[24]。由于鉴定的方法主要是根据观察，而不是基于测量，因此骨骼测量没有引起研究者的足够重视。迄今为止，为数不多的动物考古报告提供了牙齿和骨骼测量数据，并且其中的大部分也仅仅给出第三臼齿的测量长度[25]。中国考古遗址出土的猪下颌第三臼齿的尺寸随时间的变化虽有减小的趋势，但因没有足够的测量数据可资对比，故很难明确早期家猪的形态。其二，当某个遗址的个别猪骨被鉴定为家猪后，那么这个遗址出土的所有猪骨都被看作是家猪的遗存。如此草率的解释不仅不能正确地鉴定猪的属性，更重要的是掩盖了古代人们利用动物的行为与策略。

2. 方法与材料

考古学家发展了许多鉴定动物属性的方法与原则，包括形态变化[26]、体形或部分骨骼尺寸[27]、年龄结构与性别比例[28]、种属构成[29]、骨骼疾病[30]以及动物利用策略[31]等。然而，正如有的学者所指出的，单独使用一种鉴定方法或原则往往存在问题[32]。因此，在条件允许的情况下，应尽可能地采用多种方法从不同的角度研究动物的属性，以便当作旁证并检验结论的可靠性。

野猪通常比家猪大，因此长期以来测量尺寸被用来作为区分考古遗址出土野猪和家猪的一个原则[33]。在分析现代野猪骨骼尺寸中，佩恩和布欧[34]发现年龄、性别和个体差异三个变量。知道这些变量的影响，对理解不同测量数据在区分野猪和家猪研究中的利弊非常重要。例如，猪臼齿测量显示数据间变化较小，而颅后骨骼的测量变化比较明显。随着牙齿的磨损，年龄大的臼齿宽度比较稳定，而长度则趋向变小。通过对新近野猪臼齿大小差异的比较，迈尔等[35]认为，利用臼齿大小标准来区分欧亚野猪和较小的原始家猪是可靠的，没有发现性别和年龄对臼齿的影响。他们的研究也证实了佩恩和布欧[36]以及库萨特曼[37]的结论，即在区分野猪和家猪中，臼齿宽度比长度更有价值。

西坡遗址出土了大量可用来鉴定猪属性的骨骼遗存，这里主要根据猪的牙齿和骨骼测量进行分析。西坡遗址能够用来测量的臼齿共计 274 枚。上下臼齿的测量数据分别见附录一、附录二。肱骨 Bd 和 HTC、尺骨 DPA 及盆骨 LAR 等颅后骨骼的测量见附录三。测量部位的界定依照冯·登·德里希以及佩恩和布欧[38]。之所以选择肱骨、尺骨及盆骨，在于遗址出土的这部分骨骼能够提供一定量的测量数据。

3. 结果

图一至图五为西坡遗址出土的与土耳其现代野猪[39]的上、下颌第一、第二和第三臼齿的咬合面长、前宽和后宽的比较图（注：＊为西坡标本，。为土耳其标本）。西坡和土耳其资料的比较是基于这样一个假设，即现代野猪与古代野猪的牙齿大小相近，并且没有地区间的个体差异。两个集合臼齿的平均值、标准偏差和变化系数的统计数据见表三。图一至图五显示，除西坡个别臼齿落在了土耳其野猪臼齿的分布区间外，两地臼齿的测量标本明显分布在两个区间。西坡 63 个上颌第一臼齿中，3 个（4.8%）落在了野猪的范围内（图三）；51 个下颌第二臼齿中，2 个（3.9%）落在野猪的范围内（图二：b）；22 个下颌第三臼齿中，仅 1 个（4.5%）落在野猪的范围内（图五）。两地上颌第二和第三臼齿呈现明显的两个区间（图四和图五：b），但下颌第一臼齿的分布则不显著（图一：a）。如果不考虑土耳其野猪的 3 个第一臼齿的长度，那么可以看出几个西坡标本落在了野猪的区间里（图一：a）。土耳其下颌第一臼齿宽度的分布比较集中，显示比较明显的分离（图一：b）。

土耳其下颌第一臼齿长度的变化系数比其他臼齿的要大，表明第一臼齿长度的个体变化比较显著；相反，西坡第一臼齿长度的变化系数比其他臼齿的要小，表明第一臼齿长度的个体变化不明显（表三）。按理说，土耳其下颌第一臼齿长度的变化系数应该比西坡下颌第一臼齿长度的变化系数小，因为至少土耳其野猪标本之间不存在时间因素造成的差异。但是，两地第一臼齿长度变化系数的结果却相反。个体间的高变化几率可能让一些学者注意到，臼齿长度不适合鉴别野猪和家猪群落，也不宜比较不同集合的不同种类[40]，这或许是研究者常利用第二和第三臼齿鉴定猪的属性的重要原因[41]。不过，下颌第一臼齿的长度对两个集合的影响很有限，因此在某种程度上鉴定猪的属性可以忽略其长度的影响。

此外，我们可以看出，上颌和下颌第一臼齿和第二臼齿的前宽与后宽比之线性相关性较强（图一：b、图二：b、图三：b、图四：b），而其长与后宽之比则比较分散（图一：a、图二：a、图三：a、图四：a）。这一证据可能表明，这些臼齿的前宽与后宽之比要比长与后宽之比显著，因此在鉴定猪的属性时，前宽与后宽之比可能更可靠。

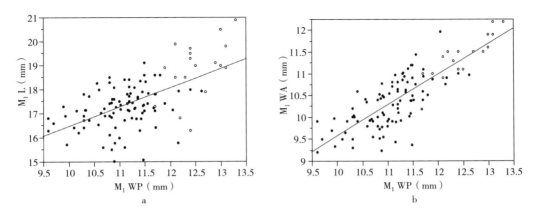

图一　西坡遗址猪下颌第一臼齿的长
（M_1L）、前宽（M_1WA）和后宽（M_1WP）与佩恩和布欧测量的土耳其现代野猪标本的比较

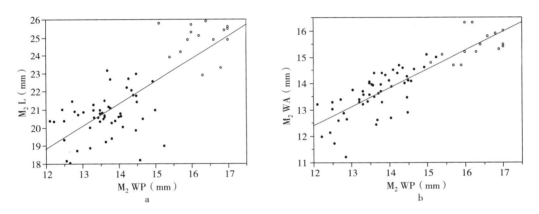

图二　西坡遗址猪下颌第二臼齿的长
（M_2L）、前宽（M_2WA）和后宽（M_2WP）与佩恩和布欧测量的土耳其现代野猪标本的比较

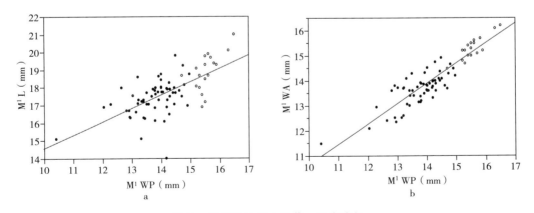

图三　西坡遗址猪上颌第一臼齿的长
（M^1L）、前宽（M^1WA）和后宽（M^1WP）与佩恩和布欧测量的土耳其现代野猪标本的比较

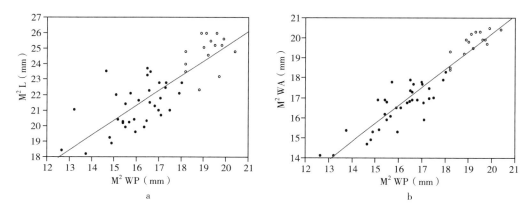

图四　西坡遗址猪上颌第二臼齿的长
（M^2L）、前宽（M^2WA）和后宽（M^2WP）与佩恩和布欧测量的土耳其现代野猪标本的比较

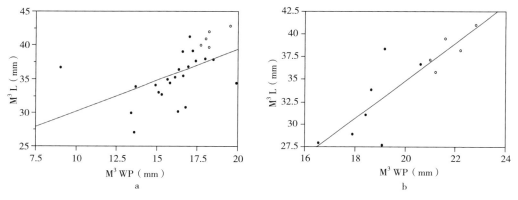

图五　西坡遗址猪上（a）下（b）颌第三臼齿的长
（M^3L）和后宽（M^3WP）与佩恩和布欧测量的土耳其现代野猪标本的比较

　　西坡遗址有足够数量的臼齿标本与土耳其的同类标本进行 t－检验。两个集合中的每个臼齿的长和宽的平均值的差异显著性检验显示，两者统计上的差异性显著（$p < 0.001$）（表四）。

表三　西坡（XP）和土耳其（TK）猪臼齿的平均值、标准偏差和变化系数统计表

L = 长度，WA = 前宽，WP = 后宽

臼齿	L/W	平均值		数量		标准偏差		变化系数	
		XP	TK	XP	TK	XP	TK	XP	TK
M_1	L	17.24	18.88	95	18	0.83	1.20	4.8	6.4
	WA	10.29	11.48	95	18	0.55	0.39	5.3	3.4
	WP	11.04	12.53	95	18	0.59	0.46	5.4	3.6

续表

臼齿	L/W	平均值		数量		标准偏差		变化系数	
		XP	TK	XP	TK	XP	TK	XP	TK
M_2	L	20.68	24.89	51	16	1.18	0.92	5.7	3.7
	WA	13.58	15.45	51	16	0.83	0.53	6.1	3.4
	WP	13.63	16.29	51	16	0.75	0.61	5.5	3.7
M_3	L	34.97	41.08	22	5	3.42	1.31	9.8	3.2
	WA	15.91	18.32	22	5	2.19	0.69	13.8	3.8
M^1	L	17.37	18.89	63	18	0.96	1.06	5.5	5.6
	WA	13.64	15.31	63	18	0.64	0.44	4.7	2.9
	WP	13.74	15.55	63	18	0.75	0.41	5.5	2.6
M^2	L	21.17	24.79	36	15	1.44	1.10	6.8	4.5
	WA	16.54	19.72	36	15	1.08	0.64	6.5	3.3
	WP	16.01	19.19	36	15	1.23	0.66	7.7	3.4
M^3	L	32.08	38.34	7	5	4.31	2.01	13.4	5.2
	WA	18.63	21.76	7	5	1.25	0.74	5.2	3.4

表四　西坡和土耳其猪臼齿 t–检验结果

L = 长度，WA = 前宽，WP = 后宽

下颌臼齿	M_1 L	M_1 WP	M_2 L	M_2 WP	M_3 L	M_3 WA
t 值	7.13	9.93	12.76	11.57	3.87	2.39
p	<0.001	<0.001	<0.001	<0.001	<0.001	<0.05
上颌臼齿	M^1 L	M^1 WP	M^2 L	M^2 WP	M^3 L	M^3 WA
t 值	5.63	9.53	7.10	7.23	3.00	4.97
p	<0.001	<0.001	<0.001	<0.001	<0.05	<0.001

　　上述牙齿测量显示，西坡遗址出土的大多数臼齿明显比土耳其现代野猪的臼齿小，因此西坡遗址的大多数猪应为家猪。个别标本的尺寸落在了现代野猪的范围内，说明西坡遗址可能有野猪。此外，西坡家猪与土耳其野猪臼齿尺寸的显著差异表明，西坡的猪应当是驯养程度比较高的家猪，很可能早已脱离了原始家猪的形态。

　　西坡和土耳其骨骼测量数据的比较见图六。肱骨 Bd 测量显示清晰的双峰分布，即西坡标本比土耳其的小（图六）。关于肱骨 HTC 的测量，尽管一个西坡标本落在

了土耳其的范围内，一个土耳其的标本落在了西坡的范围内，但基本上两者的差别还是比较明显的。盆骨 LAR 的测量显示清楚的两分现象，而两个集合中的耻骨 DPA 的大小区分不明显。对肱骨 Bd 和 HTC 以及盆骨 LAR 的 t－检验表明，两个集合的这些骨骼大小的差异性非常显著（p＜0.001），而耻骨 DPA 的 t－检验表明，两个集合的耻骨大小的差异性不显著（p＞0.05）。

总体来说，西坡和土耳其两个集合（或者家猪和野猪）的颅后骨测量显示分离，尽管西坡个别标本的测量数据落在了土耳其标本的分布区间内。那些分离不清的标本可能与年龄和性别因素密切相关。因此，正如有的学者指出的[42]，对于区分野猪和家猪，颅后骨骼不如臼齿可靠。

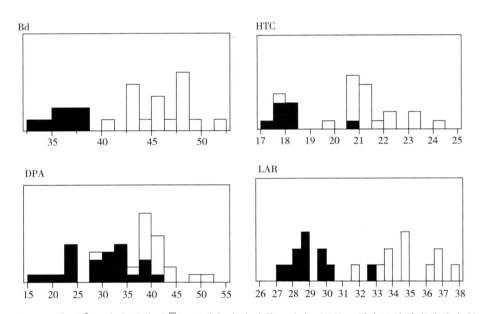

图六　西坡（■）和土耳其（□）野猪标本的肱骨远端宽（Bd）、滑车远端最窄处的直径（HTC）、尺骨的肘突到后缘的最短距离（DPA）和髋臼边缘最大直径（LAR）的比较

二　家畜与野生动物的比例

西坡遗址出土的动物遗存，为了解当时人们的肉食消费结构提供了重要证据。家畜与野生动物的比例能够反映家畜饲养与狩猎活动对经济生活的贡献程度，同时也为评估人们的经济策略提供了重要信息。

西坡的动物比例是根据骨骼的可鉴定标本数、最小个体数和重量进行计算的。需要强调的是，动物骨骼的比例不是遗址拥有的每种动物的数量。表五统计了主要家畜（猪）、次要家畜（狗）、主要野生动物（鹿类）和次要野生动物（除鹿以外）的比例，采用可鉴定标本数、最小个体数和重量进行衡量。

　　显然，家畜的比例比野生动物的比例大（表五）。家畜动物（猪和狗）的可鉴定标本数和重量的比例分别达到 85.3% 和 83.4%，而野生动物的比例相对较低，分别为 14.7% 和 16.6%，主要和次要野生动物的比例比较相似。

表五　家畜和野生动物的比例

种类组合	NISP（%）	MNI（%）	Wt（%）
主要家畜	84.0	58.9	82.6
次要家畜	1.3	1.4	0.8
主要野生动物	7.3	19.1	8.2
次要野生动物	7.4	20.6	8.4
合计	100	100	100

　　尽管家畜的可鉴定标本数和重量的比例比野生动物的比例高出很多，但家畜和野生动物的最小个体数的比例差异显然不那么明显，这主要是由于最小个体数的计算方法产生的。最小个体数强调稀少动物的重要性，或者保守估计主要动物和相对完整动物骨骼的数量[43]。例如，猪的最小个体数的数量显著下降，而其他种类的比例则增长（表一）。此类情况是这样发生的：当统计猪的最小个体数时，仅仅计算骨骼标本的最大数，排除了其他标本的数量。显然，最小个体数方法相对强调野生动物，特别是次要野生动物的重要性。此外，考虑到我们的研究目的在于探讨经济策略，罕见野生动物并不那么重要。因此，可鉴定标本数和重量的衡量方法对本文的讨论比较适宜。

　　猪和鹿是西坡主要的家畜和野生动物，以及肉食消费对象。猪与鹿的可鉴定标本数比率为 11.5∶1，重量比率是 10.1∶1，这表明西坡聚落的家畜饲养经济的贡献率显著大于狩猎经济。

三　气候和自然环境

　　在人类历史上，假定物种对生态的要求没有变化，并且人们的经济活动主要发生在他们居住区附近[44]，那么我们对动物遗存的分析就可以解释环境和生态信息。

　　西坡遗址出土的野生动物提供了有关气候以及遗址附近环境和生态景观的信息。

竹鼠、豪猪、猕猴和獐等均为喜温哺乳动物。今天，在温暖的长江流域还可以看到这些动物，但在黄河流域则消失了。显然，这些动物的存在说明，仰韶文化中期，这里曾是温暖湿润的气候。这一解释也从半坡[45]、案板[46]、姜寨[47]和康家[48]等新石器时代遗址出土动物遗存分析以及中国的环境研究中[49]得到支持。

梅花鹿和獐的存在表明，遗址附近有灌木丛和草地，麝的存在则显示遗址附近有森林。圆顶珠蚌和河蚬的发现说明，遗址周围有自然池塘和小溪流。竹鼠的存在表明，遗址附近可能有竹林。需要指出的是，这些动物较低的发现率，也许说明西坡附近的灌木丛、草地和森林相当有限，并非野生动物的理想栖息地。

四 结 语

根据以上动物种类和相对重要性分析，家猪显然为西坡遗址的主要动物。稀少的狗骨遗存表明，这类动物很可能没有作为主要的肉食消费对象。鹿虽是人们消费野生动物的主要对象，但其所占比重相当有限。

遗址中虽然发现了牛、羊、羚羊、马、猕猴和熊的骨骼，但数量太少，说明在西坡居民的肉食消费中，这些动物无关紧要。其他小动物，比如兔、竹鼠、豪猪、貉、软体和鸟类动物也是肉食消费的一部分，但它们的肉食贡献率很低。

在前仰韶文化和仰韶文化早期，野生动物特别是鹿类动物是黄河中游地区人们的主要肉食来源[50]。西坡动物遗存分析表明，到仰韶文化中期，家猪已经取代野生动物成为人们肉食消费的主要来源。有趣的是，肉食消费中的这一显著变化与这个时期该地区人口规模和密度的显著增加大致同时发生。这一现象是人们适应自然环境变化的结果，还是适应社会结构变化的结果，还是兼而有之，值得进一步研究。不过，为满足当时人们日益增长的粮食需求而进行的开荒耕作等经济活动，很可能严重影响了野生动物种群赖以生存（饲料和隐蔽）的林地和草地，尽管目前还需要仰韶文化早期和晚期的动物骨骼材料以及相关学科的考古信息来检验这一命题。

附记：在西坡遗址动物骨骼收集和整理过程中，得到考古领队陈星灿和魏兴涛以及黄卫东、王明辉、李永强、李胜利、史智民等先生的全力支持，在此对他们的支持与帮助表示感谢！

（原刊于《中原文物》2007 年第 4 期）

注释

［1］a. 中国社会科学院考古研究所河南一队、河南省文物考古研究所、三门峡市文物工作队等:《河南灵宝市西坡遗址试掘简报》,《考古》2001 年第 11 期;b. 河南省文物考古研究所、中国社会科学院考古研究所河南一队、三门峡市文物考古研究所等:《河南灵宝市西坡遗址 2001 年春发掘简报》,《华夏考古》2002 年第 2 期;c. 河南省文物考古研究所、中国社会科学院考古研究所河南一队、三门峡市文物考古研究所等:《河南灵宝西坡遗址 105 号仰韶文化房址》,《文物》2003 年第 8 期;d. 中国社会科学院考古研究所河南一队、河南省文物考古研究所、三门峡市文物考古研究所等:《河南灵宝市西坡遗址发现一座仰韶文化中期特大房址》,《考古》2005 年第 3 期;e. 马萧林、李新伟、杨海青:《河南灵宝西坡遗址第五次发掘获重大突破》,《中国文物报》2005 年 8 月 26 日第 1 版;f. 李新伟、马萧林、杨海青:《河南灵宝西坡遗址发现仰韶文化中期大型墓葬》,《中国文物报》2007 年 2 月 16 日第 2 版;g. 中国社会科学院考古研究所河南一队、河南省文物考古研究所、三门峡市文物考古研究所等:《河南灵宝西坡遗址 2006 年发现的仰韶文化中期大型墓葬》,《考古》2007 年第 2 期;h. 河南省文物考古研究所、中国社会科学院考古研究所河南一队、三门峡市文物考古研究所等:《河南灵宝市西坡遗址墓地 2005 年发掘简报》,《考古》2008 年第 1 期。

［2］马萧林、魏兴涛:《灵宝西坡遗址动物骨骼的收集与整理》,《华夏考古》2004 年第 3 期;马萧林:《灵宝西坡遗址家猪的年龄结构及相关问题》,《华夏考古》2007 年第 1 期。

［3］李有恒、韩德芬:《广西桂林甑皮岩遗址动物群》,《古脊椎动物学报》1978 年第 16 卷第 4 期。

［4］Nelson, S. M. 1995. Ritualized pigs and the origins of complex society: Hypotheses regarding the Hongshan culture. *Early China* 20: 1 – 16.

［5］袁靖:《中国新石器时代家畜起源的问题》,《文物》2001 年第 5 期;Yuan, Jing and R. K. Flad. 2002. Pig domestication in ancient China. *Antiquity* 76: 724 – 732.

［6］河南省文物考古研究所:《舞阳贾湖》,科学出版社,1999 年。

［7］同注［5］。

［8］同注［5］。

［9］袁靖:《中国新石器时代家畜起源的问题》,《文物》2001 年第 5 期。

［10］Yuan, Jing and R. K. Flad. 2002. Pig domestication in ancient China. *Antiquity* 76: 724 – 732.

［11］Yuan, Jing and R. K. Flad. 2002. Pig domestication in ancient China. *Antiquity* 76: 724 – 732;周本雄:《河北武安磁山遗址的动物骨骼》,《考古学报》1981 年第 3 期。

［12］周本雄:《河北武安磁山遗址的动物骨骼》,《考古学报》1981 年第 3 期。

［13］a. Mayer, J. J., J. M. Novak, and Jr. I. Lehr Brisbin. 1998. Evaluation of molar size as a basis for distinguishing wild boar from domestic swine: Employing the present to decipher the past. In *Ancestors* for the Pigs in Prehistory, edited by S. M. Nelson, pp. 39 – 53; b. University of Pennsylvania Museum of Archaeology & Anthropology, Philadephia. Payne, S. B. , and G. Bull. 1988. Components of variation in measurements of pig bones and teeth, and the use of measurements to distinguish wild from domestic pig remains. *Archaeozoologia* 2 (1, 2): 27 – 66.

［14］同注［12］。

［15］ a. Clason, A. T. 1972. Some remarks on the use and presentation of archaeological data. *Helinium* 12 (2): 139 – 153; b. Flannery, K. V. 1983. Early pig domestication in the fertile crescent: A retrospective look. In *The Hilly Flanks: Essays on the Prehistory of Southwest Asia*, edited by T. C. Young, P. E. L. Smith and P. Mortenson, pp. 163 – 188. Oriental Institute, University of Chicago, Chicago; c. Hongo, H. , and R. H. Meadow. 1998. Pig exploitation at Neolithic Cayonu Tepesi (southeastern Anatolia). In *Ancestors for the Pigs in Prehistory*, edited by S. M. Nelson, pp. 77 – 98. University of Pennsylvania Museum of Archaeology & Anthropology, Philadelphia; d. Redding, R. , and M. Rosenbery. 1998. Ancestral pigs: A New (Guinea) model for pig domestication in the Middle East. In *Ancestors for the Pigs in Prehistory*, edited by S. M. Nelson, pp. 65 – 76. University of Pennsylvania Museum of Archaeology & Anthropology MASCA Research Papers in *Science and Archaeology* 15, Philadelphia; e. Rowley-Conwy, P. 1995. Wild or domestic? On the evidence for the earliest domestic cattle and pigs in South Scandinavia and Iberia. *International Journal of Osteoarchaeology* 5: 115 – 126.

［16］ Redding, R. , and M. Rosenbery. 1998. Ancestral pigs: A New (Guinea) model for pig domestication in the Middle East. In *Ancestors for the Pigs in Prehistory*, edited by S. M. Nelson, pp. 65 – 76. University of Pennsylvania Museum of Archaeology & Anthropology MASCA Research Papers in *Science and Archaeology* 15, Philadelphia.

［17］ a. Hesse, B. 1982. Slaughter patterns and domestication: The beginnings of pastoralism in Western Iran. *Man* 17 (3): 403 – 417; b. Meadow, R. H. 1989. Osteological evidence for the process of animal domestication. In *The Walking Larder: Patterns of Domestication, Pastoralism, and Predation*, edited by J. Clutton-Brock, pp. 80 – 90. Unwin Hyman, London; c. Renfrew, C. , and P. Bahn. 2000. *Archaeology: Theories, Methods and Practice*. Thames & Hudson, London.

［18］ a. Renfrew, C. , and P. Bahn. 2000. *Archaeology: Theories, Methods and Practice*. Thames & Hudson, London; b. Cosgrove, R. , and J. Allen. 2001. Prey choice and hunting strategies in the late Pleistocene: evidence from southwest Tasmania. In *Histories of Old Ages: Essays in Honour of Rhys Jones*, edited by A. Anderson, S. O' Connor and I. Lilley, pp. 397 – 429. Coombs Academic Publishing, Australian National University, Canberra; c. Pike-Tay, A. , and R. Cosgrove. 2002. From reindeer to wallaby: Recovering patterns of seasonality, mobility, and prey selection in the Palaeolithic old world. *Journal of Archaeological Method and Theory* 9 (2): 101 – 146.

［19］ Klein，R. G.，and K. Cruz-Uribe. 1984. *The Analysis of Animal Bones from Archaeological Sites*. University of Chicago Press，Chicago.

［20］ 在短期内无选择性狩猎到的 48 头现代野猪中，两岁以下的有 39 头，占 81.3%，参见马萧林等《群体性动物死亡现象的动物考古问题研究》相关研究成果。

［21］ 同注［12］。

［22］ 杨虎、刘国祥：《兴隆洼聚落遗址发掘再获硕果》，《中国文物报》1993 年 12 月 26 日。

［23］ Dwyer，P. D. 1996. Boars，barrows and breeders：the reproductive status of domestic pig populations in mainland New Guinea. *Journal of Anthropological Research* 52：481 – 500.

［24］ 傅勇：《陕西扶风案板遗址动物遗存的研究》，《考古与文物》1988 年第 5、6 期；李民昌：《江苏沭阳万北新石器时代遗址动物骨骼鉴定报告》，《东南文化》1991 年第 Z1 期。

［25］ a. 周本雄：《河北武安磁山遗址的动物骨骼》，《考古学报》1981 年第 3 期；b. 周本雄：《宝鸡北首岭新石器时代遗址中的动物遗骸》，《宝鸡北首岭》，文物出版社，1983 年。

［26］ a. Flannery，K. V. 1983. Early pig domestication in the fertile crescent：A retrospective look. In *The Hilly Flanks*：*Essays on the Prehistory of Southwest Asia*，edited by T. C. Young，P. E. L. Smith and P. Mortenson，pp. 163 – 188. Oriental Institute，University of Chicago，Chicago；b. Stampfli，H. R. 1983. The fauna of Jarmo with notes on animal bones from Matarrah，the Amouq，and KarimShahir. In *Prehistoric Archaeology along the Zagros Flanks*，edited by R. K. Braidwood L. S. Braidwood，B. Howe，C. A. Reed，and P. J. Watson，pp. 431 – 483. Oriental Institute Publication Vol. 105，University of Chicago，Chicago.

［27］ a. Davis，S. J. M. 1987. *The Archaeology of Animals*. Yale University Press，New Haven；b. Flannery，K. V. 1983. Early pig domestication in the fertile crescent：A retrospective look. In *The Hilly Flanks*：*Essays on the Prehistory of Southwest Asia*，edited by T. C. Young，P. E. L. Smith and P. Mortenson，pp. 163 – 188. Oriental Institute，University of Chicago，Chicago；c. Hongo，H.，and R. H. Meadow. 1998. Pig exploitation at Neolithic Cayonu Tepesi（southeastern Anatolia）. In *Ancestors for the Pigs in Prehistory*，edited by S. M. Nelson，pp. 77 – 98. University of Pennsylvania Museum of Archaeology & Anthropology，Philadelphia.

［28］ a. Meadow，R. H. 1989. Osteological evidence for the process of animal domestication. In *The Walking Larder*：*Patterns of Domestication*，*Pastoralism*，and Predation，edited by J. Clutton-Brock，pp. 80 – 90. Unwin Hyman，London；b. Perkins，D.，Jr. 1973. The beginnings of animal domestication in the Near East. *American Journal of Archaeology* 77：279 – 282.

［29］ Meadow，R. H. 1984. Animal domestication in the Middle East：A view from the eastern margin. In *Animals and Archaeology. Vol.* 3，*Early Herders and Their Flocks*，edited by J. Clutton-Brock and C. Grigson，pp. 309 – 337. BAR International Series，202，Oxford.

［30］Diamond，J. M. 1991. The earliest horseman. *Nature* 350 （6316）：275 – 276.

［31］a. Dwyer，P. D. 1993. The production and disposal of pigs by Kubo people of Paupua New Guinea. *Memoirs of the Queensland Museum* 33 （1）：123 – 142；b. Klein，R. G. 1989. Why does skeletal part representation differ between smaller and larger bovids at Klasies River Mouth and other archaeological-sites. *Journal of Archaeological Science* 6：363 – 381；c. Redding，R. ，and M. Rosenbery. 1998. Ancestral pigs：A New （Guinea） model for pig domestication in the Middle East. In *Ancestors for the Pigs in Prehistory*，edited by S. M. Nelson，pp. 65 – 76. University of Pennsylvania Museum of Archaeology & Anthropology MASCA Research Papers in *Science and Archaeology* 15，Philadelphia.

［32］a. Hongo，H. ，and R. H. Meadow. 1998. Pig exploitation at Neolithic Cayonu Tepesi （southeastern Anatolia）. In *Ancestors for the Pigs in Prehistory*，edited by S. M. Nelson，pp. 77 – 98. University of Pennsylvania Museum of Archaeology & Anthropology，Philadelphia；b. Redding R. ，and M. Rosenbery. 1998. Ancestralpigs：A New （Guinea） model for pig domestication in the Middle East. In *Ancestors for the Pigs in Prehistory*，edited by S. M. Nelson，pp. 65 – 76. University of Pennsylvan ia Museum of Archaeology & Anthropology MASCA Research Papers in *Science and Archaeology* 15，Philadelphia；c. Meadow，R. H. 1989. Osteological evidence for the process of animal domestication. In *The Walking Larder：Patterns of Domestication，Pastoralism，and Predation*，edited by J. Clutton-Brock，pp. 80 – 90. Unwin Hyman，London.

［33］a. Bökönyi，S. 1969. Archaeological problems and methods of recognising animal domestication. In *The Domestication and Exploitation of Plants and Animals*，edited by Peter J and Dimbleby. G. W Ucko. Gerald Duckworth & Co LTD，London；b. Flannery，K. V. 1961. Skeletal and Radiocarbon Evidence of the Origins of Pig Domestication. MA，University of Chicago；c. Kusatman，B. 1991. The Origins of Pig Domestication with Particular Reference to the Near East. Ph. D. ，University of London，London；d. Hongo，H. ，and R. H. Meadow. 1998. Pig exploitation at Neolithic Cayonu Tepesi （southeastern Anatolia）. In *Ancestors for the Pigs in Prehistory*，edited by S. M. Nelson，pp. 77 – 98. University of Pennsylvania Museum of Archaeology & Anthropology，Philadelphia；e. Rowley-Conwy，P. 1995. Wild or domestic？On the evidence for the earliest domestic cattle and pigs in South Scandinavia and Iberia. *International Journal of Osteoarchaeology* 5：115 – 126.

［34］University of Pennsylvania Museum of Archaeology & Anthropology，Philadelphia. Payne S. B. ，and G. Bull. 1988. Components of variation in measurements of pig bones and teeth，and the use of measurements to distinguish wild from domestic pig remains. *Archaeozoologia* 2 （1，2）：27 – 66.

［35］Mayer，J. J. ，J. M. Novak，and Jr. I. Lehr Brisbin. 1998. Evaluation of molar size as a basis for distinguishing wild boar from domestic swine：Employing the present to decipher the past. In *Ancestors for the Pigs in Prehistory*，edited by S. M. Nelson，pp. 39 – 53.

［36］同注［34］。

［37］Kusatman，B. 1991. The Origins of Pig Domestication with Particular Reference to the Near East. Ph. D. ，University of London，London.

［38］a. von den Driesch，A. 1976. A Guide of the Measurement of Animal Bones from Archaeological Sites. Harvard University，*Peabody Museum of Archaeology and Ethnology Bulletin* 1；b. University of Pennsylvania Museum of Archaeology & Anthropology，Philadelphia. Payne S. B.，and G. Bull. 1988. Components of variation in measurements of pig bones and teeth，and the use of measurements to distinguish wild from domestic pig remains. *Archaeozoologia* 2（1，2）：27 – 66.

［39］同注［34］。

［40］同注［34］。

［41］a. Flannery，K. V. 1983. Early pig domestication in the fertile crescent：A retrospective look. In *The Hilly Flanks*：*Essays on the Prehistory of Southwest Asia*，edited by T. C. Young，P. E. L. Smith and P. Mortenson，pp. 163 – 188. Oriental Institute，University of Chicago，Chicago；b. Mayer，J. J.，J. M. Novak，and Jr. I. Lehr Brisbin. 1998. Evaluation of molar size as a basis for distinguishing wild boar from domestic swine：Employing the present to decipher the past. In *Ancestors for the Pigs in Prehistory*，edited by S. M. Nelson，pp. 39 – 53.

［42］同注［34］。

［43］Payne，S. B. 1985. Zoo-archaeology in Greece：A reader's guide. In *Contributions to Aegean Archaeology*：*Studies in Honour of William H. McDonald*，edited by N. C. Wilkie and W. D. E. Clouson，pp. 211 – 244. Kendall/Hunt Publishing Company，Dubuque，Iowa.

［44］Redman，C. L. 1999. *Human Impact on Ancient Environments*. The University of Arizona Press，Tucson.

［45］李有恒、韩德芬：《陕西西安半坡新石器时代遗址中之兽类骨骼》，《古脊椎动物与古人类》1959 年第 1 卷第 4 期。

［46］傅勇：《陕西扶风案板遗址动物遗存的研究》，《考古与文物》1988 年第 5、6 期。

［47］祁国琴：《姜寨新石器遗址动物骨群的分析》，《姜寨——新石器时代遗址发掘报告》，文物出版社，1988 年。

［48］刘莉、阎毓民、秦小丽：《陕西临潼康家龙山文化遗址 1990 年发掘动物遗存》，《华夏考古》2001 年第 1 期。

［49］孔昭宸、杜乃秋、童国榜：《中国北方全新世大暖期植物群的古气候波动》，《中国全新世大暖期古气候与环境》，海洋出版社，1992 年；施雅风、张丕远：《中国历史气候变迁》，山东科学技术出版社，1996 年。

［50］袁靖：《论中国新石器时代居民获取肉食资源的方式》，《考古学报》1999 年第 1 期。

附录一　西坡猪下颌骨臼齿测量数据

M₁L	M₁WA	M₁WP	M₂L	M₂WA	M₂WP	M₃L	M₃WA
17.13	11.96	12.05	21.78	12.91	14.48	36.74	9.01
17.43	9.93	11.26	22.55	14.61	14.92	33.87	13.68
17.01	9.92	10.64	19.21	12.44	13.64	34.44	15.79
18.33	10.40	11.52	22.69	13.70	13.77	35.45	16.62
17.24	10.18	11.67	18.18	11.72	12.55	34.07	14.91
17.91	10.91	12.17	20.89	13.76	13.03	32.70	15.29
16.80	10.38	11.25	20.33	14.05	13.47	30.20	16.30
16.83	9.51	10.84	20.28	13.28	13.83	27.10	13.60
17.40	10.87	11.90	21.50	13.50	13.60	36.89	16.92
15.51	10.53	10.84	20.40	14.30	13.90	33.01	15.10
17.46	10.64	11.20	23.18	12.62	13.68	30.87	16.77
18.59	10.51	11.80	18.74	11.21	12.84	37.68	17.38
17.03	9.24	10.88	20.80	12.71	14.04	37.94	18.46
17.40	9.43	11.16	21.47	13.40	12.72	39.02	16.57
17.15	9.89	11.17	18.22	14.08	14.57	29.96	13.41
17.69	10.57	11.36	20.99	15.11	14.99	36.38	16.35
18.25	10.41	10.56	20.51	14.54	14.66	34.97	15.63
17.33	10.38	11.47	21.00	13.20	13.30	41.25	17.02
15.03	9.78	10.89	21.01	12.14	12.44	35.23	16.11
18.30	10.00	10.80	20.33	11.98	12.21	34.40	19.90
16.70	10.70	11.12	19.40	14.40	13.80	37.97	17.97
16.30	10.80	11.41	20.60	14.13	14.01	39.17	17.19
17.10	10.60	11.20	20.60	13.50	13.60		
17.11	10.60	11.70	20.40	13.20	12.10		
16.90	10.20	10.30	20.02	13.41	13.21		
17.92	10.96	12.62	20.70	14.42	13.60		
15.72	9.34	9.96	21.31	13.70	13.33		
17.35	9.95	11.02	21.80	14.01	14.40		
17.88	10.09	11.46	20.40	13.30	12.50		
15.09	11.20	11.47	19.01	15.00	15.24		

M₁L	M₁WA	M₁WP	M₂L	M₂WA	M₂WP	M₃L	M₃WA
17.61	10.10	10.90	20.73	12.65	12.88		
17.70	10.60	10.40	22.09	14.59	14.35		
17.30	9.71	9.91	21.42	14.11	14.49		
18.50	10.40	10.80	19.86	13.46	14.46		
16.60	9.50	9.70	18.04	12.60	12.65		
18.40	10.29	11.11	20.59	13.56	13.31		
17.22	11.01	11.31	19.34	13.04	12.51		
17.13	10.01	10.34	20.50	13.92	13.57		
17.36	9.37	11.48	20.63	13.88	14.05		
17.82	10.11	11.22	22.99	14.25	14.47		
16.88	9.55	10.71	21.09	13.96	13.77		
16.77	10.02	11.43	20.85	13.95	13.54		
17.43	9.72	10.84	21.00	14.01	13.47		
17.12	9.64	10.16	20.91	12.87	12.79		
17.20	9.90	10.70	21.16	13.61	13.71		
16.91	9.80	10.80	18.90	13.30	13.20		
16.70	10.01	10.30	20.81	13.58	13.48		
15.62	10.80	11.10	22.21	14.38	14.21		
18.01	11.00	12.42	20.58	13.31	13.42		
16.70	9.90	10.40	22.72	14.70	14.26		
17.50	10.60	11.20					
19.10	10.51	11.50					
18.41	10.22	11.20					
17.80	10.40	11.70					
17.42	10.40	10.81					
18.60	10.41	11.70					
17.21	11.00	11.30					
17.70	10.3	11.20					
17.60	10.5	10.90					
16.20	9.90	10.20					
17.53	9.80	11.00					
18.40	10.2	11.21					

M₁L	M₁WA	M₁WP	M₂L	M₂WA	M₂WP	M₃L	M₃WA
18.11	10.8	11.20					
18.01	9.80	10.63					
15.77	10.76	12.15					
15.60	9.96	10.68					
17.81	10.97	11.16					
18.09	10.85	11.30					
17.15	10.03	10.33					
16.40	9.50	10.10					
16.40	9.31	10.02					
16.80	9.90	9.60					
17.80	9.50	10.31					
16.88	9.97	9.94					
17.58	10.43	10.86					
18.08	10.77	10.89					
17.02	10.38	11.46					
17.18	10.55	11.03					
16.41	10.94	11.71					
17.79	11.10	11.71					
16.41	10.46	10.92					
17.84	11.44	11.57					
17.63	10.63	11.36					
18.40	9.91	11.10					
16.30	9.20	9.60					
18.60	11.20	11.50					
16.10	10.40	10.80					
16.02	9.91	11.00					
16.54	10.34	10.58					
18.35	11.11	11.41					
15.78	9.55	10.91					
17.41	10.76	11.56					
16.78	10.94	11.34					
17.27	10.05	10.93					

附录二　西坡猪上颌骨臼齿测量数据

M¹ L	M¹ WA	M¹ WP	M² L	M² WA	M² WP	M³ L	M³ WA
17.91	13.82	14.61	22.77	16.98	17.30	28.90	17.90
18.70	14.31	13.92	23.55	14.68	14.73	38.43	19.19
17.10	13.40	13.56	18.42	14.13	12.71	30.51	18.09
17.52	13.76	13.67	23.48	17.69	16.60	27.90	16.50
16.91	13.92	13.78	21.28	16.91	16.82	36.71	20.61
18.80	14.20	14.96	20.31	16.83	16.54	27.73	19.02
17.80	13.86	13.88	19.25	14.90	14.80		
16.50	14.02	14.28	20.24	16.08	15.70		
18.00	14.37	14.44	21.77	16.76	17.10		
16.33	12.52	12.92	19.62	15.29	16.06		
19.80	14.93	14.48	22.10	17.77	15.70		
16.31	13.42	13.43	20.40	16.50	15.90		
17.21	13.08	13.32	21.10	17.04	17.50		
17.34	13.33	14.20	21.02	17.80	17.02		
17.10	12.95	12.28	18.90	15.30	14.90		
18.81	13.64	13.99	22.08	17.90	17.90		
17.80	13.60	14.05	22.75	17.69	17.04		
18.00	13.97	14.19	23.73	17.37	16.50		
16.30	12.34	12.95	21.52	17.28	16.60		
16.10	13.90	14.10	21.28	16.91	16.81		
17.90	14.03	14.20	19.94	16.77	16.42		
17.70	14.10	14.52	20.41	15.40	15.20		
18.01	13.22	13.81	21.04	14.12	13.20		
17.12	14.51	14.90	20.30	16.91	15.40		
17.30	13.50	13.90	20.20	16.24	15.40		
18.41	13.84	13.99	22.03	16.90	15.14		
19.30	14.28	14.74	21.40	16.81	15.52		
17.14	14.00	14.45	20.20	16.20	15.40		
17.15	13.40	13.56	20.70	15.92	17.17		
17.50	13.76	13.67	23.28	17.90	16.50		

M¹ L	M¹ WA	M¹ WP	M² L	M² WA	M² WP	M³ L	M³ WA
16. 90	13. 92	13. 78	19. 90	15. 91	15. 51		
17. 81	13. 86	13. 88	22. 26	16. 89	16. 63		
16. 10	13. 15	13. 78	21. 65	16. 50	16. 10		
16. 90	12. 11	12. 04	18. 20	15. 36	13. 80		
17. 36	13. 71	13. 22	22. 46	17. 46	17. 30		
18. 11	12. 42	12. 64	22. 76	18. 29	18. 04		
17. 60	13. 88	13. 81					
15. 10	14. 11	13. 32					
15. 10	11. 50	10. 41					
16. 70	13. 80	12. 90					
18. 02	13. 83	14. 00					
17. 51	13. 70	14. 70					
17. 10	12. 61	13. 21					
17. 54	13. 90	14. 30					
17. 70	14. 33	13. 51					
17. 91	13. 64	14. 30					
18. 63	13. 72	13. 20					
17. 21	13. 60	13. 41					
16. 70	13. 64	12. 80					
17. 32	13. 60	13. 41					
18. 30	14. 74	14. 27					
16. 36	13. 00	13. 40					
14. 02	13. 72	14. 17					
17. 81	13. 39	13. 78					
17. 10	13. 62	13. 51					
16. 63	12. 52	13. 13					
16. 91	13. 79	14. 19					
18. 25	14. 66	14. 79					
18. 10	14. 52	14. 01					
17. 60	13. 73	13. 02					
17. 92	13. 16	13. 72					
17. 83	13. 62	14. 01					

附录三　西坡猪肱骨、尺骨和盆骨测量数据

Bd	HTC	DPA	LAR
38. 10	20. 50	22. 50	27. 10
33. 07	17. 04	23. 80	27. 80
35. 42	17. 65	28. 10	29. 91
37. 11	18. 29	33. 74	32. 72
37. 70	18. 10	38. 41	28. 20
34. 60	17. 50	18. 90	28. 50
35. 10	18. 10	28. 31	29. 80
36. 62	17. 68	32. 60	28. 44
		33. 01	28. 55
		30. 32	28. 94
		39. 20	30. 41
		24. 33	
		41. 89	
		17. 22	
		21. 22	
		22. 74	
		23. 44	
		37. 75	
		33. 00	
		32. 40	
		31. 10	
		36. 01	
		31. 90	
		31. 90	

灵宝西坡遗址家猪的年龄结构及相关问题

通过对河南西部及灵宝铸鼎原一带的聚落形态研究表明，仰韶文化中期（约公元前 3800～前 3300 年）很可能出现了中原地区最早的社会结构复杂化现象[1]。西坡遗址特大型建筑基址、规模宏大的壕沟以及高规格墓葬的发现显示，这里很可能是该地区的一座具有中心性质的大型聚落[2]。2000 年和 2001 年在遗址居住区的发掘中出土了大量动物骨骼，其中家猪骨骼约占可鉴定动物标本总数的 84%，显然成为人们肉食消费的主要对象[3]。本文拟通过研究西坡遗址出土家猪的年龄结构，尝试探讨中原复杂社会初期中心聚落的家畜饲养和消费模式。

一　关于家猪饲养与消费模式

家猪的年龄结构与人们饲养和消费动物的策略密切相关。肉类产品如果是人们饲养猪的主要目的，猪的年龄结构通常以年轻或者未成年个体为主，因为成年猪的身高和体重的增长速度显著减慢，对饲养者来说，其投入的回报率会明显减少。一般认为，肉类生产的理想年龄结构是维持 80% 或者更高比例的未成年个体，保留少量的成年个体用作种猪繁育后代[4]。如果肉类产品不是人们饲养家猪的唯一目的，那么猪的年龄结构将是另一种情形。例如，在瓦努阿图的马勒库拉地区，精美弯曲的猪獠牙是富人显示其地位的象征物，养猪的重要目的就是把猪精心饲养至五岁以上获取獠牙[5]。巴布亚新几内亚的齐木布族强化了猪在交易中的竞争力，成年个体的猪以其个头大而具有更高价值[6]。由此可见，在某些地区，年老的猪在整个年龄结构中占较大比重。

年龄结构在一定程度上能够反映家畜的饲养和肉食消费地点[7]。如果家猪是在遗址饲养和消费的，那么猪的死亡年龄往往比较分散，即可见各个年龄段的猪[8]。婴儿猪或胎儿猪遗存的发现是一个遗址饲养母猪的重要证据之一。如果一个遗址大量依赖进口猪肉，那么猪的年龄通常比较集中，且以年轻或未成年的为主。相反，倘若一个遗址饲养猪的目的是出售，预计将缺失年轻或未成年阶段的猪。在城乡肉类产品供给和分配体系中，家畜的年龄结构能够反映城乡之间的消费差异，通常城市中动物遗存的年龄相对集中，而乡村的则比较分散[9]。

上述仅是简单的家猪饲养和消费模式，其实对每个遗址来说，真实的情况要复杂得多。各种各样的因素都可能不同程度地影响家畜的年龄结构，混淆我们对家畜年龄结构的解释。比如在很多情况下，尽管我们知道获取肉食产品是饲养家猪的唯一目的，但很难判断屠宰猪的目的是获取脂肪还是瘦肉，或是兼而有之[10]。如果是为了获得脂肪，那么可能保留一些年龄较大的猪，因为喂养同等量的饲料，成年猪比未成年猪能够把更高比例的营养转换为脂肪，而不是肌肉[11]。事实上，我们很难断定史前的家猪在多大年龄完全成熟，尽管一些学者把六个月作为肉类回报的最佳年龄[12]。此外，很多客观和主观因素，包括文化背景、对动物的处理方式、动物骨骼的收集过程和分析方法等都可能影响我们对动物饲养和消费模式的分析。因此，上述只是一些理想化的模式，不一定能够准确地复原家畜的年龄结构。但是，如果一个遗址家畜死亡的年龄结构符合上述某个模式，那么这个模式最有可能是对该遗址动物构成状况的合理解释[13]。

二　方法与资料

在西坡遗址发掘中，我们认真地收集了动物遗存，随后对其作了细致整理[14]。仰韶文化中期堆积中出土的骨骼，能够鉴定到科、属或种的标本有24种，其中约84%为家猪[15]。大量家猪骨骼尤其是附带臼齿的下颌骨，为研究猪的年龄结构提供了丰富的资料。

家猪的年龄结构是根据对牙齿萌出与磨损的记录[16]，以及对骨骺愈合[17]的观察进行研究的。

1. 牙齿萌出与磨损

参照国际通行的格兰特方法[18]，即根据牙齿咬合面暴露的牙质和珐琅质的图案确定牙齿萌出和磨损的级别（图一），我们对猪牙齿萌出和磨损进行了详细记录（附表一、附表二）。牙齿磨损级别用来记录上颌骨和下颌骨上的游离臼齿，以及完整和不完整的齿列上的臼齿。下颌骨和上颌骨上的第四乳前臼齿（M4）和臼齿齿芽（未萌出的或部分萌出而牙根未成形的）也作了记录。根据格兰特的界定，成型而未磨损的牙齿分别记作 C（可见齿槽孔）、V（可见牙齿）、E（刚萌出）、1/2（萌出 1/2）和 U（牙齿长至最高但未磨损）。

T.W.S	m₄	P₄	M₁&M₂	M₃

enamel wear only–no dentine exposure

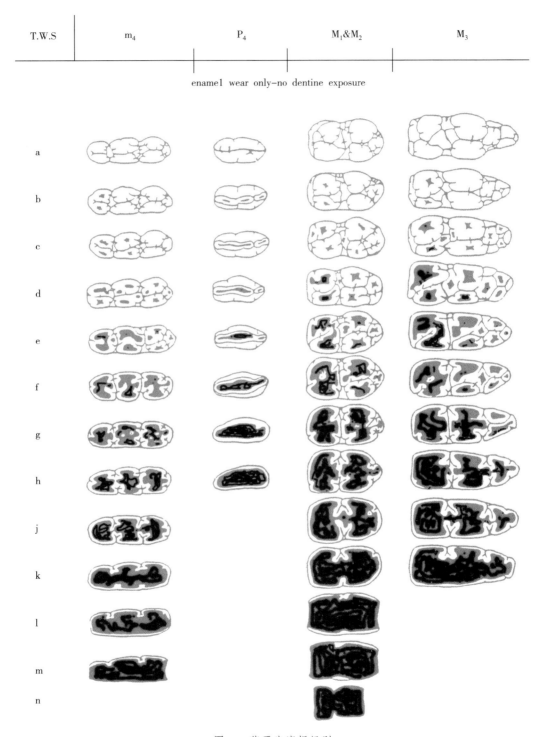

图一　猪牙齿磨损级别

　　格兰特通过对英国一批考古遗址出土的猪牙齿萌出和磨损图案的分析，提供了评估猪年龄的有效方法[19]。偌利特和邱敏勇简化了格兰特的方法[20]，便于观察相关下颌臼齿萌出和磨损级别的变化范围，他们也验证了格兰特方法对研究欧洲以外地区猪的合理性。

　　这里我们采用偌利特和邱敏勇的方法，检查西坡遗址相关下颌臼齿萌出和磨损的组合频率及其最大变化区间。西坡遗址共收集 60 件保留臼齿的半幅猪下颌骨，可用来检验臼齿间萌出与磨损的相应关系（表一）。表一显示，西坡的猪下颌臼齿萌出与磨损的级别大体落在相应的格兰特记录的英国资料范围内，但两个地区的材料也存在一些差别。这些差别可能有两种解释。其一，西坡猪的第二臼齿（M_2）在中度磨损级别（c、d、e、f）时磨损速度略快；其二，西坡猪的第一臼齿（M_1）相对耐磨，第三臼齿（M_3）的萌出较晚。这些变化将作为下面采用欧洲标准评估西坡家猪年龄结构的参考[21]。

表一　猪下颌骨上分别观察到的相关臼齿萌出和磨损级别的组合数量

第一臼齿（M_1）	第二臼齿（M_2）													
	C	V	E	1/2	U	a	b	c	d	e	f	g	h	j
E	3	1												
1/2	2													
U	5													
a	10*	10**												
b	7	15***	7*		1									
c	2	5*****	3	1*	1	6	1							
d	1	*	2	*	*	3***	11**	4****						
e	1	*	2	2	1	6**	12**	4***						
f		1	1				7	3	2**					
g						1	8	16	10**	4	1			
h							7	7	4	1*	2*			
j							1	12	5	12	1**	2	1	
k								5	4	5	9	4	1	*
l								1	3	3	3	5	2	

第二臼齿（M₂）	第三臼齿（M₃）													
	C	V	E	1/2	U	a	b	c	d	e	f	g	h	j
V	6													
E	8	1												
1/2	3													
U	3													
a	3	12	1											
b	5	21	9	5	4	3								
c	1	4	8	11	17	8	3							
d		1*	5**	2		8	12							
e				1*	1	11*	13***							
f				2	5	11***	3***	1**	*					
g		1				2	9	6	2					
h							3	4			1			
j									5		*			
k							1		2	2				
l									1	2				

　　表中的阿拉伯数字表示英国考古遗址出土的猪牙齿资料（Grant 1982：table 4）。"＊"表示西坡遗址出土猪下颌骨，每个"＊"代表1件。萌出级别参见格兰特界定，磨损级别a，b，c，⋯见图一。

　　根据欧洲学者的研究成果（表二、表三、表四），以及不同牙齿间萌出与磨损级别的相应关系（见表一），我们把西坡猪的年龄范围确定为七个级别（表五），涵盖了从尚未萌出的 M₁，到深度磨损的 M₃ 的变化。Ⅱ级（4~6个月），Ⅲ级（6~12个月）和Ⅴ级（18~24个月）是根据 M1、M2 和 M3 的萌出确定的，作为这些年龄段开始的标志。Ⅰ级表示 M₁ 萌出前的一段时间（前4个月），而Ⅳ级（12~18个月）、Ⅵ级（24~36个月）和Ⅶ级（36个月以上）是根据牙齿磨损级别确定的，其年龄界限相对模糊。

表二　猪牙齿发育阶段和年龄估计

阶段	牙齿发育	大致年龄（月）
1	乳前臼齿未萌出	胎儿
2	乳 PM2－3－4 初级萌出	0－1 周
3	乳 PM2－3－4 中级萌出	1－4 周
4	乳 PM2－3－4 三级萌出	4－7 周
5	乳 PM2－3－4 初级磨损，M1 未萌出	2－4
6	M1 初级萌出	4－5
7	M1 中级萌出	5－6
8	M1 三级萌出	6－7
9	M1 初级磨损，M2 未萌出	7－8
10	M1 中级磨损，M2 未萌出	8－9
11	M2 初级萌出	9－10
12	M2 中级萌出	10－11
13	M2 三级萌出	11－12
14	PM2－4 初级萌出	12－14
15	PM2－4 中级萌出	14－15
16	PM2－4 三级萌出	15－16
17	PM2－4 初级磨损，M3 未萌出	16－17
18	M3 初级萌出	17－19
19	M3 中级萌出	19－21
20	M3 三级萌出，第一齿尖初级磨损	21－23
21	M3 第一齿尖中级磨损	23－25
22	M3 第二齿尖中级磨损	25－27
23	M3 第三齿尖中级磨损	27－29
24	M3 所有齿尖中级（晚）磨损	30＋
25	M3 所有齿尖三级（早）磨损	成年
26	M3 所有齿尖三级（晚）磨损	中年
27	M3 所有齿尖四级磨损	老年

参照 Higham（1967：appendix B）。Higham 的文中并没有界定牙齿萌出和磨损中的初、中、三、四级的绝对量化标准，这些级别之间的差别只是相对而言。

表三　欧洲野猪臼齿萌出年龄（月）

牙齿	萌出年龄范围
M^1	5.3 – 6.4
M^2	12 – 14
M^3	26 – 33
M_1	5.3 – 6
M_2	12 – 13.8
M_3	23 – 26

参照 Matschke（1967：table 1）。

表四　家猪臼齿萌出年龄（月）

牙齿 *	成熟			大致范围
	早	中	晚	
M1	4	6	8	4 – 8
M2	7	10	13	7 – 13
M3	16	8	20	16 – 20

参照 Hillson（1986：table 3.11），"＊"包含上颌与下颌臼齿。

　　根据牙齿萌出与磨损年龄表（表五），保留两个或三个臼齿的下颌骨或上颌骨有时可以归入相邻的年龄范围，显然不像单个的游离齿那样可以简单地归入某一年龄级别。例如，一件下颌骨的 M_1 属于Ⅱ级，同一件下颌骨的 M_2 归入Ⅲ级，如此会造成同一件下颌骨有两个年龄。在这种模棱两可的情况下，一部分下颌骨或上颌骨究竟归入相邻的哪一个年龄级别更为合适，取决于以下三种情形。第一，取决于下颌骨或上颌骨上多数牙齿的年龄级别。例如，一件下颌骨的 M_1 属于Ⅳ级，同一件下颌骨的 M_2、M_3 为Ⅴ级，那么这件下颌骨倾向归入Ⅴ级。第二，取决于相关臼齿间发生率较高的。例如，一件下颌骨的 M_1 磨损级别为 c，属于Ⅲ级，同一件下颌骨的 M_2 磨损级别为 b，属于Ⅳ级，参照西坡家猪臼齿之间的相关性（见表一），M_1 磨损级别为 c 的比 M_2 磨损级别为 b 的发生率高，那么该下颌骨标本的年龄将被确定为Ⅳ级。第三，在一个臼齿萌出、另一个臼齿磨损的情况下，将选择萌出臼齿的年龄级别。例如，一件下颌骨的 M_1 磨损级别为 d，属于Ⅳ级，同一件下颌骨的 M_2 刚刚萌出，属于Ⅲ级，那么将确定该下颌骨的年龄为Ⅲ级。

表五　根据下颌骨牙齿萌出和磨损级别确定的西坡家猪年龄标准

年龄级别	年龄（月）	m4	M1	M2	M3
Ⅰ	0 – 4	a, b, c			
Ⅱ　M1 萌出	4 – 6	d, e	萌出，a		
Ⅲ　M2 萌出	6 – 12	f, g, h, j, k	b, c	萌出	
Ⅳ	12 – 18		d, e	a, b, c	
Ⅴ　M3 萌出	18 – 24		f, g, h	d, e, f	萌出，a, b
Ⅵ	24 – 36		j, k	g, h	c, d, e
Ⅶ	36 –		l, m, n	j, k	f, g

"M"指臼齿，"a，b，c…m，n"指磨损级别（见图一）。

表六　西坡遗址出土下颌、上颌及游离臼齿数目

臼齿 左右 颌骨	附带臼齿		未附带臼齿		游离臼齿	
	左	右	左	右	左	右
下颌骨	125	114	39	42	5	1
上颌骨	65	61	19	18	4	2

　　这里运用牙齿萌出与磨损级别建立的年龄结构，是根据附带一个或者多个臼齿的下颌骨，而不是根据游离臼齿确定的，主要考虑到以下因素。第一，西坡附带臼齿的下颌骨数量比较多，足以进行统计分析（表六）；第二，能够鉴定为左或右、萌出与磨损级别的游离臼齿的数量以及没有保留臼齿的下颌骨的数量，均比较少，但不影响整个年龄结构的分析结果；第三，如果游离臼齿用来代表个体，对年龄较大的动物而言，臼齿＝个体的概率显著增大[22]。例如，成年的半幅猪下颌骨有三个臼齿（M_1、M_2、M_3），而年幼的仅有一个臼齿（M_1），如果用游离臼齿计算年龄结构，那么一些成年猪的数量就有可能被重复统计，势必主观改变动物的年龄构成。因此，根据较大数量的下颌骨进行年龄分析能够避免或者减少重复计算造成的问题。值得注意的是，根据下颌骨建立年龄结构，很可能左/右下颌骨与同一个体的右/左下颌骨计算在一起，这样同一个体的两件半幅下颌骨被统计两次。为解决这一问题，在分析过程中，我们首先把左半幅和右半幅的下颌骨分别计算，如果左右两半的数量没有明显的差别，然后合在一起计算。具体的年龄分布见表七。

表七　根据西坡家猪下颌臼齿萌出和磨损级别确定的年龄分布情况

年龄级别（月）	左		右		合计	
	%	数量	%	数量	%	数量
Ⅰ　（0－4）	20.0	25	23.7	27	21.8	52
Ⅱ　（4－6）	16.9	21	21.9	25	19.3	46
Ⅲ　（6－12）	26.4	33	19.3	22	23.0	55
Ⅳ　（12－18）	17.6	22	18.4	21	18.0	43
Ⅴ　（18－24）	12.7	16	10.5	12	11.6	38
Ⅵ　（24－36）	4.8	6	5.3	6	5.0	12
Ⅶ　（36－ ）	1.6	2	0.9	1	1.3	3
合计	100	125	100	114	100	249

作为比较，根据牙齿的萌出与磨损，上颌骨也用来建立年龄结构，尽管上颌骨与下颌骨臼齿萌出与磨损的时间变化略有差别[23]。上颌骨的左右两侧也像下颌骨一样先分别统计，然后合在一起计算。具体的年龄分布见表八。

表八　根据西坡家猪上颌臼齿萌出和磨损级别确定的年龄分布情况

年龄级别（月）	左		右		合计	
	%	数量	%	数量	%	数量
Ⅰ　（0－4）	15.4	10	8.2	5	11.9	15
Ⅱ　（4－6）	18.5	12	34.4	21	26.2	33
Ⅲ　（6－12）	23.1	15	21.3	13	22.2	28
Ⅳ　（12－18）	21.5	14	19.7	12	20.6	26
Ⅴ　（18－24）	13.8	9	11.5	7	12.7	16
Ⅵ　（24－36）	3.1	2	4.9	3	4.0	5
Ⅶ　（36－ ）	4.6	3	—	—	2.4	3
合计	100	65	100	61	100	126

牙齿萌出和磨损在不同程度上受多种因素的影响，其中一些因素对考古材料而言是难以评估的。环境、食物、饲养习惯和性别等都可能相互影响，改变牙齿萌出与磨损的时间[24]。例如，早成熟与晚成熟的家猪在一些牙齿萌出的时间上最多的相差六个月（见表四）。对于野猪和家猪以及现代猪和古代猪的牙齿萌出时间，研究

者还存在分歧[25]。牢记这些外在和本质因素对牙齿的影响，有助于我们认识考古材料存在的问题和局限性。

2. 骨骺愈合

猪骨骺愈合的年龄结构是根据希瓦[26]、伯克伊[27]、布欧和佩因[28]提供的骨骼愈合序列建立的。骨骺愈合分为早期愈合、中期愈合和晚期愈合三个年龄类别（表九）。大体上，早期愈合发生在12个月以前，相当于幼儿/少年，中期愈合发生在24个月左右，接近成年，晚期愈合发生在42个月前后，为成年。需要强调的是，一件愈合的骨骼是指其代表的动物存活于下一个生长阶段的开始期，但并不指愈合后该动物的继续生存期。

根据愈合状态，骨骺可分为愈合、愈合中及未愈合。骨骺表面看不到骨骺线的，记录为愈合；骨骺与骨干完全分离的，记录为未愈合；骨骺与骨干没有分离但能看到骨骺线的，记录为愈合中。在整理中，我们尽量把未愈合的骨骺与其相应的骨干进行拼合，不能拼合的，骨骺和骨干均作统计。能够拼合的，按一件未愈合的标本计算；不能拼合的，未愈合骨骺和骨干分别计算。需要说明的是，骨骺数量很少，对统计结果影响不大。骨骺愈合资料统计和计算分别见表一〇和表一一。

表九　根据骨骺愈合确定的家猪年龄标准*

p = 近端，d = 远端

类别（愈合年龄）	骨骼
早期愈合标本（约12个月）	肩胛骨（d）、肱骨（d）、桡骨（p）、盆骨（髋臼）
中期愈合标本（约24个月）	掌/跖骨（d）、胫骨（d）、跟骨
晚期愈合标本（约42个月）	肱骨（p）、桡骨（d）、尺骨（p、d）、股骨（p、d）、胫骨（p）

* 参照 Silver（1969）、Bökönyi（1972）以及 Bull & Payne（1982）

表一〇　西坡遗址出土未愈合、愈合中及愈合的家猪骨骼*

p = 近端，d = 远端

类别	骨骼	愈合	愈合中	未愈合	合计	愈合（%）	未愈合（%）
早期愈合	肩胛骨（d）	5	2	10	17	41	59
	肱骨（d）	18	7	51	76	33	67
	桡骨（p）	16	6	20	42	53	47
	盆骨（髋臼）	6	4	13	23	44	56
	小计	45	19	94	158	41	59

续表

类别	骨骼	愈合	愈合中	未愈合	合计	愈合（%）	未愈合（%）
中期愈合	掌/跖骨（d）	5	2	23	30	23	77
	胫骨（d）	10	3	44	57	23	77
	跟骨	1	0	20	21	5	95
	小计	16	5	87	108	19	81
晚期愈合	肱骨（p）	2	1	14	17	12	88
	桡骨（d）	4	1	5	10	50	50
	尺骨（p&d）	7	4	50	61	18	82
	股骨（p&d）	11	5	59	75	21	79
	胫骨（p）	3	1	9	13	31	69
	小计	27	12	137	176	22	78

＊包括愈合中和愈合的骨骼

表一一　西坡家猪特定年龄段之前存活率

年龄级别	存活率（%）
<12 months	59
<24 months	81
<42 months	78

　　根据骨骺愈合确定动物的年龄结构，容易受一些与引起骨骺愈合时间变化有关的因素的影响，这些因素包括动物的营养水平、性别、饲养状态以及环境等[29]。良好的营养和保护条件会加速骨骺愈合[30]。那些接近愈合期的骨骺比愈合早的或愈合晚的更容易受营养的影响[31]。骨骺愈合分析还会受到骨骼保存环境和收集方法的影响[32]。例如，由于未愈合的骨骺比愈合的密度小，因此愈合标本有更多的保存和收集概率[33]。

　　上述两种确定年龄的方法各有优劣。与仅有三个级别的骨骺愈合方法相比，牙齿萌出和磨损方法显然能够确定较多的年龄级别。由于上颌骨和下颌骨为附着肌肉相对少的骨骼，且骨骼破碎程度低，因此发掘中的收集率相对较高。根据骨骼确定年龄不仅可以利用更多的材料，更重要的是，还可以了解人们处理不同骨骼的差异，获得更多的文化行为信息。

　　需要强调的是，根据骨骺愈合和牙齿萌出与磨损得出的年龄结果，不能直接进行对比,因为愈合记录代表的是根据与每一具体的年龄阶段相关的骨骼计算出的个体存活比例,而依照下颌骨建立的年龄级别指的是根据下颌骨总数计算的个体死亡比例。两种方法得出的动物年龄结果存在本质区别。

三 结果与分析

根据 239 件猪下颌骨建立的年龄结构显示,大多数猪在一至一岁半以前被宰杀。前四个级别(Ⅰ、Ⅱ、Ⅲ、Ⅳ)的比例都在20%左右,级别Ⅴ显著减少,年龄较大(级别Ⅵ、Ⅶ)的比例很低(图二)。

基于126件上颌骨建立的年龄结构显示,大多数猪的年龄小于两岁,大致与下颌骨的年龄结构相似(图三)。不过,上颌骨级别Ⅰ的比例相对较低,意味着婴幼儿猪死亡或被宰杀的数量较少。这种差异可能是由于上颌骨(特别是年幼动物的)易碎,收集率相对较低造成的。因此,也如有学者所研究的,利用下颌骨建立的年龄结构一般来说更可靠[34]。

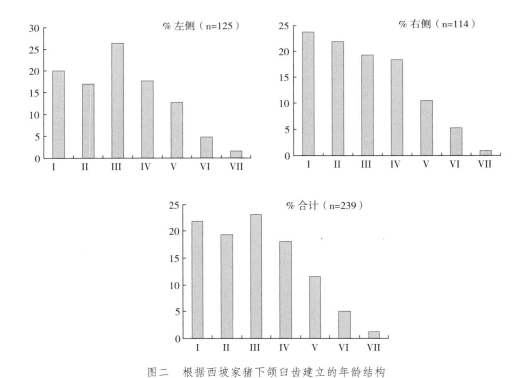

图二　根据西坡家猪下颌白齿建立的年龄结构

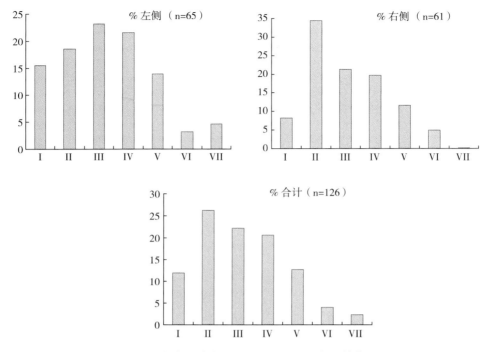

图三　根据西坡家猪上颌白齿建立的年龄结构

从图二可以看出，左（125 件）右（114 件）两侧下颌骨的数量差别不大，两者呈现相似的年龄结构分布，尽管左侧下颌骨中级别Ⅲ的比例较高，而右侧下颌骨中级别Ⅰ、Ⅱ的比例稍高。从图三来看，左（65 件）右（61 件）两侧上颌骨的数量也差别不大，年龄结构分布大体相似，只是右侧上颌骨中级别Ⅱ的比例显著较高。这些结果表明，下颌骨和上颌骨的数量基本不受左右的影响，因此可以把左右两侧的上颌骨和下颌骨分别合在一起进行计算和讨论。

愈合资料表明，59% 的猪在早期骨骺愈合（大约 12 个月）前被宰杀，81% 在中期骨骺愈合（大约 24 个月）前被宰杀，78% 在晚期骨骺愈合（大约 42 个月）前被宰杀。显然，上述比例中的中期骨骺愈合与晚期骨骺愈合比例存在矛盾现象——24 个月以前骨骺愈合的比例高（81%），而 42 个月以前骨骺愈合的比例低（78%）。理论上，后者的比例应高于前者。这一结果主要是由于桡骨远端和胫骨近端愈合的数量较多造成的（见表一〇），很可能受保存率和收集率差异的影响。例如，密度低的骨骼比密度高的骨骼的破碎率高，筛选可能收集到更多较大的骨骼，因此在这些情况下，年龄分布会偏向年老的猪。

尽管根据牙齿萌出与磨损以及骨骺愈合得出的年龄分布不能直接进行对比，但是两种分析结果基本相似。两者均显示半数以上的猪在一岁以前被宰杀——前者为 64% ，后者为 59% 。绝大部分的猪在两岁以前被宰杀——根据下颌骨牙齿的结果为 93.7% ，骨骼的为 81% 。两者的显著差异在于，愈合材料显示三岁半以后被宰杀猪的比例较高（22%），而下颌骨牙齿分析表明三岁以后被宰杀的仅为 1.3% 。

对不同分析对象得出的年龄结果进行比较，能够获得更多的有关材料特征的信息。例如，当比较猪下颌骨与上颌骨的年龄结构时，两者之间的差异表明，多种因素倾向影响上颌骨，因此，利用下颌骨建立的年龄结构受到的干扰因素相对较少，得出的结果也更可靠。事实上，猪下颌骨较高的收集率[35]也支持这一点。根据左右两侧的下颌骨和上颌骨得出的分析结果说明，猪的年龄结构基本不受左右因素的影响，故可以把左右两侧的材料合在一起进行分析。对比牙齿与骨骼年龄结构可以看出，由于诸如骨骼保存和收集差异等因素的影响，骨骼材料容易改变年龄结构，因而利用牙齿萌出与磨损方法估算猪的年龄结构更为可靠。

四　与年龄相关的猪遗存空间分布

理论上，如果一个聚落的不同社会单位（家庭/家族/氏族）消费肉类产品的策略和行为存在差异，那么这种差异不仅能反映在动物的年龄结构上，而且会反映在动物的年龄结构在遗址的空间分布上。因此分析遗址不同位置以及重要遗迹单位出土动物的年龄分布，能够了解不同社会单位消费肉类产品的情况。遗迹单位出土动物的年龄结构还能够反映人们短期的消费行为。

图四为根据下颌骨确定的遗址南北发掘区出土家猪的年龄分布比较图。H22 和 H110 分别为南北发掘区出土猪骨较多的大型灰坑，根据下颌骨确定的这两个灰坑出土猪的年龄结构见图五。图四显示南北发掘区出土猪的年龄结构比较相似，只是北区级别 I 比例较高，南区级别 II 比例较高。两个灰坑出土猪的年龄结构与南北两发掘区的情况相似（图五）。两发掘区之间以及遗迹单位之间的细小差异可能与不同的收集方法有关。如我们曾经谈到的[36]，在北区的发掘中使用了筛子，对动物骨骼进行了认真收集，这样很可能采集到一些较小的下颌骨，在一定程度上影响到猪的年龄构成，但这些差别并不明显。上述空间分布结果表明，西坡不同地点的居民很可能消费了各年龄段的猪，另一方面也反映出人们在肉食消费上的相似性。

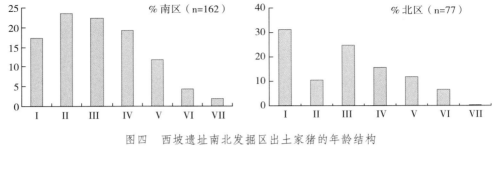

图四　西坡遗址南北发掘区出土家猪的年龄结构

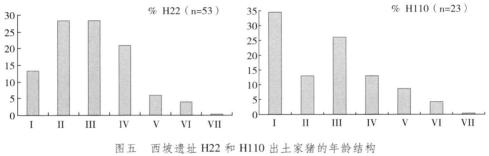

图五　西坡遗址 H22 和 H110 出土家猪的年龄结构

五　讨　论

以上分析表明，西坡大部分的猪在一岁半以前被宰杀，仅有很少一部分为成年以上个体。这与典型的以肉类产品需求为目的的消费模式相似，即 80% 以上的未成年猪用于肉食消费，保留少量的成年个体用作种猪繁衍后代。宽泛且较规则的年龄结构说明，西坡的肉食消费可能发生在一年中的各个季节，同时也反映了人们有计划地饲养和消费猪的行为。各年龄段的猪遗存在空间分布上的广泛性，既体现出西坡居民消费不同年龄猪产品的多样性，也反映了人们在肉食消费上的相似性。因此，西坡很可能是一处既饲养又消费猪的农业村落，显示一种自给自足的家畜饲养与消费模式。

为理解西坡的经济模式，我们不妨把西坡的家猪屠宰模式与年代较晚的东周遗址的家猪屠宰模式进行比较。数十年的考古发掘表明，新郑郑韩故城很可能为贵族和手工业者的聚居地[37]。城内大多数的肉食产品或许通过进贡、交换、购买等方式从农村获得。这一推断可以从我们抽样的新郑家猪死亡年龄结构得到支持（图六）。该图显示，新郑猪的死亡年龄大多数属于年龄级别Ⅳ、Ⅴ和Ⅵ，为一至三岁的范围，其中 70% 以上在一至两岁间被宰杀。这种模式可能与农村—城市的经济系统有关，体现了最大化满足城市肉食供应的合理屠宰模式，尽管目前尚需要出自农业村落的动物材料来揭示农村的家猪屠宰模式。该年龄结构显示，最佳的屠宰年龄很可能是作为肉食生产体系中的一部分进行选择的。在商品经济体系中，对生产者来说，最佳的选择就是平衡肉食生产率与饲料价值之间的关系，利润是生产者关心的一个重要方面。如果肉食生产的利润比出售饲料的利润高，那么生产者就乐意养猪，而不愿出售饲料，尽管饲料转换成肉食的效率，年龄大的猪比年龄小的猪要低[38]。如果肉食生产的利润下降，那么生产者会失去养猪的兴趣。因此，最佳的饲养策略需要综合考虑饲料供应以及相关的社会经济因素。

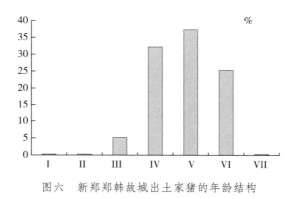

图六　新郑郑韩故城出土家猪的年龄结构

与郑韩故城的家猪相比，西坡猪的死亡年龄显然比较年轻。同样是以肉食需求为目的的消费，两地的家猪死亡年龄结构为何截然不同，要回答这个问题，我们首先要认识三个基本问题，即猪繁殖、食物来源和社会经济因素。

对野猪和家猪来说，繁殖是一个季节性的现象[39]。猪的妊娠期一般为110天。在法国，野猪一年繁殖一次，主要在四月[40]；在比利时和丹麦，主要在三月和四月[41]；在土耳其和中国，主要在四月和五月[42]。由于饲养活动、食物供应、气候和经济因素的影响，家猪的生产率有所不同[43]。在热带，家猪一年下崽两次，生产期可能在一年里的任何时候[44]，但在欧洲，家猪分别在三月和九月生产两次[45]。

食物供给和气候是影响动物生产效率的重要因素[46]。冬季要面临饲料供给、营养质量和能量需求的严峻挑战。在深秋，由于饲料充足，动物通常达到其肉和脂肪重量的最大值；冬季，食物短缺是动物体重下降和营养缺乏的重要因素[47]。例如，多博尼和艾维克对线性釉质发育不全的分析显示，在冬季齿冠生长中，猪的生长压力在第二和第三臼齿上能够观察到，这种现象被解释为营养不良。为此，传统上在冬季来临之前，大量的家猪被宰杀[48]。

就西坡家猪而言，我们没有足够证据断定其一年繁殖一次还是两次，是四月还是四月和十月。假如四月生产，当它们生长至七八个月龄时，要开始面临第一个冬季寒冷的气候和第二年初春食物短缺的考验。如果在冬季至初春之间屠宰一批猪，那么这批猪的年龄集中在 7~12 个月阶段。如果在第二个冬季前被宰杀，它们将生长至一岁半年龄。如果生长至第三个冬季，那么年龄达到两岁半。假如所有猪每年四月下崽一次，那么在西坡82.1%（级别Ⅰ、Ⅱ、Ⅲ、Ⅳ）的猪没有存活到第二个冬季，41.1%（级别Ⅰ、Ⅱ）在第一个冬季之前被宰杀，只有 17.9%（级别Ⅴ、Ⅵ、Ⅶ）进入或存活到第二个冬季。

如果西坡的猪十月出生，过了十二月或一月的断奶期，要经历第一个冬季和初春。如果在第二个冬季前被宰杀，它们将达到一岁年龄，假如在第三个冬季前被宰杀，它们将达到二岁年龄，假如在第四个冬季前被宰杀，它们将达到三岁年龄。如果所有猪每年十月下崽一次，那么64.1%（级别Ⅰ、Ⅱ、Ⅲ）的猪在第二个冬季之前宰杀，29.6%（级别Ⅳ、Ⅴ）度过第二个冬季而在第三个冬季之前被宰杀，只有6.93%（级别Ⅵ、Ⅶ）度过第三个冬季。

无论西坡的猪一年下崽一次还是两次，猪的年龄结构显示，大多数的猪在第二个冬季之前被宰杀，年龄达到 12 至 18 个月左右，小部分可能保留下来用于繁殖或等些时间被屠宰。显然，不像历史时期农村—城市经济体系那样，商品交换等经济因素对家猪饲养产生一定的影响，在西坡人们似乎没有强烈的需求把猪饲养到接近成年或成年阶段。这种屠宰模式在某种程度上，很可能是人们适应动物生理、生态和社会经济条件的结果，反映了当时家猪饲养和消费的最佳策略。

六 结 语

本文采用欧美研究方法，对西坡遗址出土家猪的年龄结构进行了详细分析，试图通过对该遗址家猪年龄结构的研究，探讨早期复杂社会中心聚落的家畜生产和消费模式。研究结果表明，在西坡这样的中心聚落，很可能猪仍然作为居民自给自足经济成分的一部分被饲养和消费。人们在肉食消费质量上的差异性尚未明显地表现出来。高级复杂社会特征中显示的专业化的动物生产、分配和消费模式，可能在早期复杂社会阶段还没有出现，它很可能发生在后来的与日益发展的政治、经济和社会结构复杂化密切相关的社会历史阶段。

附记：本文是笔者于 2003 年 10 月在澳大利亚墨尔本 La Trobe 大学刘莉教授和 Richard Cosgrove 博士指导下完成的博士论文中的一个章节，翻译中略作改动。由于受篇幅限制，在另一章节中着重分析的家猪骨骼部位发现率、破碎度等内容不能放在这里一并讨论，因此在一定程度上影响对西坡家畜饲养与消费模式的全面分析，这是需要特别说明的。在西坡遗址动物骨骼收集过程中，得到考古领队陈星灿和魏兴涛以及黄卫东、王明辉、李永强、李胜利等先生的全力支持。新郑出土的动物骨骼材料由蔡全法先生提供，在此对他们的热情帮助表示衷心感谢！

（原刊于《华夏考古》2007 年第 1 期）

注释

［1］ a. Ma，Xiaolin. 2003. Emergent Social Complexity in the Yangshao Culture：Analyses of Settlement Patterns and Faunal Remains from Lingbao，Western Henan，China. Ph. D. Dissertation，Archaeology Department of La Trobe University，Melbourne，Australia；b. Liu，Li. 2004. *The Chinese Neolithic*：*Trajectories to Early States.* Cambridge：Cambridge University Press：164 – 166.

［2］ a. 河南省文物考古研究所、中国社会科学院考古研究所河南一队、三门峡市文物考古研究所等：《河南灵宝西坡遗址 105 号仰韶文化房址》，《文物》2003 年第 8 期，第 4 – 17 页；b. 中国社会科学院考古研究所河南一队、河南省文物考古研究所、三门峡市文物考古研究所等：《河南灵宝市西坡遗址发现一座仰韶文化中期特大房址》，《考古》2005 年第 3 期，第 3 – 6 页；c. 马萧林、李新伟、杨海青：《河南灵宝西坡遗址第五次发掘获重大突破》，《中国文物报》2005 年 8 月 26 日第 1 版。

［3］ 同注［1］。

［4］ Greenfield，H. J. 1991. Fauna from the late Neolithic of the Central Balkans：issues in subsistence and land use. *Journal of Field Archaeology* 18：91 – 108.

［5］ Deacon，A. B. 1934. *Malekula*：*A Vanishing People in the New Herbriges.* London：Broadway House：196 – 199.

［6］ Feil，D. K. 1985. Configurations of intensity in the New Guinea highlands. *Mankind* 15：87 – 100.

［7］ a. Landon，D. B. 1997. Interpreting urban food supply and distribution systems from faunal assemblages：an example from colonial Massachusetts. *International Journal of Osteoarchaeology* 7：51 – 64；b. Reitz，E. J.，and E. S. Wing. 1999. *Zooarchaeology.* Cambridge：Cambridge University Press：179；c. Zeder，M. A. 1991. *Feeding Cities.* Washington and London：Smithsonian Institute：40 – 41.

［8］Grant，A. 2002. Food，status and social hierarchy. In *Consuming Passions and Patterns of Consumption*，edited by P. Miracle and N. Milner. Cambridge：McDonald Institute for Archaeological Research：17－23.

［9］a. 同注［7］a；b. Zeder，M. A. 1991. *Feeding Cities*. Washington and London：Smithsonian Institute：141－148.

［10］Lauwerier，R. C. G. M. 1983. Pigs，piglets and determining the season of slaughter. *Journal of Archaeological Science* 10（5）：483－485.

［11］a. English，P. R.，V. R. Fowler，S. Baxter，and B. Smith. 1988. *The Growing and Finishing Pig：Improving Efficiency*. Ipswich：Farming Press：30；b. Loon，D. V. 1978. *Small-scale Pig Raising*. Garden Way Publishing，Vt：284－285.

［12］a. 同注［11］a：332；b. Redding，R. 1991. The role of pig in the subsistence system of ancient Egypt：A parable on the potential of faunal data. In *Animal Use and Culture Change*，edited by P. J. Crabtree and K. Ryan. Philadephia：University of Pennsylvania，Museum of Archaeology and Anthropology Research Papers in Science and Archaeology，*MASCA* 8：20－30；c. 同注［9］b：41.

［13］同注［4］。

［14］马萧林、魏兴涛：《灵宝西坡遗址动物骨骼的收集与整理》，《华夏考古》2004 年第 3 期，第 35－43 页。

［15］同注［1］a。

［16］a. Grant，A. 1982. The use of tooth wear as a guide to the domestic ungulates. In *Ageing and Sexing Animal Bones from Archaeological Sites*，edited by C. Grigson B. Wilson，and S. Payne. Oxford：British Archaeological Reports British Series 109：91－108；b. Payne，S. B.，and G. Bull. 1988. Components of variation in measurements of pig bones and teeth，and the use of measurements to distinguish wild from domestic pig remains. *Archaeozoologia*，2（1，2）：27－66.

［17］a. Bökönyi，S. 1972. Zoological evidence for seasonal or permanent occupation of prehistoric settlements. In *Man，Settlement and Urbanism*，edited by R. Tringham P. J. Ucko，and G. W. Dimbleby. London：Duckworth：121－126；b. Bull，G.，and S. Payne. 1982. Tooth eruption and epiphyseal fusion in pigs and wild boar. In *Ageing and Sexing Animals Bones from Archaeological Sites*，edited by B. Wilson，C. Grigson，and S. Payne. Oxford：British archaeological reports British series 109：55－71.

［18］同注［16］a。

［19］同注［16］a。

［20］Rolett，B. V.，and Min-yung Chiu. 1994. Age estimation of prehistoric pigs（Sus scrofa）by molar eruption and attrition. *Journal of Archaeological Science*，21（3）：377－386.

［21］a. Higham，C. F. W. 1967. Stockrearing as a cultural factor in prehistoric Europe. *Proceedings* of the *Prehistoric Society* 33：84 – 106；b. Hillson, S. 1986. *Teeth*. Cambridge：Cambridge University Press；c. Matschke, G. H. 1967. Ageing European wild hogs by dentition. *Journal of Wildlife Management* 31：109 – 113.

［22］同注［20］。

［23］同注［21］。

［24］a. Grant, A. 1978. Variation in dental attrition in mammals and its relevance to age estimation. In *Research problems in zooarchaeology*, edited by K. D. Thomas D. R. Brothwell, and J. Clutton-Brock. London：University of London, Institute of Archaeology Occasional Publication：103 – 106；b. 同注［16］a：105.

［25］a. 同注［17］b；b. 同注［21］a；c. 同注［21］c。

［26］Silver, I. A. 1969. The ageing of domestic animals. In *Science in Archaeology*, edited by D. Brothwell and E. S. Higgs. London：Thames and Hudson：283 – 302.

［27］同注［17］a。

［28］同注［17］b。

［29］a. Moran, N. C. , and T. P. O' Connor. 1994. Age attrition in domestic sheep by skeletal and dental maturation：a pilot study of available sources. *International Journal of Osteoarchaeology* 4：267 – 285；b. Noddle, B. A. 1974. Ages of epiphyseal closure in feral and domestic goats and ages of dental eruption. Journal of Archaeological Science 1 (2)：195 – 204；c. Wilson, J. P. N. 1978. The interpretation of epiphyseal fusion data. In *Research Problems in Zooarchaeology*, edited by K. D. Thomas D. R. Brothwell, and J. Clutton-Brock. London：University of London, Institute of Archaeology Occasional Publication 3：97 – 101.

［30］同注［26］。

［31］同注［29］a。

［32］a. Maltby, J. M. 1982. The variability of faunal samples and their effects on ageing data. In *Ageing and Sexing Animal Bones from Archaeological Sites*, edited by C. Grigson B. Wilson, and S. Payne. Oxford：BAR British Series 109：81 – 90；b. Payne, S. B. 1973. Kill-off patterns in sheep and goats：the mandibles from Asvan Kale. *Anatolian Studies* 23：281 – 303.

［33］a. Meadow, R. H. 1975. Mammal remains from Hajji Firuz: A study in methodology. In *Archaeozoological Studies*, edited by A. Clason. North Holland, American Elsevier：265 – 283；b. Payne, S. B. 1972. Partial recovery and sample bias：The results of some sieving experiments. In *Papers in Economic Prehistory*, edited by E. S. Higgs. Cambridge：Cambridge University Press：49 – 64；c. Payne, S. B. 1975. Partial recovery and sample bias. In *Archaeozoological Studies*, edited by A. T. Clason. Amsterdam：North-Holland Publishing Company：7 – 17.

　　[34] Albarella，U.，and D. Serjeantson. 2002. A passion for pork：meat consumption at the British late Neolithic site of Durrington Walls. In *Consuming Passions and Patterns of Consumption*，edited by P. Miracle and N. Milner. Cambridge：McDonald Institute for Archaeological Research：33 – 49.

　　[35] 同注 [1] a：185 – 196。

　　[36] 同注 [14]。

　　[37] 河南省文物研究所：《河南考古四十年》，河南人民出版社，1994 年，第 231 – 234 页。

　　[38] 同注 [11] b。

　　[39] a. Dardaillon，M. 1988. Wild boar social groupings and their seasonal changes in the Camargue，Southern France. *Zeitschrift fur Saugtierkunde* 53：23 – 30；b. Rowley-Conwy，P. 1997. Determination of season of death in European wild boar（Sus scrofa Ferus）：A preliminary study. In *Archaeological Sciences*，edited by A. Millard. Oxford：British Archaeological Reports；c. Dobney，K. M.，and A. Ervynck. 2000. Interpreting developmental stress in archaeological pigs：The chronology of linear enamel hypoplasia. *Journal of Archaeological Science* 27：597 – 607；d. 同注 [10].

　　[40] 同注 [41] a。

　　[41] Mohl，U. 1978. Aggrersund-bopladsen zoologisk belyst. *Svanejagt som arsag til bosattelse?* Kuml：57 – 76.

　　[42] a. 同注 [17] b；b. 卢长坤：《野猪》，寿振黄主编《中国经济动物志·兽类》，科学出版社，1962 年，第 433 – 437 页。

　　[43] 同注 [10]。

　　[44] Williamson，G.，and W. J. A. Payne. 1978. *An Introduction to Animal Husbandry in the Tropics*. Longman，London.

　　[45] 同注 [10]。

　　[46] 同注 [10]。

　　[47] a. 同注 [41] c；b. McCance，R. A.，E. H. R. Ford，and W. A. B. Brown. 1961. Severe undernutrition in growing and adult animals：Development of the skull，jaws，and teeth in pigs. *British Journal of Nutrition* 15：213 – 224.

　　[48] Ervynck，A. 1997. Detailed recording of tooth wear（Grant 1982）as an evaluation of seasonal slaughtering of pigs? Examples from Medieval sites in Belgium. *Archaeofauna* 6：67 – 79.

附录一　西坡遗址猪下颌牙齿萌出和磨损级别

标本号	左/右	m_4	P_4	M_1	M_2	M_3	年龄级别
H3：2	左			1/2			Ⅱ
H22：26	左			V			Ⅰ

标本号	左/右	m_4	P_4	M_1	M_2	M_3	年龄级别
H116：4	左			b			Ⅲ
H22：15	左			b	E		Ⅲ
H13：4	左			b	V		Ⅲ
H22：23	左			c			Ⅲ
H116：8	左			c	V		Ⅲ
H46：2	左			c	V		Ⅲ
T315（3）：2	左			c	V		Ⅲ
H120：2	左			e			Ⅳ
H22：12	左			e			Ⅳ
H22：25	左			e			Ⅳ
F104：1	左			e	c		Ⅳ
H46：1	左			e	1/2		Ⅳ
T315（3）：1	左			e	b	V	Ⅳ
H22：20	左			e－f			Ⅳ
H37：1	左			f			Ⅴ
H116：6	左			f	d	V	Ⅴ
H22：7	左			h	f－g	c－d	Ⅵ
T101（3）：14	左			C			Ⅰ
T315（3）：65	左	c		C			Ⅰ
T103（3）：1	左			V			Ⅰ
H1：1	左			a	C		Ⅱ
H110（7）：1	左			b			Ⅲ
T314（3）：5	左			b			Ⅲ
G102：1	左			b	C		Ⅲ
H110（7）：2	左			c			Ⅲ
T101（4）：1	左			c			Ⅲ
T317（3）：2	左			c			Ⅲ
H40：1	左			c	C		Ⅲ
T314（3）：4	左			d	U		Ⅳ
H110（1）：1	左			d	a		Ⅳ
T316（3）：2	左			d	a		Ⅳ

标本号	左/右	m₄	P₄	M₁	M₂	M₃	年龄级别
H17：1	左			e			Ⅳ
T201（4）：1	左			e			Ⅳ
T314（3）：3	左			e	a		Ⅳ
T204（3）：4	左			e	c		Ⅳ
T314（3）：2	左			e	c		Ⅳ
H41：1	左			e	V		Ⅳ
H110（1）：2	左			f	c		V
H110（5）：1	左			f	c		V
H104：1	左			f	d		V
H7：1	左			f	d		V
T204（3）：3	左			g	d		V
H25：1	左			j	f	d	Ⅵ
H115：2	左				E		Ⅲ
H22：27	左				E		Ⅲ
T315（3）：3	左				U		Ⅲ
H22：19	左				a		Ⅳ
H22：21	左				c	V	Ⅳ
H22：13	左				e	1/2	V
H22：28	左				e	b	V
H22：29	左				e	b	V
H116：5	左				e	a	V
T314（3）：1	左				e	a	V
G102：4	左				b		Ⅳ
G102：2	左				c	V	Ⅳ
F2	左				e	b	V
T101（4）：21	左				f	c	Ⅵ
T204（3）：2	左				f	c	Ⅵ
H110：1	左				f	d	Ⅵ
T316（3）：1	左					c	Ⅵ
T101（4）：22	左					b	V
H7：2	左					f	Ⅶ

标本号	左/右	m_4	P_4	M_1	M_2	M_3	年龄级别
H116:10	左			a			II
H13:1	左		b	f			V
T204（3）:5	左		g	n			VII
H120:3	左					a	V
H22:35	左	1/2					I
H116:1	左	U					I
H116:2	左	U					I
H37:2	左	b		C			I
H47:1	左	b		V			I
H3:1	左	c		V			I
H22:10	左	d		U			II
H22:11	左	e					II
H22:17	左	e					II
H22:22	左	e					II
H22:16	左	e		a			II
H116:7	左	e		a			II
H22:14	左	e		a			II
H22:9	左	e		a	V		II
H13:2	左	e		b			III
H13:3	左	e		b			III
H47:4	左	e		b			III
T315（3）:4	左	e		b	V		III
H22:18	左	e－f		b			III
H22:24	左	f					III
H47:2	左	f		c	V		III
H120:1	左	f		c－d	1/2		III
H22:8	左	g		d	a		IV
G102:2	左	1/2					I
H110（8）:7	左	1/2					I
H110:2	左	E					I
H29:18	左	U					I

续表

标本号	左/右	m₄	P₄	M₁	M₂	M₃	年龄级别
H107（9）：5	左	V					I
H107（9）：24	左	c					I
H110（5）：2	左	c					I
H110（5）：3	左	c					I
H110（8）：8	左	c					I
T314（3）：6	左	c					I
H104：2	左	c		C			I
H116：314	左	c		C			I
H114：3	左	c		V			I
H114：4	左	c		V			I
H36：1	左	d		E			II
T317（3）：3	左	d		E			II
H20：1	左	d		V			II
H110（8）：2	左	d		C			II
H20（6）：2	左	e					II
H20（7）：1	左	e					II
H20（6）：3	左	e		C			II
T201（3）：1	左	f					III
H20（6）：1	左	f		c	V		III
H110：5	左	g					III
T317（3）：1	左	g		d	V		III
H120：5	左＋右					V	IV
H114：1	左＋右			c	V		III
H22：2	左＋右	c		E			I
H22：1	左＋右	d		1/2			II
H22：5	左＋右	d－e		a			II
H22：6	左＋右	e					II
H22：3	左＋右	e		c	V		III
H22：4	左＋右	e－f		d			III
H107（6）：51	左＋右	e		a	V		III
H120：11	右			U			II

标本号	左/右	m₄	P₄	M₁	M₂	M₃	年龄级别
H120：12	右			U			Ⅱ
H47：5	右			U			Ⅱ
H120：9	右			V			Ⅰ
H22：42	右			b			Ⅲ
H22：43	右			b			Ⅲ
F104：2	右			d			Ⅳ
H22：45	右			d			Ⅳ
H22：48	右			d			Ⅳ
T315（3）：6	右			d	b		Ⅳ
H116：11	右			d	c		Ⅳ
H22：41	右			d－e	a		Ⅳ
H22：36	右			e	c		Ⅳ
H20（6）：5	右			1/2			Ⅱ
H114（4）：1	右			U			Ⅱ
H37：27	右			U			Ⅱ
G102：1	右			V			Ⅰ
G102：3	右			V			Ⅰ
H20（6）：19	右			V			Ⅰ
H110（8）：3	右			a			Ⅱ
H16：1	右			a			Ⅱ
H41：2	右			a			Ⅱ
H110（3）：1	右			b			Ⅲ
H110（7）：2	右			b	C		Ⅲ
F102（1）：2	右			c			Ⅲ
H20（6）：10	右			c			Ⅲ
H110（6）：1	右			c	V		Ⅲ
H19：1	右			d			Ⅳ
H46：1	右			d	1/2		Ⅳ
H110（7）：1	右			d	E		Ⅳ
T115（3）：2	右			d	c		Ⅳ
G103：20	右			e			Ⅳ

71

续表

标本号	左/右	m₄	P₄	M₁	M₂	M₃	年龄级别
T314（3）：9	右			e	U		Ⅳ
F2：2	右			e	b		Ⅳ
H110（8）：1	右			e	c		Ⅳ
H20（6）：8	右			e	c		Ⅳ
H41：3	右			e	c		Ⅳ
T115（3）：1	右			e	c		Ⅳ
T316（3）：7	右			f	b		Ⅴ
T316（3）：6	右			f	e		Ⅴ
T316（3）：4	右			g	d	E	Ⅴ
H25：2	右			h	e		Ⅴ
H114：2	右			j	f	c	Ⅵ
H3：4	右				E		Ⅲ
H47：6	右				V		Ⅱ
T315（3）：7	右				V		Ⅱ
H22：39	右				a		Ⅳ
H40：25	右				d	E	Ⅴ
H120：8	右				e		Ⅴ
H20：4	右				V		Ⅱ
H15：1	右				f	b	Ⅴ
T316（3）：5	右				f	d	Ⅴ
H23：1	右				h	e	Ⅵ
H120：10	右					c	Ⅴ
H22：44	右					d	Ⅵ
T115（3）：3	右					U	Ⅳ
T101（4）：24	右					b	Ⅴ
H11：1	右					b	Ⅴ
F102（1）：1	右					d	Ⅵ
T204（3）：1	右					f	Ⅶ
H110：4	右			U			Ⅱ
H123：1	右		f				Ⅵ
T115（3）：4	右		e				Ⅴ

标本号	左/右	m_4	P_4	M_1	M_2	M_3	年龄级别
H10∶1	右		f	k	j	f	Ⅵ
G102∶3	右	a					Ⅰ
H107（6）∶1	右	a					Ⅰ
H22∶32	右	1/2					Ⅰ
H3∶5	右	U					Ⅰ
H3∶6	右	U					Ⅰ
H22∶31	右	a					Ⅰ
H13∶6	右	b		a			Ⅰ
H22∶33	右	c					Ⅰ
H3∶3	右	c		V			Ⅰ
H22∶34	右	d		V			Ⅱ
H22∶46	右	e					Ⅱ
H22∶38	右	e		b	V		Ⅲ
H22∶40	右	e－f					Ⅲ
H22∶47	右	e－f		1/2			Ⅲ
H120∶7	右	f		b			Ⅲ
H22∶37	右	k			U		Ⅲ
T115（3）∶7	右	1/2					Ⅰ
H110（6）∶1	右	1/2					Ⅰ
H110（1）∶3	右	a					Ⅰ
H20（7）∶3	右	a					Ⅰ
H29∶2	右	a					Ⅰ
T115（3）∶6	右	U					Ⅰ
H107（5）∶1	右	a					Ⅰ
H20（7）∶2	右	a					Ⅰ
H25∶3	右	a		C			Ⅰ
H20（6）∶6	右	b					Ⅰ
H115∶1	右	b		C			Ⅰ
T101（3）∶2	右	c		V			Ⅰ
H110（6）∶2	右	c		C			Ⅰ
H29∶1	右	d		E			Ⅱ

标本号	左/右	m_4	P_4	M_1	M_2	M_3	年龄级别
H20：2	右	d		V			Ⅱ
T314（3）：10	右	d		V			Ⅱ
H15：2	右	e					Ⅱ
H20（6）：9	右	e					Ⅱ
T101（3）：1	右	e					Ⅱ
H20：3	右	e		a			Ⅱ
T316（3）：8	右	e		b			Ⅲ
H21：1	右	e		c	C		Ⅲ
G103：1	右	f		b			Ⅲ
G102：46	右	f		c			Ⅲ
H20（6）：7	右	g		d			Ⅲ

附录二 西坡遗址猪上颌牙齿萌出和磨损级别

标本号	左/右	m^4	P^4	M^1	M^2	M^3	年龄级别
H22：74	左			1/2			Ⅱ
H115：4	左			C			Ⅰ
H22：78	左			U			Ⅱ
H8：1	左			U			Ⅱ
H22：76	左			V			Ⅰ
F104：3	左			a			Ⅱ
H22：61	左			a			Ⅱ
H116：18	左			b			Ⅲ
H116：17	左			d			Ⅳ
H22：60	左			d	U		Ⅳ
H116：15	左			d	b		Ⅳ
H116：16	左			d	b		Ⅳ
H47：15	左			d	b	V	Ⅳ
H22：71	左			e			Ⅳ
H22：59	左			e	b	V	Ⅳ
H116：14	左			g	e	b	V

标本号	左/右	m⁴	P⁴	M¹	M²	M³	年龄级别
H116：20	左			h			V
H110：10	左			1/2			Ⅱ
T315（3）：66	左	c		C			Ⅰ
H16：2	左			E			Ⅱ
H110（8）：1	左			V			Ⅰ
H20（6）：13	左			V			Ⅰ
H40：2	左			V			Ⅰ
T116（3）：3	左			V			Ⅰ
H114：8	左			a			Ⅱ
H22：84	左			a			Ⅱ
G103：3	左			b			Ⅲ
H20：5	左			b			Ⅲ
T115（3）：9	左			b			Ⅲ
T317（3）：6	左			b			Ⅲ
H110（6）：3	左			b	1/2		Ⅲ
H110（4）：1	左			b	a		Ⅲ
H110（8）：6	左			c			Ⅲ
H114：6	左			c			Ⅲ
H19：2	左			c			Ⅲ
T317（3）：7	左			c	V		Ⅲ
T314（3）：12	左			c	a		Ⅲ
110（8）：2	左			e			Ⅳ
H114：9	左			e	a		Ⅳ
H114：7	左			e	b		Ⅳ
G102：6	左			f			V
H110：7	左			f	d		V
H20（3）：1	左			g	e	a	V
T316（3）：9	左			j	d	a	V
T115（3）：8	左			n			Ⅶ
T204（3）：7	左			n			Ⅶ
T101（4）：23	左			n	j		Ⅶ

标本号	左/右	m⁴	P⁴	M¹	M²	M³	年龄级别
H22：75	左				U		Ⅲ
H116：21	左				V		Ⅱ
H22：68	左				V		Ⅱ
F104：4	左				b		Ⅳ
H20（6）：11	左				E		Ⅲ
H20（2）：1	左				c		Ⅳ
F102（1）：3	左				d		Ⅴ
G102：7	左				h	e	Ⅵ
H116：19	左					a	Ⅴ
T101（5）：1	左					d	Ⅵ
H22：86	左		E				Ⅳ
H20（6）：12	左		V	E			Ⅱ
H17：2	左		E	d	b		Ⅳ
H13：14	左	c					Ⅰ
H3：7	左	c					Ⅰ
H47：7	左＋右			V			Ⅰ
H22：58	左＋右			b			Ⅲ
H22：57	左＋右			g	f	c	Ⅴ
H104：4	右			E			Ⅱ
H22：82	右			E			Ⅱ
T314（3）：14	右			E			Ⅱ
H22：62	右			U			Ⅱ
H22：66	右			U			Ⅱ
H22：88	右			U			Ⅱ
H116：24	右			V			Ⅰ
H22：79	右			V			Ⅰ
H22：63	右			a			Ⅱ
H22：64	右			a			Ⅱ
H22：81	右			a			Ⅱ
H22：83	右			a			Ⅱ
H22：85	右			a			Ⅱ

标本号	左/右	m⁴	P⁴	M¹	M²	M³	年龄级别
H22：87	右			a			II
H13：15	右			c			III
H22：69	右			c			III
H120：13	右		V	c			III
H120：15	右			d			IV
H22：67	右			d			IV
H22：65	右			d	a		IV
H22：77	右			e	b	V	IV
H107（6）：8	右			E			II
H114：5	右			U			II
H110（8）：3	右			a			II
T316（3）：12	右			a			II
H10：3	右			b			III
H110：8	右			b			III
H1：2	右			c			III
H20（6）：15	右			c			III
H20（6）：18	右			c			III
T314（3）：13	右			c			III
H316（3）：11	右			c			III
H104：5	右			c	a		III
H20（6）：16	右			e	a		IV
F2：3	右			e	c		IV
G102：4	右			f	d		V
G103：2	右			f	d		V
H31：1	右			f	d		V
T101（4）：2	右			f		1/2	V
T101（4）：3	右			h			V
H120：14	右				d		V
H20（6）：17	右				V		II
H20（6）：20	右				V		II
H20（6）：21	右				V		II

标本号	左/右	m⁴	P⁴	M¹	M²	M³	年龄级别
H39：1	右				V		Ⅱ
T316（3）：10	右				a		Ⅳ
H110（7）：3	右				b		Ⅳ
H41：4	右				b		Ⅳ
G102：5	右				f	d	Ⅵ
H110（7）：4	右					c	V
T117（3）：9	右					d	Ⅵ
H120：16	右			a			Ⅱ
H120：17	右			c			Ⅱ
H20（7）：6	右		E				Ⅳ
G102：45	右		E	e	b		Ⅳ
T201（4）：2	右		E		b		Ⅳ
H116：22	右	U					Ⅰ
H116：23	右	U					Ⅰ

灵宝西坡遗址的肉食消费模式 *

——骨骼部位发现率、表面痕迹及破碎度

一　前　言

动物骨骼是考古遗址中比较常见的一类遗存，通常是人们肉食消费的产物。不同的屠宰、烹饪和骨骼处理方式会产生异样的动物遗存模式。这种模式可以通过研究骨骼部位发现率、表面痕迹、破碎度及空间分布反映出来，为认识人类的肉食消费模式及经济社会状况提供重要信息。

在长期的人类学观察和考古学研究中，学者们逐步建立了一系列与肉食消费相关的动物遗存模式。在与祭祀相关的堆积中，完整骨骼的发现率较高，因为吃肉更可能是这种正式场合的重要活动，人们不会刻意砸破骨骼获取骨髓和脂肪。有学者曾观察到，在土耳其一个村庄隆重的婚庆或葬礼仪式上，骨头被有意地填埋起来[1]。英国南部一个新石器时代晚期祭祀遗址中，完整骨骼的比例明显较高，骨骼没有被提取骨髓就处理掉了，很多骨骼也没有受到动物啃咬、踩踏、风化的影响[2]。在祭祀场合，动物遗存通常与信仰活动有关。大汶口文化的墓葬里，随葬完整猪下颌骨的现象相当普遍，菲律宾波尔地区的很多遗址也习见堆放猪下颌骨的现象，这些都反映了特殊的宗教习俗[3]。英国两个罗马时期的教堂有意选择动物的右前腿用于宗教祭祀，这种活动在文献中确有记载[4]。

人们的社会和经济地位差异也会在动物遗存中反映出来，因为在物质文化并不丰富的社会背景里，吃肉不仅仅是简单的肉食消费行为，更是一种具有社会性的活动[5]。例如，在菲律宾十五、十六世纪的坦吉和塞布遗址中，一些动物骨骼证据显

　*　本研究为"中华文明探源工程（二）——3500BC～1500BC中华文明形成与发展阶段的经济与技术研究——河南灵宝西坡遗址动物遗存研究"成果。

示贵族居住区的人能享用更多的肉，并且偏好动物腿部[6]。但在史前个人或派系竞争（factional competitiom）的社会环境里，看不到动物骨骼的空间分布差异。由于社会上层和普通大众在消费上的差别很小，大众可能是上层人物宴请的对象[7]。有学者认为，在秘鲁土南玛克地区发现集中屠宰的骆驼骨骼和贵族家里的某种陶器，就是贵族举行宴饮活动的证据[8]。

在非祭祀场合，所见骨骼呈现各种各样的模式。长骨甚至椎骨通常用来提取骨髓和脂肪，这种处理过程易导致骨骼严重破碎，减少保存骨骼的可鉴定程度，骨骼也可能散布在各种遗迹里[9]。高强度地提取脂肪，还可能与营养需求和生计压力有密切关系[10]。宾福德在对因纽特人的民族考古研究中，曾详细记录了狩猎—采集社会里人们打碎绵羊和驯鹿的骨骼获取骨髓和脂肪的行为[11]。

家畜和野生动物的骨骼分布和屠宰模式也往往存在差异。例如，家畜通常在遗址或附近被屠宰，骨骼部位的完全率通常比野生动物的高，因为野生动物的某些部位可能因为距离远而在捕获地就被砍掉丢弃[12]。但如果野生动物是在遗址附近捕获的，那么所见骨骼部位应该比较完全；相应地，某些部位如头骨或指/趾骨的缺失，则可能意味着野生动物是从远处运回的[13]。这种现象就是有学者所指的"搬运影响"[14]。

我们曾根据动物的种属构成和家猪的年龄结构，对西坡仰韶文化中期的动物利用模式作了讨论[15]。本文拟对2000年度和2001年度遗址出土的猪、鹿等主要动物的骨骼部位发现率、表面痕迹、破碎度及其空间分布进行详尽分析以加深对遗址动物利用模式更全面的理解。

二　骨骼部位发现率

1. 分析方法

猪和鹿的骨骼部位发现率采用收集率进行计算。其方法是将动物每个骨的可鉴定标本数（NISP）除以根据该动物最小个体数（MNI）得出的骨的期望数，然后乘以百分数。为了便于直观对比猪和鹿同类骨骼的代表性（representation），这里又将每个骨的发现率转换成一个发现最频繁的骨的相对百分比（发现最频繁的骨显示为100%）。例如，下颌骨是西坡遗址猪骨骼中发现最频繁的骨，因此就把下颌骨的百分比看作100%，其他每个骨的百分比是由该骨的可鉴定标本数除以下颌骨的可鉴定标本数产生的。猪和鹿的骨骼发现率见表一、表二。

表一　根据猪最小个体数（MNI = 244）估算的骨骼发现率

骨骼	全身数量	NISP 期望数	NISP 观察数	发现率	代表性
下颌骨*	2	488	320	65.6	100
上颌骨*	2	488	163	33.4	50.9
寰椎	1	244	17	5.9	9
枢椎	1	244	6	2.5	3.8
肩胛骨	2	488	179	36.7	55.9
肱骨	2	488	138	28.3	43.1
桡骨	2	488	72	14.8	22.6
尺骨	2	488	118	24.2	36.9
掌骨	8	1952	58	3	4.6
盆骨	2	488	169	34.6	52.7
股骨	2	488	105	21.5	32.8
胫骨	2	488	152	31.1	47.4
跖骨	8	1952	24	1.2	1.8
距骨	2	488	64	13.1	20
跟骨	2	488	58	11.9	18.1
趾骨	48	11712	31	0.3	0.5

"＊"指的是半幅下颌骨或上颌骨，完整或两侧下颌骨或上颌骨作两个统计（下同）；NISP = 可鉴定标本数（下同）。

表二　根据鹿最小个体数（MNI = 79）估算的骨骼发现率

骨骼	全身数量	NISP 期望数	NISP 观察数	发现率	代表性
下颌骨	2	158	16	10.1	79.5
上颌骨	2	158	4	2.5	19.7
寰椎	1	79	9	5.1	40.2
枢椎	1	79	1	1.3	10.2
肩胛骨	2	158	14	8.9	70.1
肱骨	2	158	13	8.2	64.6
桡骨	2	158	5	3.2	25.2
尺骨	2	158	3	1.9	15
掌骨	2	158	13	8.2	64.6

续表

骨骼	全身数量	NISP 期望数	NISP 观察数	发现率	代表性
盆骨	2	158	7	4.4	34.6
股骨	2	158	18	11.4	89.8
胫骨	2	158	20	12.7	100
跗骨	2	158	11	7	55.1
距骨	2	158	1	0.6	4.7
跟骨	2	158	6	3.8	29.9
趾骨	24	1896	32	1.7	13.4

我们也对不可鉴定碎骨的发现情况作了考察，但为了与猪和鹿作比较，这里仅把那些能够鉴定为中型哺乳动物的挑选出来进行讨论。根据身体部位对中型哺乳动物的不可鉴定碎片进行了合并，这些部位包括头骨（头骨和下颌骨）、轴骨（肋骨和脊椎骨）、带状骨（胸骨和盆骨）、长骨（肱骨、桡骨、尺骨、股骨、胫骨和腓骨）和梢骨（掌骨和趾骨）。骨骼部位的数量和重量之百分比分别计算（表三）。

表三　中型哺乳动物骨骼发现率

部位	NISP	NISP（%）	重量	重量（%）
头骨	290	9.5	1258.3	10.5
轴骨	1627	53.6	5876.8	48.9
带状骨	66	2.2	413.3	3.4
长骨	1043	34.3	4413.8	36.8
梢骨	12	0.4	50.9	0.4
合计	3038	100	12013.1	100

猪、鹿和中型哺乳动物的骨骼在遗址的空间分布是根据它们在南北发掘区的发现率进行分析的。由于两个发掘区存在诸如收集方式、遗迹特征（如灰坑、房址）、发掘面积、体积/容积等方面的差别[16]，因此不便比较两区骨骼分布的绝对数量。例如，绝大多数骨骼采自灰坑堆积中，房址面积虽大，但堆积中的骨骼很少；相应地，尽管北区的面积比南区大，但由于房址面积占了其中的大部分，动物骨骼的总量反而比南区少。

为了考察猪骨在两个发掘区的分布状况，这里选择了出土动物骨骼较多的两个代表性的灰坑 H22 和 H110。尽管 H22 和 H110 的收集过程和容积大小存在差别，但根据骨骼发现率进行对比却能够大大减小这些差别造成的影响。此外，为进一步了解猪骨在时间跨度上的分布情况，这里以 H110 四层堆积中（每层约 60 厘米厚）的骨骼发现率为例进行比较。

2. 结果与分析

从图一可以看出猪骨和鹿骨的发现率的差异。大多数猪骨的发现率超过 20%，下颌骨达到了 65.6%，但所有鹿骨的发现率都小于 15%。猪和鹿骨的代表性既有相似性，也有差异（图二）。就相似性而言，猪和鹿均包含了相当广泛的骨骼——从带肉多的骨骼到带肉少的骨骼。主要带肉的骨骼特别是肩胛骨、肱骨和股骨比较常见，尽管这两种动物下颌骨和胫骨也较多。寰椎、枢椎、距骨和趾骨等小骨骼的发现率相当低，可能与屠宰方式和收集方法有关。这两类骨骼最显著的差别在于下颌骨、掌骨和距骨的代表性。猪下颌骨的比例相比其他骨的比例高得多，很可能是骨骼保存和人类行为的结果，比如猪下颌骨比其他骨更易保存、不被打碎；比例相对低

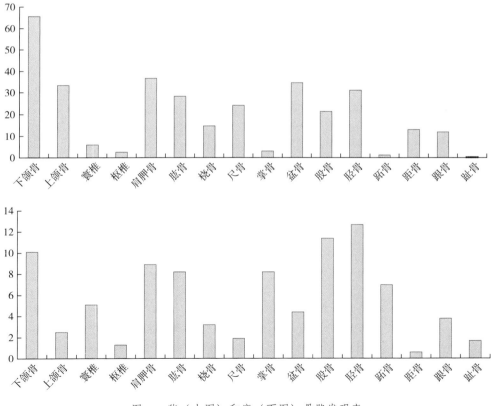

图一　猪（上图）和鹿（下图）骨骼发现率

的长骨很大程度上是人们砸击骨骼的结果，这种行为造成大量不可鉴定碎骨（见下文）。与猪的同类骨骼相比，鹿的掌骨和距骨比例较高，可能与尺寸大小有关。这类鹿骨比猪的明显大，发掘过程中易于收集。此外，两种动物趾骨的代表性也不同，鹿的趾骨比例相对较高，这种差异可能表明猪的趾骨在屠宰或烹煮过程中被严重处理，对鉴定来说过于破碎。

中型哺乳动物的轴骨和长骨的数量和重量比例明显较大（见表三），当是这类骨骼被严重处理的结果。这一结果也恰好与猪长骨较低的发现率相对应，大体验证了我们曾提出的中型哺乳动物的不可鉴定骨骼主要是猪骨碎片的假设[17]。

图三显示，猪骨在南北发掘区的空间分布频率比较相似，只是南区的下颌骨和北区的距骨比例较高，这些细小差异是由不同的骨骼收集方法造成的，北区采用了包括筛选在内更加细致的收集方法，无疑增加了小骨骼的数量及其在该区猪骨中的比重。

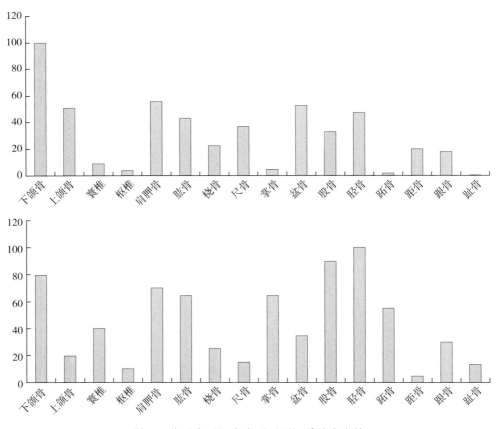

图二　猪（上图）和鹿（下图）骨骼代表性

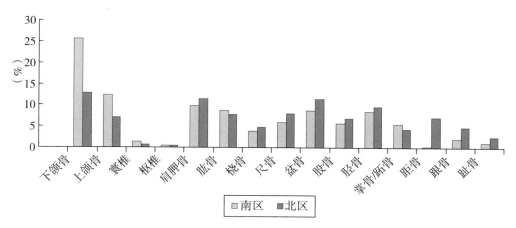

图三　南北发掘区猪骨分布频率

在 H22 和 H110 中，猪各部位骨骼都比较普遍，在两个单位的分布也比较相似，尽管不同骨骼有所差别（图四）。同样，两个灰坑中的差异也很可能归因于收集过程，它影响了骨的数量和每一骨的相对发现率。例如，H22 是一个体积很大且较规则的窖穴，在没有筛选的情况下，也收集了大量猪骨，特别是数量较多的上、下颌骨。H110 也是一个比较规则的大型窖穴，发掘过程中进行了筛选，小骨骼的发现率较高，并且采集到一些破碎的肩胛骨和盆骨。

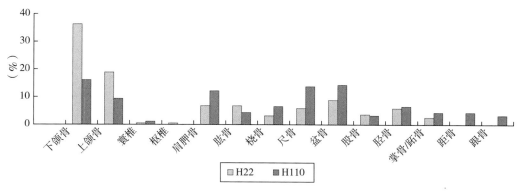

图四　H22 和 H110 猪骨发现频率

图五显示，H110 各层中的骨骼分布没有显著差别，表明当时人们并没有对猪的某些部位进行有意选择。根据 H110 每层出土的猪各部位骨骼比较普遍的特征判断，猪很可能是在 H110 附近被屠宰和消费的，尽管每层骨骼未必来自相同的个体。需要指出的是，H22 出土的各部位猪骨也分布在不同的埋葬深度，虽然在发掘过程中没有根据层位或深度对骨骼进行收集和记录。

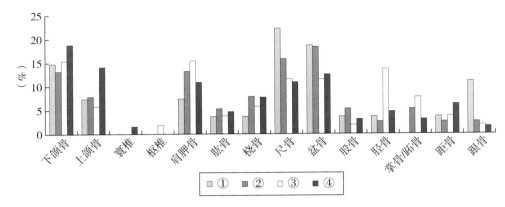

图五　H110 分层猪骨发现频率

　　鹿类骨骼在南北发掘区的空间分布大体呈现相似的模式，只是南区的下颌骨和掌/跖骨发现率较高，而北区的指/趾骨和寰椎略高（图六）。但由于对鹿骨空间分布的抽样数量较少，不便作更多的分析。中型哺乳动物的骨骼在两个发掘区的分布几乎没有差别（图七），这与猪和鹿的骨骼空间分布状况基本一致。

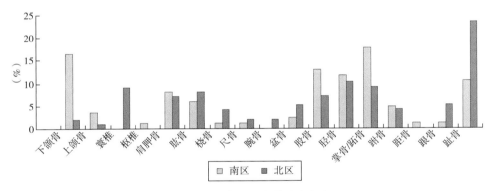

图六　南北发掘区鹿骨分布频率

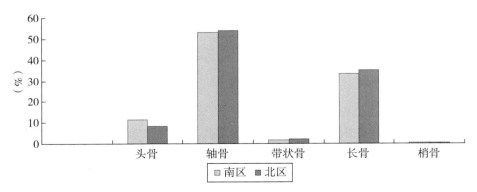

图七　南北发掘区中型哺乳动物骨骼发现频率

总之，猪的各部位骨骼在遗址的不同区域、不同单位均显示比较普遍的发现率，在代表时间尺度的典型遗迹单位的各层堆积中，猪各部位骨骼也没有明显的差别。也就是说，不同部位的猪骨在时空上的广泛分布，至少表明人们对猪的不同部位没有刻意取舍。同样，鹿的各部位比较普遍的骨骼发现率显示，多数被捕获的鹿的整个尸体可能是被带到居住址进行屠宰、剥皮处理的。有学者指出的"搬运"影响——仅把捕获的大型哺乳动物的肉多的部位带回居住址，以减轻搬运重量[18]——在这里的鹿骨分布中并没有看到。对此有以下四种可能：第一，西坡发现的大部分鹿为小型（如麝 7~13 千克、獐 15~20 千克）和中型个体，重量不大，容易带到居住地；第二，为了获取皮和肉，把鹿的全尸都带回了居住地，在屠宰过程中为确保鹿皮不被损坏，人们小心地剔除梢骨，比例较高的鹿掌骨/跖骨和趾骨或许就与制皮有关[19]；第三，鹿数量少或者偶尔狩猎也能解释这种现象；第四，这些动物是在聚落附近捕获的，比较容易带到居住地。事实上，遗址中发现的较低比例的鹿骨不支持最后一种推断。

三　表面痕迹

表面痕迹是指外力对骨骼尺寸、结构或纹理上的改变[20]。反映在骨骼表面的改变模式能够提供关于人类行为和遗址形成过程的信息。有学者指出，改变由两部分构成：在骨骼上产生模式的过程（原因），以及过程在骨骼上引起变化的模式（结果）[21]。许多研究者都认识到骨骼表面形成过程中的三种主要作用者——人（文化的）、动物（生物的）和自然（物理的和化学的），以及形成表面痕迹模式的两个基本类型——破碎和痕迹[22]。破碎和痕迹的许多特征，例如切、敲、砍、锯和烧痕，与人类的剥皮、提取软组织、屠宰、烹饪和制作工具等活动有关[23]。每个由人类活动形成的破碎或痕迹的特征反映了其所使用的工具、切割边的角度、用力的程度，以及骨骼标本自身的条件[24]。但在屠宰过程中，并非所有的作用力都能在骨骼上留下看得见的痕迹，因此骨骼上没有屠宰痕迹并不意味着这些骨骼不是屠宰活动的产物[25]。动物直接或间接地咀嚼、踩踏和啃咬改变骨骼，往往会留下啃咬痕、牙齿凹槽和刮擦痕。风化、树根侵蚀和其他自然力也常常是改变骨骼形态的因素[26]。

1. 分析方法

表面痕迹统计不包括不可鉴定碎片，每种动物的表面痕迹频率是根据其总数计算的（表四）。对于在猪骨和鹿骨上的痕迹以及在中型哺乳动物上的烧烤痕迹，分别作了统计（表五、表六、表七）。由于样本太少，其他外力因素在中型哺乳动物骨骼上留下的痕迹没有统计。

表四　动物骨骼改变率

类别	烧烤（%）	切割（%）	肉食动物（%）	啮齿动物（%）	风化（%）	工具（%）
猪	3.7	1.7	0.5	0.3	0.8	0.2
鹿	8.2	2.4	0.5	1.4	—	5.3
兔	6.5	—	—	—	—	—
豪猪	16.7	—	—	—	—	—
中型动物	8.3	0.2	0.1	—	0.7	0.1
小型动物	11.6	0.4	—	—	1.8	—
鸟	35.4	—	—	—	—	—

表五　猪骨骼改变分布状况

骨骼	烧烤	切割	食肉动物啃咬	啮齿动物啃咬	风化	工具
头骨	12	6	—	1	1	2
下颌骨	8	11	—	2	8	—
上颌骨	5	—	—	1	—	—
寰椎	1	—	—	—	—	—
肩胛骨	9	4	1	1	1	1
肱骨	6	8	2	—	—	—
桡骨	7	2	3	—	2	1
尺骨	4	2	3	—	1	—
股骨	8	—	1	—	—	—
胫骨	8	5	—	—	—	—
腓骨	1	—	—	—	—	1
盆骨	6	1	1	—	1	—
距骨	1	—	—	—	—	—
跟骨	3	—	—	—	—	—
掌骨/跖骨	4	2	—	—	—	—
趾骨	6	—	—	1	—	—
合计	89	41	11	6	14	5

表六　鹿骨骼改变分布状况

骨骼	烧烤	切割	食肉动物啃咬	啮齿动物啃咬	工具
角	2	—	—	2	7
下颌骨	1	—	—	1	—
肱骨	2	1	—	—	—
股骨	1	2	—	—	—
胫骨	3	1	—	—	2
盆骨	—	1	—	—	—
掌骨/跖骨	1	—	—	—	2
跟骨	3	—	—	—	—
跗骨	1	—	—	—	—
趾骨	3	—	1	—	—
合计	17	5	1	3	11

表七　中型哺乳动物烧骨分布状况

部位	总数	%*	烧骨数量	%**
头骨	290	9.6	26	10.3
轴骨	1627	53.7	119	47.2
带状骨	66	2.2	11	4.4
长骨	1043	34.5	96	38.1
合计	3026	100	252	100

"*"指各部位数量分别除以中型哺乳动物碎片总数，"**"指各部位烧骨数量除以烧骨总数。

对骨骼的烧烤程度（如部分或全部烧焦和碳化的程度）均做记录，将不同的烧烤程度统计在一起。这里的切割痕是指由锋利工具形成的切割、刮擦和砍痕，那些由较钝工具形成的痕迹（例如敲砸）没有包含其中。食肉动物（狗）和啮齿动物的啃咬痕分别统计。根据贝恩麦尔的标准对风化程度加以统计[27]，并把风化程度统计在一起。这里没有把收集的所有骨器都包含在内，事实上，遗址中的骨器并不常见。

为了解烧骨的空间分布情况，我们按出土单位对猪、鹿和中型哺乳动物的烧骨频率进行了统计。由于其他外力所形成的骨骼痕迹的样本太少，这里没有对其空间分布状况作进一步分析。

2. 结果与分析

烧烤痕迹比较常见，其他痕迹则很少（见表四）。鸟骨的烧烤频率很高（35.4%），猪骨只有3.7%，这说明鸟可能常常被放在火上烧烤，猪骨则不然。切割痕迹很少，尽管在猪和鹿骨上相对多一点，表明屠宰动物过程中可能很少使用锋利工具，或者即便使用锋利工具，也不触及骨骼。猪和鹿骨高比率的破碎度则可能是砍砸骨骼的结果（见下文）。狗通常被认为是最有可能啃咬骨骼的肉食动物，但这种痕迹很少，大多数骨骼或许在消费之后很快被废弃并填埋起来，或者由于骨骼煮后没有营养价值，狗对其失去了兴趣，或者西坡聚落原本很少养狗。骨骼风化频率很低，而且大多数风化的程度也较轻，说明多数骨骼在屠宰或烹煮之后并没有长时间暴露户外，而是废弃不久便被填埋起来。

西坡出土的骨器很少，用鹿骨和鹿角做骨器的比例（5.3%）明显高于猪骨（0.2%），尽管抽样较小，或许不能完全说明问题（见表四）。但据初步统计，在西坡和黄河中游其他新石器时代遗址中，鹿和骨器的发现率似乎具有一定的相关性。也就是说，骨器比例高的遗址，鹿的发现率也较高。

表八列举了部分遗址石器和骨器的发现率、草食动物频率以及石器与骨器的比率。数据显示，在前仰韶文化和仰韶文化时期，骨器的比例占工具总数的40%以上，石器与骨器的比率近似。在前仰韶文化的白家和仰韶文化的姜寨遗址，草食动物的比例较高。虽然表中列举的其他两个前仰韶文化遗址和三个仰韶文化遗址的动物骨骼资料不得而知，但有学者的研究显示，鹿在这些时期的各个地区都相当普遍[35]。仰韶文化中期遗址的骨器比例低（10%左右），石器与骨器的比率较高。有趣的是，正是在这个时期黄河中游发生了草食动物（几乎所有鹿科动物）大量减少的现象。姜寨遗址的仰韶文化晚期出现了较高比例的骨器，草食动物也相应较多。康家龙山文化遗址骨器比例很高，而草食动物的比例也很高。不过，姜寨遗址的龙山文化晚期是个例外，其显示低比例的骨器和高比例的草食动物。姜寨靠近石料产地，康家则远离石料产地，可能是两个遗址间存在这种差异的一个因素。

从猪部位的表面痕迹看，烧骨见于多个部位（见表五）。切割痕迹大体局限于头骨、下颌骨、肱骨和胫骨，但由于观察到的切割痕迹太少，我们并不能断定西坡的动物屠宰活动已经熟练化。啃咬痕迹主要见于前肢骨上；风化迹象主要见于下颌骨上，可能意味着部分下颌骨暴露户外的时间较长。总之，由于观察到的猪骨表面痕迹的数量不大，不便详细解释。同样，由于观察到的痕迹较少（见表六），难以对鹿骨上的各种痕迹给予合理解释。数量较多的骨器是由鹿角制作的，说明鹿角是制作骨器的主要原料。中型哺乳动物各部位的总数比例与烧骨的数量比例比较相似（见表七），显示烧烤并非有意地集中在某些骨骼上。

表八　黄河中游新石器时代遗址骨器比例与草食动物比例比较

遗址	考古学文化	石器	骨器	石器：骨器	草食动物*
贾湖[28]	裴李岗文化	44.5	55.5	0.8：1	—
石固[29]	裴李岗文化	57.1	42.9	1.3：1	—
白家[30]	老官台文化	59.4	40.6	1.5：1	52.9
横阵[31]	仰韶文化早期	52.2	47.8	1.1：1	—
北首岭[32]	仰韶文化早期	52.8	47.2	1.1：1	—
姜寨Ⅰ[33]	仰韶文化早期	44.7	55.3	0.8：1	54.9
姜寨Ⅱ[33]	仰韶文化早期	47.7	52.3	0.9：1	61.0
庙底沟[34]	仰韶文化中期	93.4	6.6	14.1：1	—
西坡	仰韶文化中期	86.2	13.8	6.2：1	7.6
姜寨Ⅳ[33]	仰韶文化晚期	72.5	27.5	2.6：1	65.2
姜寨Ⅴ[33]	龙山文化晚期	91.8	8.2	11.2：1	73.3
康家[34]	龙山文化晚期	23.1	76.9	0.3：1	42.8

"*"草食动物包括鹿、牛、绵羊/山羊，"—"指缺乏可利用动物资料。

不同遗迹出土烧骨的频率差异很大，这种情况也同样发生在猪、鹿和中型哺乳动物上（表九、表一〇、表一一）。F104出土的烧骨比例很高，但绝大多数见于该房址红烧土堆积中，都被烧焦或者碳化。这些烧骨很小（1~4克重），总数（44件）不大，应是废弃后的产物，与人们的主观活动无关。很多出自灰坑和红烧土的烧焦和碳化的骨骼表明，它们可能在炉膛里烧过，后来被倒进了垃圾坑。也就是说，这些严重烧过的骨骼可能是偶然或无意造成的，与烹饪活动关系不大。

表九　猪烧骨单位分布比例

单位	总数	烧烤	%*
H107	187	2	1.1
H120	154	4	2.6
H3	38	1	2.6
T317③	36	1	2.8

单位	总数	烧烤	% *
H22	299	9	3.0
H20	278	9	3.2
H116	166	7	4.2
H40	24	1	4.2
G103	22	1	4.5
H114	110	5	4.5
H110	309	18	5.8
H8	15	1	6.7
H104	37	4	10.8
F102	27	3	11.1
H16	7	1	14.3
T201④	7	1	14.3
H15	19	3	15.8
H113	6	1	16.7
H36	18	3	16.7
H27	5	1	20.0
H122	3	1	33.3
F104	26	11	42.3
H26	2	1	50.0

"＊"指各单位烧骨数除以该单位骨骼总数。

表一〇　鹿烧骨单位分布比例

单位	总数	烧骨	% *
H110	34	3	8.8
H8	7	1	14.3
H116	40	7	17.5
H20	6	2	33.3
F3	2	1	50.0
F104	2	1	50.0
H3	4	2	50.0

"＊"指各单位烧骨数除以该单位骨骼总数。

表一一　中型哺乳动物烧骨单位分布比例

单位	总数	烧骨	%*
T317③	46	1	2.2
H22	117	3	2.6
H107	230	8	3.5
T315③	27	1	3.7
H115	26	1	3.8
H120	131	5	3.8
H13	70	3	4.3
H3	80	4	5.0
F102	69	4	5.8
H37	17	1	5.9
H46	51	3	5.9
H116	453	28	6.2
H113	15	1	6.7
H20	359	24	6.7
T201④	13	1	7.7
H19	11	1	9.1
H40	31	3	9.7
H126	10	1	10.0
H110	497	57	11.5
H17	8	1	12.5
H25	8	1	12.5
H114	121	22	18.2
H15	27	5	18.5
H23	5	1	20.0
T102③	9	2	22.2
H29	20	5	25.0
H1	7	2	28.6
H104	78	25	32.1
H36	10	3	33.3
F104	57	32	56.1
T115③	4	3	75.0

"＊"指各单位烧骨数除以该单位骨骼总数。

总之，在猪、鹿和中型哺乳动物骨骼上留下的切割、烧烤、啃咬、风化和工具制作的痕迹比例很低。低切割痕迹频率可能与屠宰技术的特征以及用力程度有关，大多数烧骨可能不是烹饪活动造成的。个别啃咬痕迹表明，大多数骨骼在填埋之前没有被肉食动物啃咬；而低风化率说明，大多数骨骼在短时间内被扔进垃圾坑。骨器少见，可能与鹿的数量较少有关。遗迹单位里基本不见集中的保留痕迹的骨骼，推测绝大多数烧骨当与烹饪活动无关，也意味着遗址中这类骨骼的空间分布没有特别意义。由人的砸击行为所造成的骨骼破碎则提供了当时骨骼利用的有关信息。

四　破碎度

研究不同骨骼类型的破碎度，能够解释骨骼的利用方式。高比例的骨骼完整度通常意味着肉是主要的产品，骨骼没有经过进一步的处理就被丢弃；相反，低比例的完整度往往表示人们有意劈裂骨骼，这种情况多数与获取脂肪和骨髓有关[36]，但有些时候低比例的完整度是处理一些骨骼（例如角和长骨）用于手工业生产目的的结果[37]。

1. 分析方法

这里仅分析主要骨骼的破碎度，包括猪和鹿的长骨、下颌骨和上颌骨，以及猪的头骨和鹿的掌/跖骨等，对中型哺乳动物的脊椎骨和肋骨也作了分析。具体方法是根据标本的相对尺寸，而不管其绝对长度，将每个骨分成五个类别。这样，尺寸类别实际上是破碎组合，反映的是动物不同骨骼的基本破碎度或完整度。这些类别包括 0 < 1/4、1/4 – 2/4、2/4 – 3/4、3/4 < 完整、完整等。完整骨骼类别包括附带骨骺的愈合或正在愈合的骨骼，以及没有愈合的骨干。考虑到完整骨骼的数量很少，不会影响整个分析结果，所以把骨骺放在 0 < 1/4 类别里。计量方法则根据可鉴定标本数，或者仅能鉴定到动物部位的骨骼，比如脊椎骨。猪、鹿和中型哺乳动物的骨骼部位的破碎度或完整度用百分比表示。此外，由于尺寸类别是根据标本的相对尺寸界定的，每一类别都可能包含不同年龄的动物标本。例如，一件半岁猪与一件两岁猪的 2/4 完整度的肱骨放在了同一尺寸类别组，但它们的重量差异十分显著。因此，每个尺寸类别的重量不一定反映每个骨的不同尺寸。正因如此，这里没有采用重量单位进行计量。

需要注意的是，动物的不同部位不能直接进行比较，因为不同骨骼的结构特征和分析难度不同，也就决定了每件骨的鉴定程度也不同。例如，猪头骨的一些骨骼比长骨碎片容易鉴定，尽管有时前者的尺寸比后者小。每件骨的破碎度仅说明了该类别标本的保存状况。此外，可鉴定骨骼一般比不可鉴定骨骼大。因此有理由假定，每种动物的主要可鉴定骨骼的破碎度能够代表这种动物的骨骼保存状况。

2. 结果与分析

猪和鹿骨各尺寸类别的比例见图八、图九、图一〇。图八显示 0 < 1/4 和 1/4 – 2/4 类别的猪长骨、下颌骨和上颌骨占大多数，说明大部分骨骼小于完整骨骼的一半。在这些骨骼里，股骨和上颌骨破碎度更高。完整骨骼显然很少。需要说明的是，

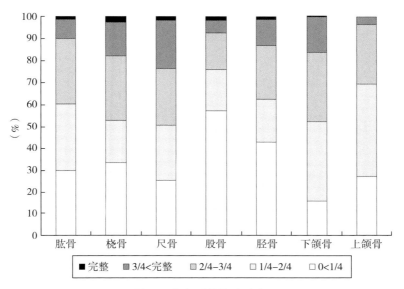

图八　猪主要骨骼破碎度

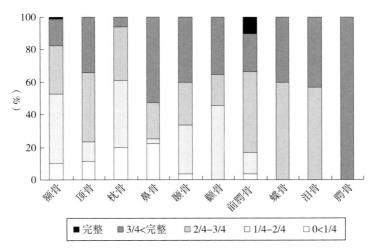

图九　猪头骨破碎度

几乎所有完整骨骼都来自婴幼儿个体。从图九可以看出，完整骨骼数量很少，而头骨破碎度更甚。尽管鹿标本的抽样分析较小，可能不够全面说明问题，但这些信息确实显示大多数骨骼的破碎度很高（见图一○）。图一一显示脊椎骨和肋骨也十分破碎。特别说明的是，少数完整脊椎骨和肋骨标本几乎都来自婴幼儿猪个体。问题是，什么原因造成猪、鹿和中型哺乳动物的骨骼如此高的破碎度？

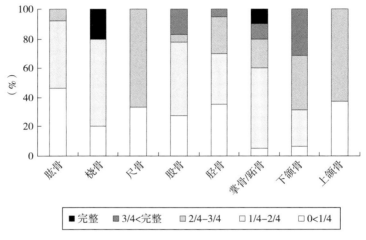

图一○　鹿主要骨骼破碎度

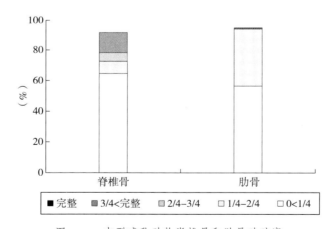

图一一　中型哺乳动物脊椎骨和肋骨破碎度

　　骨骼破碎可能发生在从埋藏前（如屠宰和备食）到废弃后（如踩踏、啃咬、风化及保存状况），再到发掘和运输期间的各个环节[38]。在发掘和运输中造成破碎的骨骼，我们在实验室分析中尽可能地进行了拼合，由此尽量减少分析中存在的问题。由食肉动物和啮齿动物的啃咬、风化和制造骨器引起的骨骼改变很有限（见上文）。

土壤 pH 值表明其酸度对骨骼保存的影响很小[39]。

尽管人为造成的踩踏可能是遗址居住区骨骼破碎的重要因素，但很难区分踩踏和屠宰中的破碎骨骼。不过，了解遗址中踩踏发生的地点和时间有助于理解骨骼破碎原因。如我们曾经讨论的，大部分骨骼是从次生或再生堆积中收集的，也就是说，它们已经离开了屠宰和烹饪的原有位置。这样，骨骼踩踏可能发生在丢弃之后、埋藏之前这个阶段。由踩踏引起的破坏通常容易发生在街道里[40]。西坡的动物骨骼多出自灰坑，这些骨骼是否在埋藏前经过踩踏不得而知。但如果骨骼在户外长时间暴露，或者没有直接倾倒进垃圾坑，那么可以预料应该有较高的风化率以及食肉动物、啮齿动物的啃咬率。事实上，骨骼低啃咬率和风化率可能表明其在较短时间里便被埋藏起来。换句话说，从灰坑中收集的大部分破碎骨骼应该不是踩踏造成的。

考虑到埋藏过程的影响较小，那么有理由推断骨骼破碎多是埋藏前的活动包括屠宰和备食的结果。问题是，打碎动物骨骼的目的是什么？根据民族考古学观察和考古学研究，欧绰慕曾总结说："如果不是敲骨吸髓或提取脂肪，那么由人们引起的骨骼破坏主要限于宰杀动物，甚至可能是将某些骨骼用于手工业目的，这样骨骼大多保存完整或者很少破损。如果从骨骼里提取骨髓，可能将产生很多有意打碎的长骨片……关节和大多数椎骨将被整个废弃。在获取骨髓和脂肪、处理完整骨骼的过程中，松软骨骼组织（椎骨及其附属骨）会被磨成粉末。"[41]因此，有理由相信，西坡遗址的猪、鹿和中型哺乳动物骨骼的高破碎度很可能就是提取骨髓和脂肪的结果，这在一定程度上也反映了营养需求和肉食资源的重要性。

值得一提的是，高破碎度可能部分与提取骨髓和脂肪时所使用的陶质容器有关。根据西坡出土陶器的初步分析结果，釜和罐是主要的炊具，釜的口径大约 10 厘米，腹径约 20 厘米，高约 12 厘米。罐的口径多 15～28 厘米，深 18～46 厘米[42]。这些容器显然只能煮尺寸较小的骨骼。同时，一些已经破碎的骨骼在容器里煮的时候也可能增加破碎的程度[43]。

五　讨　论

猪各部位骨骼在遗址不同时空范畴的普遍发现表明，人们在屠宰和消费过程中很可能没有对猪的部位进行刻意取舍，也没有把某些部位有意地分配给特定的消费者。事实上，这批骨骼也来自不同年龄阶段的猪[44]。这意味着人们的肉食消费并没有因为猪的部位和年龄的不同而存在明显差别。只是我们还不清楚这里以猪为主要肉食消费对象是在家户基础上的消费行为，还是在更大范围里（比如西坡内部甚至若干聚落）的社会活动。不寻常的是，个别灰坑中的猪骨确实比较集中，如 H22 中猪的最小个体数是 53，H110 中猪的最小个体数为 23。如果我们把这些骨骼看作附近家户肉食消费的产物，那么在较短时间里（从灰坑堆积看时间不会太长）消费如此数量的猪显然有些不合情理。这是否反映了某些家户曾经举行过宴饮之类的消费活动？或者说肉食消费很大程度上是在集体活动中发生的？正如有学者指出的，由个人或家户发起的宴饮活动，通常在主人和客人之间很少存在饮食差异[45]。

海登曾观察到，传统农夫和畜牧者很少消费他们自己饲养的动物，除非在特殊的场合或者宴会上[46]。很多美拉尼西亚和东南亚的民族志例子，突出说明了家畜在与宴饮相关的各种仪式上的重要性[47]。海登把考古发现中的宴饮划分为四类，包括无差别宴饮、联盟宴饮、竞争性宴饮和纳贡宴饮。他认为，大部分广义上的狩猎/采集宴饮可能没有差别，纳贡宴饮发生在酋邦和早期国家阶段，而联盟宴饮和竞争性宴饮通常发生在转型平等社会（transegalitarian）或早期复杂社会[48]。在早期复杂社会，宴饮不仅为族群之间加强合作与联盟，而且为个人和集体获得威望与政治权利提供场所和媒介[49]。在西坡这样的中心聚落，或许就频繁举行过由个人或家户召集的以肉食消费为主要对象，用来创造和维持社会群体的凝聚力和竞争力的宴饮活动。果真如此，那么饲养家畜就不单纯是为了满足人们对肉食的需求，在很大程度上更可能服务于宴饮，而宴饮反过来又激发人们饲养家畜的热情。

随葬猪下颌骨是大汶口文化、齐家文化等新石器时代墓葬中常见的现象，尽管学者对这种现象的解释见仁见智[50]，但无论如何，猪下颌骨显然被看作一种不同寻常的动物部位，具有特殊的价值和功用。在获取和处理这类骨骼时，人们很可能也会采取不同于其他骨骼的方式。那么我们有理由预测，在高度重视猪下颌骨的这些文化遗址的居住区，猪下颌骨的发现率应该很低，完整度应该较高。但一直以来，由于发掘者和研究者把关注的焦点仅仅放在随葬猪下颌骨这种现象所反映的含义上，而没有对猪下颌骨本身开展全面的考古研究，因此关于墓地和居住区出土骨骼部位及其完整度的对比信息完全被忽略了，遗失了许多我们未知的文化现象[51]。

西坡遗址居住区高频率的猪下颌骨显示，这里的猪下颌骨或头骨没有像黄河下游的大汶口文化和上游的齐家文化那样被视为具有特殊价值的物品用于随葬，西坡墓地没有出土任何与猪有关的文化遗物也证明了这一点[52]。西坡遗址也不像东北的红山文化那样，猪下颌骨和头骨具有明显的宗教含义[53]。黄河中游的仰韶文化各时期墓葬中很少发现猪的遗存，甚至彩陶、泥塑中的动物形象也很少与猪有关。这种差异应当是不同区域、不同文化习俗的一种反映。

六 结 语

在前仰韶文化和仰韶文化早期，鹿类野生动物是黄河中游地区人们的主要肉食资源。到了仰韶文化中期，在以西坡为例的遗址中，家猪已经取代野生动物成为人们的主要肉食来源。这一变化不单单是肉食资源的此消彼长，更可能是经济生产方式的历史性变革。无论这一变革是人们迫于自然因素的被动适应还是迎合社会因素的积极应对，甚至是更为复杂的多种因素相互交织的结果，我们都不可否认，正是从这个时期开始，人们不但要生产更多的粮食来满足快速增长的人口的需求，还要利用剩余的粮食及其副产品饲养家畜。尽管目前尚缺乏西坡遗址有关农作物定量分析的信息，但从聚落形态和动物饲养状况可以想见，以粟为主的旱作农业生产在整个经济中已经占据重要位置，人们更加积极主动地依靠自己的智慧和劳动创造出更多的生产和生活资料，维系着社会的生存和发展。

西坡家猪的死亡年龄结构、猪骨骼部位的发现率及其时空分布的分析结果均表明，猪的饲养、屠宰和消费活动似乎都发生在遗址内，这意味着西坡在经济上可能是一个自给自足的聚落。西坡所在地区的聚落形态所揭示的社会复杂化现象[54]，并没有从西坡这样的中心聚落的肉食消费模式中体现出来，这或许是黄河中游地区的早期复杂社会在经济上的一种表现。我们可否据此进一步推知，这个时期的中心聚落与普通聚落在经济乃至政治上可能没有明显的主从关系？聚落形态所显现的复杂化倾向也许只体现在精神层面，而这种复杂化可能与加强社会群体的认同感、增强社会群体的凝聚力有关，像西坡 F105 和 F106 这种特大型建筑，可能就是为了举行某些公共活动、强化社会群体的认同感和凝聚力而建造的。中心聚落以及与之相伴的特大型建筑的出现，可能就是当时社会整合的产物[55]。

附记：在 2000 年和 2001 年西坡遗址的动物骨骼收集过程中，得到考古领队陈星灿和魏兴涛以及黄卫东、王明辉、李永强、李胜利、史智民等同人的支持和帮助。灵宝西坡遗址出土动物骨骼研究作为《中华文明探源工程（二）》中的子课题，也得到了经济与技术课题组负责人袁靖先生的大力支持。在此深表感谢！

（原刊于《华夏考古》2008 年第 4 期）

注释

[1] Kramber, C. 1982. *Village Ethnoarchaeology*: *Rural Iran in Archaeological Perspective*. Academic Press, London.

[2] Albarella, U. , and D. Serjeantson. 2002. A passion for pork: meat consumption at the British late Neolithic site of Durrington Walls. In *Consuming Passions and Patterns of Consumption*, edited by P. Miracle and N. Milner, pp. 33 – 49. McDonald Institute for Archaeological Research, Cambridge.

[3] De Vera, E. Z. 1990. Pigs and rituals on Bohol Island, Philippines. In *Southeast Asian Archaeology* 1986, pp. 87 – 99. British Archaeological Reports International Series 561.

[4] Legge, A. , J. Williams, and P. Williams. 2000. Lambs to the slaughter: sacrifice at two Roman temples in southern England. In *Animal Bones*, *Human Societies*, edited by P. Rowley-Conwy, pp. 152 – 157. Oxbow Books, Oxford and Oakville.

[5] a. Crabtree, P. J. 1995. The symbolic role of animals in Anglo-Saxon England: evidence from burials and ceremations. In *The Symbolic Role of Animals in Archaeology*, edited by K. Ryan and P. J. Crabtree, pp. 20 – 26. University of Pennsylvania, Museum of Archaeology and Anthropology Research Papers in Science and Archaeology, MASCA 12, Philadephia; b. Gidney, L. 2000. Economic trends, craft specialisation and social status: bone assemblages from Leicester. In *Animal Bones*, *Human Societies*, edited by P. Rowley-Conwy, pp. 170 – 178. Oxbow Books, Oxford and Oakville; c. Grant, A. 2002. Food, status and social hierarchy. In *Consuming Passions and Patterns of Consumption*, edited by P. Miracle and N. Milner, pp. 17 – 23. McDonald Institute for Archaeological Research, Cambridge.

[6] a. Junker, L. L. 1999. *Raiding*, *Trading*, *and Feasting*: *The Political Economy of Philippine Chiefdoms*. University of Hawaii Press, Honolulu; b. Mudar, K. M. 1997. Patterns of animal utilization in the Holocene of the Philippines: A comparison of faunal samples from our four archaeological sites. *Asian Perspectives* 36 (1): 68 – 105.

[7] Costin, C. L. , and T. Earle. 1989. Status distinction and legitimation of power as reflected in changing patterns of consumption in late prehispanic Peru. *American Antiquity* 54: 691 – 714.

[8] D'Altroy, T. N. 1994. Factions and political development in the central Andes. In *Factional Competition and Political Development in the New World*, edited by E. M. Brumfiel and J. W. Fox, pp. 171 – 187. Cambridge University Press, Cambridge.

[9] a. Binford, L. B. 1978. *Nunamiut Ethnoarchaeology*. Academic Press, New York; b. Maltby, J. M. 1985. Patterns in faunal assemblage variability. In *Beyond Domestication in Prehistoric Europe*: *Investigations in Subsistence Archaeology and Social Complexity*, edited by G. Barker and C. Gamble, pp. 33 – 74. Academic Press, London; c. Marshall, F. and T. Pilgram. 1991. Meat versus within-bone nutrients:

Another look at the meaning of body part representation in archaeological sites. *Journal of Archaeological Science* 18 （2）: 149 – 163; d. Outram, A. K. 2001. A new approach to identifying bone marrow and grease exploitation: Why the "indeterminate" fragments should not be ignored. *Journal of Archaeological Science* 28: 401 – 410.

［10］ a. Buckland, P. C., T. Amorosi, L. K. Barlow, A. J. Dugmore, P. A. Mayewski, T. H. McGovern, A. E. J. Ogilvie, J. P. Sadler, and P. Skidmore. 1996. Bioarchaeological and climatological evidence for fate of Norse farmers in medieval Greenland. *Antiquity* 80: 88 – 96; b. Outram, A. K. 2001. A new approach to identifying bone marrow and grease exploitation: Why the "indeterminate" fragments should not be ignored. Journal of Archaeological Science 28: 401 – 410.

［11］ Binford, L. B. 1978. *Nunamiut Ethnoarchaeology.* Academic Press, New York.

［12］ Reitz, E. J. and E. S. Wing. 1999. *Zooarchaeology.* Cambridge University Press, Cambridge.

［13］ White, T. E. 1953. Observations on the butchering techniques of some aboriginal peoples no. 2. *American Antiquity* 19: 160 – 164. 1954. Observations on the butchering techniques of some aboriginal peoples nos. 3, 4, 5 and 6. *American Antiquity* 19: 254 – 264.

［14］ Perkins, D. , and P. Daly. 1968. A hunter's village in Neolithic Turkey. *Scientific American* 219 （5）: 96 – 106.

［15］ a. 马萧林:《灵宝西坡遗址家猪的年龄结构及相关问题》,《华夏考古》2007 年第 1 期, 第 55 – 74 页; b. 马萧林:《河南灵宝西坡遗址动物群及相关问题》,《中原文物》2007 年第 4 期, 第 48 – 61 页。

［16］ 马萧林、魏兴涛:《灵宝西坡遗址动物骨骼的收集与整理》,《华夏考古》2004 年第 3 期, 第 35 – 43 页。

［17］ 同注［16］。

［18］ Perkins, D. , and P. Daly. 1968. A hunter's village in Neolithic Turkey. *Scientific American* 219 （5）: 96 – 106.

［19］ Dobney, K. M. , and A. Ervynck. 2000. Interpreting developmental stress in archaeological pigs: The chronology of linear enamel hypoplasia. *Journal of Archaeological Science* 27: 597 – 607.

［20］ Marshall, L. G. 1989. Bone modification and "the laws of burial". In *Bone Modification*, edited by R. Bonnichsen and M. H. Sorg, pp. 7 – 24. University of Maine, Institute for Quaternary Studies Center for the Study of the First Americans, Orono.

［21］ 同注［20］。

［22］ a. Bunn, H. T. , and E. M. Kroll. 1986. Systematic butchery by Plio/Pleistocene hominids at Olduvai Gorge, Tanzania. *Current Anthropology* 27 （5）: 431 – 452; b. Gifford-Gonzalez, D. P. 1989. Ethnographic analogues for interpreting modified bones: some cases from East Africa. In *Bone Modifica-*

tion，edited by R. Bonnichsen and M. H. Sorg，pp. 179 – 246. University of Maine，institute for Quaternary Studies，Centre for the Study of the First Americans，Orono；c. Lyman，R. L. 1994. *Vertebrate Taphonomy*. Cambridge University Press，Cambridge；d. *Noe-Nygaard*，N.，and J. Richter. 1990. Seventeen wild boar mandibles from Sludegards *SØmose-offal* sacrifice? In *Experimentation and Reconstruction in Environmental Archaeology*，edited by D. E. Robinson，pp. 175 – 189. Oxbow Books，Oxford.

［23］a. Shipman，P. 1981. Applications of scanning electron microscopy to taphonomic problems. In *The Research Potential of Anthropological Museum Collections*，edited by J. B. Griffin A. M. E. Cantwell，and N. A. Rothschild，pp. 357 – 385. Annals of the New York Academy of Sciences 376；b. Shipman，P.，and J. J. Rose. 1984. Burnt bones and teeth：An experimental study of colour，morphology，crystal structure and shrinkage. *Journal of Archaeological Science* 11（4）：307 – 325.

［24］Shipman，P.，and J. J. Rose. 1983. Early hominid hunting，butchering，and carcass-processing behaviours：Approaches to the fossil record. *Journal of Anthropological Archaeology* 2：57 – 98.

［25］Hongo，H. 1996. Patterns of Animal Exploitation in Central Anatolia from the Second Millennium BC through the Middle Ages：Faunal Remains from Kaman-Kalehoyuk，Turkey. Ph. D.，Harvard University，Cambridge.

［26］Behrensmeyer，A. K. 1978. Taphonomic and ecologic information from bone weathering. *Paleobiology* 4（2）：150 – 162.

［27］同注［26］。

［28］河南省文物考古研究所：《舞阳贾湖》，科学出版社，1999 年，第 897 页。

［29］河南省文物研究所：《长葛石固遗址发掘报告》，《华夏考古》1987 年第 1 期，第 3 – 105 页。

［30］周本雄：《白家村遗址动物遗骸鉴定报告》，中国社会科学院考古研究所编《临潼白家》，巴蜀书社，1994 年，第 123 – 126 页。

［31］严文明：《仰韶文化研究》，文物出版社，1989 年，第 286 页。

［32］半坡博物馆、陕西省考古研究所、临潼县博物馆：《姜寨——新石器时代遗址发掘报告》，文物出版社，1988 年。

［33］中国科学院考古研究所：《庙底沟与三里桥》，科学出版社，1959 年。

［34］Liu，Li. 1994. Development of Chiefdom Societies in the Middle and Lower Yellow River Valley in Neolithic China：A Study of the Longshan Culture from the Perspective of Settlement Patterns. Ph. D.，Harvard University，Cambridge.

［35］袁靖：《论中国新石器时代居民获取肉食资源的方式》，《考古学报》1999 年第 1 期，第 1 – 22 页。

［36］a. Davis，J. L.，P. Valkenbury，and S. J. Reed. 1987. Correlation and depletion patterns of marrow fat in caribou bones. *Journal of Wildlife Management* 51 （2）：367 – 371；b. Outram, A. K. 2001. A new approach to identifying bone marrow and grease exploitation：Why the "indeterminate" fragments should not be ignored. *Journal of Archaeological Science* 28：401 – 410；c. Peterson, R. Q, D. L. Allen, and J. M. Dietz. 1982. Depletion of bone marrow fat in moose and a correlation for dehydration. *Journal of Wildlife Management* 46 （2）：547 – 551.

［37］a. Gidney, L. 2000. Economic trends, craft specialisation and social status：bone assemblages from Leicester. In *Animal Bones, Human Societies*, edited by P. Rowley-Conwy, pp. 170 – 178. Oxbow Books, Oxford and Oakville；b. Dobney, K. M. , S. D. Jaques, and B. G. Irving. 1996. Of Butchers and Breeds：Report on Vertebrate Remains from Various Sites in the City of Lincoln. City of Lincoln Archaeological Unit, Lincoln.

［38］a. Binford, L. B. , and J. B. Bertram. 1977. Bone frequencies and attritional processes. In *For Theory Building in Archaeology：Essays on Faunal Remains, Aquatic Resources, Spatial-analysis, and Systematic Modeling*, edited by L. B. Binford, pp. 77 – 153. Academic Press, New York. Meadow, R. H. 1980. Animal bones：problems for the archaeologist together with some possible solutions. Paleorient 6：65 – 77；b. Lyman, R. L. 1994. *Vertebrate Taphonomy*. Cambridge University Press, Cambridge；c. Meadow, R. H. 1980. Animal bones：problems for the archaeologist together with some possible solutions. *Paleorient* 6：65 – 77；d. Noe-Nygaard, N. 1989. Man-made trace fossils in bones. *Human Evolution* 4 （6）：461 – 491.

［39］同注［16］。

［40］Rowley-Conwy, P. 1994. Dung, dirt, and deposits：Site formation under conditions of near-perfect preservation at Qasr Ibrim, Egyptian Nubia. In *Whither Environmental Archaeology*, edited by Rosemary Luff and Peter Rowley-Conwy, pp. 25 – 32. Oxbow, Oxford.

［41］Outram, A. K. 2001. A new approach to identifying bone marrow and grease exploitation：Why the "indeterminate" fragments should not be ignored. *Journal of Archaeological Science* 28：401 – 410.

［42］河南省文物考古研究所、中国社会科学院考古研究所河南一队、三门峡市文物考古研究所等：《河南灵宝市西坡遗址 2001 年春发掘简报》，《华夏考古》2002 年第 2 期，第 31 – 52 页。

［43］a. White, T. D. 1992. *Prehistoric Cannibalism at Mancos 5MTUMR – 2346*. Princeton University Press, Princeton；b. Buckland, P. C. , T. Amorosi, L. K. Barlow, A. J. Dugmore, P. A. Mayewski, T. H. McGovern, A. E. J. Ogilvie, J. P. Sadler, and P. Skidmore. 1996. Bioarchaeological and climatological evidence for fate of Norse farmers in medieval Greenland. *Antiquity* 80：88 – 96.

［44］马萧林：《灵宝西坡遗址家猪的年龄结构及相关问题》，《华夏考古》2007 年第 1 期，第 55 – 74 页。

［45］a. Costin, C. L. , and T. Earle. 1989. Status distinction and legitimation of power as reflected in changing patterns of consumption in late prehispanic Peru. *American Antiquity* 54: 691 – 714; b. D'Altroy, T. N. 1994. Factions and political development in the central Andes. In *Factional Competition and Political Development in the New World*, edited by E. M. Brumfiel and J. W. Fox, pp. 171 – 187. Cambridge University Press, Cambridge.

［46］ Hayden, B. 1990. Nimrods, piscators, pluckers and planters: the emergence of food production. *Journal of Anthropological Archaeology* 9: 31 – 69.

［47］ a. Clarke, M. J. 2001. Akha feasting: An ethnoarchaeological perspective. In *Feasts: Archaeological and Ethnographic Perspectives on Food, Politics, and Power*, edited by M. Dietler and B. Hayden, pp. 144 – 167. Smithsonian Institute Press, Washington and London; b. Rappaport, R. A. 1968. *Pigs for the Ancestors: Ritual in the Ecology of A New Guinea People*. Yale University Press, New Haven.

［48］ Hayden, B. 2001. Richman, poorman, beggarman, chief: the Dynamics of social inequality. In *Archaeology at the Millennium*, edited by G. M. Feinman and T. D. Price, pp. 231 – 272. Kluwer Academic/Plenum Publishers, New York.

［49］ a. Dietler, M. 2001. Theorizing the feast: Rituals of consumption, commensal politics, and power in African contexts. In *Feasts: Archaeological and Ethnographic Perspectives on Food, Politics, and Power*, edited by M. Dietler and B. Hayden, pp. 65 – 114. Smithsonian Institute Press, Washington (DC); b. 同注［48］。

［50］ a. Kim, Seung-Og. 1994. Burials, pigs, and political prestige in Neolithic China. *Current Anthropology* 35: 119 – 141; b. Pearson, R. 1981. Social complexity in Chinese coastal Neolithic sites. *Science* 213: 1078 – 1086.

［51］ 马萧林:《史前随葬猪下颌骨现象的思考》,《中国文物报》2004 年10 月15 日第7 版。

［52］ 河南省文物考古研究所、中国社会科学院考古研究所河南一队、三门峡市文物考古研究所等:《河南灵宝市西坡遗址墓地 2005 年发掘简报》,《考古》2008 年第1 期, 第3 – 13 页。

［53］ a. Nelson, S. M. 1995. Ritualized pigs and the origins of complex society: Hypotheses regarding the Hongshan culture. *Early China* 20: 1 – 16.

b. 1998. Pigs in the Hongshan culture. In *Ancestors for the Pigs in Prehistory*, edited by S. M. Nelson, pp. 99 – 107. University of Pennsylvania Museum of Archaeology & Anthropology, Philadelphia.

［54］ Ma, Xiaolin. 2005. Emergent Social Complexity in the Yangshao Culture: Analysis of settlement patterns and faunal remains from Lingbao, Western Henan, China (C. 4900 – 3000 BC). BAR International Series 1453. Hadrian Books Ltd, Oxford, England.

［55］ 同注［54］。

灵宝西坡仰韶文化墓地出土玉器初步研究

西坡遗址位于河南省灵宝市阳平镇西坡村西北，坐落于铸鼎原南部。遗址东西两侧分别为沙河的支流夫夫河与灵湖河，海拔 456 米～475 米，总面积约 40 万平方米。2000 年 10～12 月[1]、2001 年 3～5 月[2]、2001 年 11 月至 2002 年 1 月和 2004 年 4～7 月在该遗址进行了四次发掘，每次都有重大收获。其中，2001 年 11 月至 2002 年 1 月发现的仰韶文化中期特大型半地穴房址 F105 占地面积达 500 余平方米[3]，2004 年 4～7 月发现的同时期房址 F106 室内面积达 240 余平方米[4]，引起了学术界的广泛关注。2004 年 10～12 月，考古队对遗址进行了全面系统钻探，初步探明了遗址的墓葬区及南、北壕沟的大体位置。为验证钻探结果，2005 年 4～7 月，河南省文物考古研究所与中国社会科学院考古研究所等单位组成的联合考古队对遗址进行了第五次发掘[5]，最重要的收获是揭露了 22 座仰韶文化中期最晚阶段（公元前 3300 年左右）的墓葬。这是在仰韶文化中期的核心地区首次发现该时期墓葬。墓葬随葬品中有 10 件玉器，因为这是黄河中游地区时代最早的成批出土玉器，备受瞩目。

墓地正式发掘报告尚在整理当中，这里先将玉器的情况作简要介绍，以飨众多关注这一重要发现的学者。

一 玉器出土概况

此次发掘揭露的 22 座墓葬均为长方形竖穴土坑墓，大多数有生土二层台，葬式均为单人仰身直肢，绝大多数的墓主头向西或西略偏北，均无葬具。随葬品包括陶器、玉器、石器、骨器、象牙器等，其中陶器和骨器数量较多，玉器次之，石器（不包括石块）和象牙器较少。

在 22 座墓葬中，6 座墓随葬有玉器，占墓葬总数的四分之一强。出土玉器共计 10 件，其中随葬 1 件玉器的有 3 座墓，2 件的 2 座，3 件的 1 座（表一）。玉器种类仅有钺和环两类，其中钺9件（图二至图六），环1件（图一）。玉钺均为长舌形，大多中部厚两侧薄，个别器体比较厚重；上端较平，下部为弧形双面刃，多数较钝，未开锋；均无使用痕迹。9件钺中8件有穿孔。根据对玉器质地的初步观察[6]，除1件为汉白玉外，其余9件均为蛇纹石。从色泽看，以墨绿色为主，另外还有绿白色、暗绿色、褐灰色、暗黄绿色、白色等；硬度为莫氏5度左右（表一）。值得注意的是，玉钺紧贴生土的一面附着的结核物质较多，个别的附着得还相当紧密。但玉钺与熟土接触的一面，均无结核生成。该现象或许表明，至少在黄土地区，熟土与生土交界面容易生成结核物质。这也提醒我们在发掘遗址居住区时，对于时常发现的遗迹底部和周壁的料礓面或层，需仔细观察，慎重判断性质，弄清它们的成因。

表一　西坡墓葬出土玉器概况

名称	单位/编号	位置	墓主性别	墓主年龄	色泽	主要成分	硬度	长×宽×厚（cm）
玉钺	M6：1	墓主头部右上方	女	中年	绿白色	蛇纹石，少量磁铁矿	4.5～5度	12.9×6.1×0.9
玉钺	M8：2	墓主右小臂外侧	男	30～35岁	墨绿灰白色	蛇纹石，少量磁铁矿	5～5.5度	22.9×6.8×1.3
玉钺	M9：2	墓主腰下	男？	14～16岁	墨绿色	蛇纹石，少量磁铁矿和碳酸盐	5～5.5度	16.6×5.3×1.0
玉钺	M11：4	墓主左脚外侧	？	4～5岁	暗绿色	蛇纹石，少量磁铁矿和碳酸盐	4.5～5度	16.2×7.3×1.4
玉钺	M11：5	墓主右手外侧	？	4～5岁	墨绿色	蛇纹石，少量磁铁矿	4.5～5度	17.0×6.3×1.4
玉钺	M11：6	墓主右手外侧	？	4～5岁	白色	方解石，少量石英和云母	约5度	17.2×6.6×1.7
玉钺	M17：7	墓主右手外侧	—	—	褐灰色	蛇纹石，少量磁铁矿	4.5～5度	16.5×9.4×1.4
玉钺	M17：10	脚坑内近墓主脚部	—	—	墨绿色	蛇纹石，少量磁铁矿和黄铁矿	约5.5度	17.9×7.8×1.7
玉钺	M22：1	墓主头部右上方	女	17～20岁	暗黄绿色	蛇纹石，少量磁铁矿	4.5～5度	16.8×7.0×1.4
玉环	M22：2	墓主右膝盖外侧	女	17～20岁	墨绿色	蛇纹石，少量磁铁矿	4.5～5度	外径7.2、内径5.3

图一　玉环（M22：2）

图二　玉钺（M11：6）

图三　玉钺（M11：5）

图四　玉钺（M6：1）

图五　玉钺（M8：2）

图六　玉钺钻孔（M22：1）

　　玉器在墓中的陈放位置不甚固定。例如，放置在死者头部的有 2 件，手臂附近的有 4 件，腰下的有 1 件，腿部外侧的有 2 件，脚坑内的有 1 件。从玉器与死者的相对位置看，放置在死者右侧的居多。这 10 件玉器中，有 7 件在死者的右侧，1 件在左侧，其余 2 件分别在腰下和脚坑内。另外，这批墓葬出土的 2 件石钺也均见于死者的右侧。

大多数玉钺与死者身体平行（竖向）陈放，且钺的刃部与死者头向一致。9件玉钺中，有7件与身体平行放置，其中6件钺的刃部与死者的头向一致，1件的刃部与死者头向相反；其余2件与死者身躯近乎垂直（横向）放置，刃部指向死者。

发掘中没有发现玉钺附近有木柄的痕迹。据观察，玉钺表面及穿孔也不见绳子捆绑的迹象。M11墓主右手外侧的两件玉钺紧密交错叠压在一起，左脚附近的一件侧立，由此判断，这几件玉钺随葬时很可能未装柄。但M17脚坑内距玉钺约45厘米处，出土骨质管状物一件，外径2.9厘米，内径2厘米，高1.7厘米，由其位置和形态看，很可能是玉钺柄下端装饰的镦。因此，装柄和不装柄随葬的情况可能是并存的。

二　玉器加工技术

这批玉器虽然数量不多，但器身保留下来的加工痕迹为了解当时的玉器加工方法与技术提供了重要线索。

玉料切割是玉器制作的第一步。从部分玉钺表面留下的切割痕迹看，西坡玉器的裁料方法主要采用了线切割技术。例如，在M6:1一面有数条清晰的圆弧形曲线，曲线一侧的弧度较大，另一侧的弧曲度较平直，弧线附近呈波浪式起伏，圆弧径有由外而内逐渐缩小的倾向（图四）。这些特征与有学者所说的线切割方法所形成的痕迹相像[7]。另外，M11出土的2件玉钺上也见略显弯曲的线切割痕迹，只是经过磨制和抛光后，保留下来的仅为个别原本较深的切割痕迹（图二、图三）。

从表一的测量数据可以看出，大多数玉钺的长度为16.2厘米~17厘米，宽6.1厘米~7.3厘米，厚度为1.4厘米左右。这表明，人们在玉钺造型上或许具备了基本的制作"标准"。个别尺寸不在此范围的，有两种可能的解释：其一，可能与玉料的大小有关，如M6:1原料可能短且薄，因不宜充分磨制，故保留明显的裁料时形成的切割痕迹；其二，可能与墓葬规格有关，如M8:2比其他墓出土的要明显长一些，而该墓正是目前发掘的这批墓葬中规模最大者（图五）。

玉料经过切割后，接下来的工序为琢磨成形。西坡大多数玉钺的顶部附近未经磨制，或者只是略作磨制，还可以看到琢制的痕迹。器身则经过精心磨制，多十分平整。在放大镜下初步观察，部分钺的表面还能看出同方向的细微磨痕，显示在磨制过程中，工匠很可能比较娴熟地手握器物沿直线来回用力。

在8件有穿孔的玉钺中，5件为单面钻，3件为两面钻。从M22:1和M8:2两件玉钺上的穿孔看，钻孔显然采用了管钻的方法[8]。这两件器物的穿孔均由两面钻透，由于钻孔错位而留下清晰的管钻痕迹。M22：1 穿孔中保留有残断的玉芯，玉芯和穿孔壁间留有宽度约 1 毫米的沟槽，可以认作完成钻孔时钻具壁的残存厚度（图六）。但是，对于那些没有留下管钻痕迹的玉钺，特别是单面钻的钺，不排除使用实心钻的可能性。

耐人寻味的是，同一座墓出土的玉钺，漏斗状钻孔的孔径基本相同。例如，M17 出土的两件玉钺的最大孔径均为 1.2 厘米，最小孔径均为 0.7 厘米；M11 出土的两件最大孔径均为 1.3 厘米，最小孔径均为 1 厘米。这是否意味着同一座墓随葬的玉钺可能为同一工匠以同一工具同时制作，还需要更多的发现进行验证。M9：2 玉钺无穿孔，与其同出的一件石钺也无穿孔，是否意味着人们有意将同一座墓随葬中的同类玉石器保持相近的形制，也需更多的发现来检验。

西坡玉器除顶部附近以外，表面光润，显然在磨制后采用了精细的抛光措施。

三 初步认识

通过对西坡玉器的特征、制作技术、随葬背景、放置方式等方面的分析，我们可以得出以下初步认识。

第一，西坡墓地随葬的玉钺具有礼器的性质。黄河中游地区从裴李岗、老官台等文化开始，就出现了墓中随葬铲、斧、刀等石质生产工具的现象[9]。仰韶文化早期墓葬中也有随葬石质生产工具者[10]。但地处仰韶文化中心的豫陕晋交界地带，目前未发现早于西坡墓地这批玉器的玉质随葬品。与这一中心地带以秦岭相隔、属于汉水流域的陕西汉中南郑区龙岗寺仰韶文化半坡类型墓地中，曾发现 24 件斧、铲、锛、凿、镞等形制的玉器[11]。但这些玉器种类较多，而且与石质生产工具共出，表明这一时期在人们的观念中，很可能只是把玉器作为较精美耐用的生产工具看待，并未赋予其特别含义。西坡墓葬出土 10 件玉器中，9 件为钺，这应该不是巧合。显然，当时人们对玉器的认知发生了显著变化，玉这种珍贵美润的原料已经被特意用来制作特定的器物。虽然西坡玉钺形态近似早期的石质工具，属于玉钺的早期形态[12]，但它却从多种生产工具中脱颖而出，率先成为黄河中游地区比较固定的具有礼仪性质的器物，很可能标志着该地区以玉钺为主体的用玉习俗的出现。这一习俗被继承并发展，山西芮城清凉寺[13]和襄汾陶寺[14]等遗址墓葬出土的玉钺完全则脱离了原始工具形态，标志着礼仪用玉制度进入比较成熟的阶段。

西坡随葬的玉钺很可能像在其他文化中一样，是死者生前身份和地位的象征。作为原料稀少且制作复杂的器物，玉器当非一般社会成员所拥有。随葬有最大玉钺的 M8 为本次发掘中最大的墓葬，长 3.95 米，宽 3.09 米，深 2.35 米，头顶放置一骨质箍状器，脚坑中放置 9 件陶器，包括一对簋形器和不见于其他墓的彩绘大口缸等，规格明显较高。出土配有骨镦玉钺的 M17 虽被 3 座近代墓破坏，原随葬品情况不明，但其规模与 M8 相当，也属高等级墓葬。引人注目的是，本次发掘随葬玉器最多的墓葬——拥有 3 件玉钺的 M11，墓主为一约四岁的幼儿，受到如此高规格的待遇，很可能因其特殊的家庭背景。另一个值得注意的情况是，玉钺有葬于大型墓的，也有葬于中型墓的，拥有玉钺的墓主有男性也有女性，这可能是用玉习俗形成初期的表现。

第二，M17 带骨镦玉钺的出土，表现出仰韶文化中期用玉制度的形成与东部地区的交流关系。有学者早已提出，钺的装柄方式应与河南临汝阎村[15]出土的那件"伊川缸"（彩陶缸）上鹳鱼石斧图中展示的横向装柄类似，图中所绘石斧柄下端有一侧视近方形的镦[16]。目前，大致相当于北阴阳营文化晚期的江苏金坛三星村遗址[17]、良渚文化福泉山[18]、反山[19]、瑶山[20]等遗址均发现有带镦玉钺。江苏海安青墩遗址出土有陶质模型[21]。可见，距今 5300 年前后，带有柄部装饰的玉钺逐渐成为流行于广大地区的重要礼仪器物。西坡玉器的发现，把以前似乎只是单向扩张其彩陶、在其他高等级礼仪器物上"与世隔绝"的仰韶文化核心地带与外界沟通了起来，使得我们对距今 5300 年前后这一中国史前复杂社会演变的关键阶段中各主要文化区的互动有了全新的认识。

第三，西坡玉器集中体现了这一时期黄河中游地区玉石制作技术的发展水平，其制作技术的形成和发展，也应与当时的文化互动相关。与同时期的一些考古学文化相比，西坡玉器制作技术还不发达，尽管切割、钻孔、磨制、抛光等技术应用于玉器制作，但表面光素，没有发现技术要求更高、更复杂的雕刻作品。与同时期的红山文化晚期、崧泽文化晚期及凌家滩遗存的玉器相比，西坡玉器的质地类别、种类、造型单一，制作技术相对简单。

西坡玉器上线切割痕迹的发现，不仅为认识黄河中游地区线切割技术的应用提供了实物证据，为探索线切割与片切割技术在该地区的发展脉络及其相互关系提出了新的问题，同时也为通过制玉技术研究该地区与其他地区的文化关系提供了重要线索。目前所知，中国最早使用线切割技术的玉器出自我国东北距今约 8000 年的兴隆洼文化[22]，随后在该地区延续数千年。在长江下游地区，河姆渡、马家浜、崧泽、良渚等文化，均普遍使用线切割技术。黄河上游的齐家文化[23]和中游的陶寺文化[24]中，多采用片切割技术，未见采用线切割技术的报道，因此有学者认为，"玉器线切割技术在黄河流域新石器时代末期未能占一席位置"[25]。西坡玉器上线切割痕迹的发现，既确认了该技术在黄河中游地区的应用，同时也为我们提出了一些相关的问题。例如，线切割技术是源于本地还是从其他地区借鉴来的，线切割技术在黄河中游地区有怎样的发展脉络，片切割技术在该地区何时取代了线切割技术，等等。要解决这些问题，还需要新的发现或者更多的比较研究成果。

长期以来，黄河中游地区的新石器时代遗址或墓地很少发现玉器，因此在多数学者的印象中，这一地区至少在仰韶文化中期以后很可能没有用玉甚至随葬其他器物的习俗。最近山西芮城清凉寺庙底沟二期墓地大量玉器的面世，使学者对该地区的用玉习俗刮目相看。清凉寺用玉习俗的源头自然成为学者们关注的问题。

自从1999年春在灵宝铸鼎原地区开展考古调查时起，我们就在有意识地积极寻找仰韶文化中期的墓地，但从未奢望在墓葬中发现玉器。西坡墓地及玉器的发现令人惊喜，这是在仰韶文化中期的核心地区首次出土成批玉器，这一发现不仅为研究黄河中游地区用玉习俗的形成和演变提供了珍贵资料，而且将迫使我们不得不重新认识该地区的埋葬制度，甚至文明起源的特性、进程与动因。目前为止，西坡揭露的墓葬数量不多，出土玉器的数量有限，这里我们对这批玉器所进行的初步研究，与其说是解决问题，倒不如说是提出了更多的有待我们思考和解决的问题。

附记：河南省地质矿产勘查开发局第一地质勘查院周世全先生对西坡出土玉器进行了质地鉴定，中国社会科学院考古研究所王明辉先生对西坡出土人骨进行了鉴定，河南省南阳市文物考古研究所柴中庆、崔本信、王凤剑等先生为玉器鉴定提供了帮助，玉器照片由河南省文物考古研究所王蔚波、郭民卿先生拍摄，在此我们表示诚挚感谢。

（原刊于《中原文物》2006年第2期）

注释

[1] 中国社会科学院考古研究所河南一队、河南省文物考古研究所、三门峡市文物工作队等：《河南灵宝市西坡遗址试掘简报》，《考古》2001年第11期。

[2] 河南省文物考古研究所、中国社会科学院考古研究所河南一队、三门峡市文物考古研究

所等：《河南灵宝市西坡遗址 2001 年春发掘简报》，《华夏考古》2002 年第 2 期。

[3] 河南省文物考古研究所、中国社会科学院考古研究所河南一队、三门峡市文物考古研究所等：《河南灵宝西坡遗址 105 号仰韶文化房址》，《文物》2003 年第 8 期。

[4] 中国社会科学院考古研究所河南一队、河南省文物考古研究所、三门峡市文物考古研究所等：《河南灵宝市西坡遗址发现一座仰韶文化中期特大房址》，《考古》2005 年第 3 期。

[5] 马萧林、李新伟、杨海青：《河南灵宝西坡遗址第五次发掘获重大突破》，《中国文物报》2005 年 8 月 26 日第 1 版。

[6] 河南省地质矿产勘查开发局第一地质勘查院高级工程师周世全先生肉眼观察鉴定。

[7] 牟永抗：《良渚玉器三题》，《文物》1989 年第 5 期。

[8] 佟柱臣：《仰韶、龙山工具的工艺研究》，《文物》1978 年第 11 期。

[9] 中国社会科学院考古研究所：《临潼白家村》，巴蜀书社，1994 年。

[10] 半坡博物馆、陕西省考古研究所、临潼县博物馆：《姜寨——新石器时代遗址发掘报告》，文物出版社，1988 年。

[11] 陕西省考古研究所：《龙岗寺》，文物出版社，1988 年。

[12] 任式楠：《中国史前玉器类型初析》，《中国考古学论丛——中国社会科学院考古研究所建所 40 年纪念》，科学出版社，1993 年。

[13] 国家文物局主编：《山西芮城清凉寺庙底沟二期墓地》，《2004 中国重要考古发现》，文物出版社，2005 年。

[14] [24] 高炜：《陶寺文化玉器及相关问题》，《东亚玉器》，香港中文大学中国考古艺术研究中心，1998 年。

[15] 傅宪国：《试论中国新石器时代的石钺》，《考古》1985 年第 9 期。

[16] 临汝县文化馆：《临汝阎村新石器时代遗址调查》，《中原文物》1981 年第 1 期。

[17] 江苏省三星村联合考古队：《江苏金坛三星村新石器时代遗址》，《文物》2004 年第 2 期。

[18] 上海市文物管理委员会：《福泉山——新石器时代遗址发掘报告》，上海书画出版社，2000 年。

[19] 浙江省文物考古研究所：《反山》，文物出版社，2005 年。

[20] 浙江省文物考古研究所：《瑶山》，文物出版社，2003 年。

[21] 南京博物院：《江苏海安青墩遗址》，《考古学报》1983 年第 2 期。

[22] 刘国祥：《兴隆洼文化玉器初探》，《东北文物考古论集》，科学出版社，2004 年。

[23] 谢端琚：《黄河上游史前玉器研究》，台北《故宫学术季刊》19 卷 2 期，2001 年。

[25] 邓聪：《玉器线切割技术在东亚——时间与空间的初步概观》，《第五届中国玉文化玉学江阴研讨会——中国南方地区玉文化研究专题》（资料集），2005 年 9 月。

河南灵宝三件馆藏玉钺的年代及相关问题

20 世纪七八十年代，河南省灵宝市的文物工作者在灵宝境内若干新石器时代遗址采集到一些玉器。近年也相传有人在仰韶文化遗址发现玉器。在以往的认识中，黄河中游地区的仰韶文化中晚期的墓葬很少见到随葬品，更不用说玉器了，因此我们曾怀疑那些玉器很可能出自龙山文化以后的墓葬，不太可能是仰韶文化时期的器物。然而，2005 年灵宝西坡仰韶文化墓地玉器的面世，不但彻底改变了我们先前的认识，而且为确定部分采集玉器的年代、探讨与玉器相关的问题提供了重要线索。

一 三件玉钺及其年代

在灵宝市文物保管所收藏的玉器中，我们选取三件玉钺，其中两件有比较明确的采集地点，一件采集点不详。

1. 玉钺 馆藏号 00281，墨绿色，局部夹杂黄色斑块。器身近长梯形，中部略厚，两侧较薄，窄弧顶，宽弧刃，顶部未打磨。长 13.9 厘米，宽 6.6 厘米，厚 1.5 厘米。近顶部有一穿孔，单面钻，一面穿孔稍作修整，孔径一面 1.1 厘米，另一面 0.9 厘米（图一、图二）。

这件玉钺 1983 年采自阌东遗址。该遗址位于灵宝市西阌乡阌东村西北，在黄河南岸的二级阶地上，是 20 世纪 50 年代普查中发现的。90 年代末实地调查时，遗址上部已遭到严重破坏，文化层和灰坑等遗迹大多暴露于地表，有的遗迹已经接近底部，现存面积约 3 万平方米。从采集的陶片判断，遗址年代跨越仰韶文化早中晚三个时期，但以仰韶文化中期为主[1]。

2. 玉钺 馆藏号 00018，墨绿色，一面有白色条状纹。器身近长梯形，中部略厚，窄平顶，宽弧刃，顶部打磨，未抛光。长 16.3 厘米，宽 6.8 厘米，厚 1.2 厘米。近顶部有一穿孔，单面钻，穿孔稍作修整，孔径一面 1.4 厘米，另一面 1 厘米（图三、图四）。

图一　玉钺（00281）正面　　　　　　　　图二　玉钺（00281）背面

图三　玉钺（00018）正面　　　　　　　　图四　玉钺（00018）背面

图五　玉钺（00023）正面　　　　　　　　图六　玉钺（00023）背面

　　这件玉钺采自寺疙瘩遗址。该遗址位于灵宝市豫灵镇寺疙瘩村，面积约 5 万平方米。遗址断崖上灰坑密集，文化层厚者达 3 米，采集陶片均为红陶，器形主要有钵、盆、罐、灶等。根据包含器物判断，该遗址以仰韶文化中期遗存为主。

　　3. 玉钺　馆藏号 00023，豆青色，通体似开片纹。器身长条形，两边薄，中部厚而隆起，窄弧顶，舌形弧刃，通体磨光。长 22.9 厘米，宽 6.7 厘米，厚 1.4 厘米。近顶部有一小穿孔，两面钻，孔径一面 0.7 厘米，另一面 0.5 厘米（图五、图六）。这件玉钺的采集地点不详。

关于三件玉钺的年代，不妨从器物形态以及相关考古学文化特征等方面进行比较分析。00281 号玉钺在形制上与西坡出土的 M11：5 比较接近，00018 号玉钺在形制、色泽、尺寸等方面与西坡出土的 M17：10 比较相像，00023 号玉钺在形制、尺寸等方面与西坡出土的 M8：2 相近[2]。因此，这三件玉钺的年代应当与西坡墓地出土的玉钺年代相同或相近，可确定为仰韶文化中期或庙底沟期的最晚阶段，绝对年代大致在公元前 3300 年至前 3000 年之间。

黄河中游地区从裴李岗文化、老官台文化开始就出现了墓中随葬铲、斧、刀等石质生产工具的现象[3]，仰韶文化早期墓葬中也有随葬石质工具者[4]。但在仰韶文化核心区的豫陕晋相邻地带，尚未发现早于西坡这批玉钺的玉器随葬品。位于陕西汉水流域的南郑龙岗寺遗址，虽然在属于仰韶文化早期的半坡类型墓葬中曾出土 20 多件玉器，但包含了斧、铲、锛、凿、镞等多种形制的器物，并未像西坡墓葬这样把随葬玉器的形制基本固定在玉钺上，并赋予其特殊含义。值得注意的是，河南临汝阎村出土的彩陶缸上绘有《鹳鱼石斧图》[5]，其中的石斧与灵宝所见的玉钺相似，很可能就是具有礼仪性质的钺，其年代为仰韶文化中期[6]。因此，在黄河中游地区，玉钺的出现应不早于仰韶文化中期或庙底沟期。

在豫西地区还未对仰韶文化晚期遗址进行比较系统的考古发掘，也未发现这个时期的墓地，还不清楚墓葬是否有随葬品。然而，在洛阳地区，属于仰韶文化晚期晚段的孟津妯娌遗址，除了几座墓葬随葬象牙箍之外，其余 40 余座墓葬均不随葬任何器物[7]。在郑州地区，仰韶文化晚期的墓葬也很少有随葬品，郑州大河村遗址、荥阳青台遗址等就是如此[8]。三门峡庙底沟遗址揭露的 140 多座庙底沟二期阶段的墓葬，同样几乎不见任何随葬品[9]。因此，就目前所知，在豫西的仰韶文化晚期，甚至庙底沟二期阶段，墓葬基本不随葬器物。从这个角度来推测，我们也可将灵宝馆藏的三件玉钺归入仰韶文化庙底沟期。

此外，在与灵宝隔黄河相望的山西芮城清凉寺庙底沟二期文化墓地曾出土一批玉器，但多为玉环、玉璧等器物，个别玉钺在形制上也与灵宝馆藏的这三件玉钺差别较大。

二 三件玉钺及相关问题

通过对三件玉钺年代的认定，结合玉钺采集遗址的基本信息，以及灵宝西坡遗址的考古成果，可以得出以下几点认识。

第一，灵宝境内仰韶文化中期遗址中的玉钺数量相当可观。玉钺不仅出自灵宝境内规模较大的遗址，也见于规模较小的遗址。例如，西坡遗址是以仰韶文化中期遗存为主的新石器时代遗址，面积约40万平方米，是灵宝铸鼎原南部的一个中心聚落。在发掘的34座墓葬中，9座墓葬出土有玉钺，占比达26.4%，即超过1/4的墓葬出土玉钺[10]。上述两件玉钺采集点阌东遗址、寺疙瘩遗址均为面积不大的遗址。此外，在灵宝考古调查时也发现，当地村民在附近遗址采集有类似西坡遗址出土的玉钺。例如，在灵宝市阳平镇程村管区南社走马岭遗址，曾有村民在遗址采集到玉钺，该遗址面积约7万平方米，也是一处以仰韶文化遗存为主的新石器时代遗址。由此推断，玉钺作为随葬品，在灵宝境内的仰韶文化中期墓葬中应当比较普遍。

第二，灵宝境内仰韶文化玉器的原料产地很可能就在当地。灵宝西坡墓地出土玉器的质地，除个别为方解石外，其余均为蛇纹石岩[11]。目前我们尚未对西坡出土玉器的原料产地开展调查研究，还不清楚这批玉器的原料产地，但从上述灵宝境内玉器的较高出现频率来看，原料产地很可能就在附近山中，而非远程输入。这种情况可能与黄河对岸的芮城清凉寺出土玉器的原料来源相似，即大部分玉器是用本地的玉石料制作而成的[12]。

第三，玉器在仰韶文化中的功能远不如在红山、良渚等考古学文化中那么重要。首先，就仰韶文化中期而言，以灵宝西坡遗址为例，出土玉钺的墓葬既有大型墓葬也有小型墓葬，但有的大型墓并未随葬玉器；在墓葬等级指示性方面，墓葬规模及大口缸比玉器更具代表性。其次，在仰韶文化晚期墓葬中，少见随葬玉器者，也就是说，仰韶文化中期墓葬中随葬玉器的现象并未在仰韶文化晚期延续下来，呈现明显的阶段性特征。但这种随葬玉器的现象是否局限于灵宝及其附近区域，尚需今后的田野考古工作来验证。

三　结　论

本文根据灵宝西坡墓地出土玉钺的特征，对灵宝市文物保管所收藏的三件玉钺的性质与年代进行了认定，并结合玉钺采集遗址的基本信息及有关考古成果，对三件玉钺的相关问题进行了探讨。三件馆藏玉钺属于仰韶文化中期或庙底沟期的遗物。灵宝一带仰韶文化中期的部分墓葬可能或多或少都随葬这类玉钺，这种以蛇纹石岩制作的玉器，其原料产地很可能就在当地。相比墓葬规模及大口缸，玉器在仰韶文化中期的墓葬等级指示性方面不具较强代表性。

（原刊于《中原文物》2017 年第 6 期）

注释

［1］河南省文物考古研究所、中国社科院考古研究所河南一队、三门峡市文物工作队等：《河南灵宝铸鼎塬及其周围考古调查报告》，《华夏考古》1999 年第 3 期。

［2］中国社会科学院考古研究所、河南省文物考古研究所：《灵宝西坡墓地》，文物出版社，2010 年。

［3］a. 开封地区文管会等：《河南新郑裴李岗新石器时代遗址》，《考古》1978 年第 2 期；b. 中国社会科学院考古研究所：《临潼白家村》，巴蜀书社，1994 年。

［4］半坡博物馆、陕西省考古研究所、临潼县博物馆：《姜寨——新石器时代遗址发掘报告》，文物出版社，1988 年。

［5］临汝县文化馆：《临汝阎村新石器时代遗址调查》，《中原文物》1981 年第 1 期。

［6］严文明：《〈鹳鱼石斧图〉跋》，《文物》1981 年第 12 期。

［7］河南省文物管理局：《黄河小浪底水库考古报告（二）》，中州古籍出版社，2006 年。

［8］同注［2］。

［9］郑州市文物考古研究所：《郑州大河村》，科学出版社，2001 年。

［10］中国科学院考古研究所：《庙底沟与三里桥》，科学出版社，1959 年。

［11］马萧林、李新伟、杨海青：《灵宝西坡仰韶文化墓地出土玉器初步研究》，《中原文物》2006 年第 2 期。

［12］山西省考古研究所、运城市文物工作站、芮城县旅游文物局：《清凉寺史前墓地》，文物出版社，2016 年。

华县泉护村遗址的墓地在哪里

——灵宝西坡墓地发掘启示

陕西华县泉护村遗址是一处以泉护一期文化（或仰韶文化庙底沟期）遗存为主的新石器时代遗址。1958年秋北京大学等单位在该遗址 M701 发现的那件陶鸮鼎，在以后的仰韶文化及中国文明起源研究中引起了学者的极大关注，并被赋予非同寻常的学术价值[1]。如果能发现泉护村墓地，无疑将会获得更多的重要资料。遗憾的是，当时"在泉护村及其附近，未发现泉护一期文化的墓地"[2]。1997年，陕西省考古研究所等单位又在该遗址进行了发掘，未见有关墓葬的报道。因此泉护村遗址的墓地究竟在哪里，仍是一个悬而未决的重要问题。

根据我们近两年在河南灵宝西坡墓地的发掘经验，我们强烈地感到，泉护村墓地极有可能就在 M701 附近，或者说在该墓以西，至少不出泉护村村南（太平庄东）的高台地一带。判断的理由如下。

第一，泉护村 M701 的墓葬形制、墓主头向、葬式、随葬品的种类及陈放位置、性质与年代等，均与西坡墓葬和随葬器物相同或相近[3]。从泉护村报告的描述可以推断，M701 原本很可能像西坡的多数墓葬一样有生土二层台，因晚期自然或人为破坏，其墓圹不复存在。这种情况在西坡墓地发掘中偶有发现。泉护村 M701 发掘时所见 60~80 厘米的宽度，与报告推测的 2.7 米的墓葬原长度相比显得过窄。根据西坡墓地的情况，这样的宽度当为二层台之间放置墓主的墓室的宽度。该墓葬现存深度只有 30~40 厘米，根据西坡墓葬的情况，二层台的高度大约在 30~50 厘米，可以推测 M701 两侧原有生土二层台已经被破坏，难以辨认，墓葬原宽当在 1.5 米左右，这样的宽度和长度似乎更合乎比例。两地墓主头向均向西或西偏北，流行单人仰身直肢葬。随葬品都有陶器、石器和骨器等，且器形相同或相似。陶器均放在墓主脚下（部分墓葬有脚坑），石器多放在墓主身体右侧，骨器多数放在头部。两地的墓葬年代均可确定为仰韶文化中期（或庙底沟期、泉护一期）晚段。

第二，泉护村和西坡周围的地理景观与遗址规模、墓地与遗址居住区的相对位置和地势等都十分相像。西坡遗址位于铸鼎原南部，北距黄河约 8 公里，南约 3 ~ 4 公里为秦岭，遗址两侧为小河支流，地势南高北低，面积约 40 万平方米。我们查阅报告可知，泉护村遗址也位于黄土塬上，北距渭河约 6 公里，南约 3 ~ 4 公里为秦岭，遗址两侧也为小河支流，地势南高北低，面积约 60 万平方米。西坡墓地位于遗址南壕沟以南百米左右，这里地势高于遗址居住区，而泉护村 M701 也发现于遗址居住区以南的高台地上。两处遗址相同或相似的地理景观及墓葬所在位置，使我们有理由相信，泉护村的墓地很可能就在遗址南面的高台地上。

那么，为什么 1958 年和 1959 年在 M701 附近没有发现其他墓葬呢？西坡墓地发掘后，我们才觉得这个问题主要归因于两个方面。

其一，这一时期的墓葬排列不规整，多数墓葬分布过于稀疏，如果不进行详细钻探或大规模发掘，难以发现成片的墓葬。根据我们在西坡墓地揭露墓葬的情况，平均 70 ~ 80 平方米的范围内才有一座墓葬。这也是为什么考古工作者 1958 年在清理泉护村 M701 时，在 2 米 × 5 米的南北探沟和 2 米 × 3 米的东西探沟中，没有发现其他墓葬的根本原因。墓葬分布稀疏应是仰韶文化中期墓地布局的一个显著特征。这与我们已知的仰韶文化早期和晚期墓地中的墓葬分布密度有明显差异。

其二，墓葬被晚期自然或人为因素严重破坏。像 M701 这样规模的墓葬当属中型墓。根据西坡中型墓葬的埋葬深度，如果晚期破坏不严重的话，二层台距墓口的深度在一米以上，距现在地表的深度在 1.5 米以上。而 M701 的墓葬开口距地表仅保留 30 ~ 40 厘米，由此可见，泉护村墓地很可能被破坏得相当严重。类似情况在黄土塬应该比较普遍。

我们还注意到在泉护村遗址清理的编号为 M601 的儿童瓮棺葬。该墓位于遗址的东部，与成人墓 M701 相距较远，显然不在同一个墓地。这是否意味着，在仰韶文化中期的核心地区，成人墓葬与儿童瓮棺葬分别葬于不同的地点或方位呢？值得今后在田野调查、发掘和研究工作中引起特别注意。

泉护村 M701 出土的那件引人注目的鸮鼎，只是偶然的发现。如果我们上述判断的墓地位置无误，并在 M701 附近进行科学发掘，那么，我们坚信这里会有不亚于西坡墓地的重要发现。如果有了这两处墓地的比较研究，仰韶文化中期核心地区的许多饶有兴趣的问题，便可从不同角度直接或间接获得答案。这里略举两个简单的例子。例如，西坡墓地出土的玉器[4]是附近生产的还是远程交换来的？这是一个与探讨手工业生产专业化以及社会结构复杂化有关的问题，也是研究文明起源中的一个重要问题。然而，寻找原料产地是一件费时费力难度不小的差事。根据目前我们在灵宝掌握的材料[5]，玉器不仅出自像西坡这样的大型遗址，也见于同期的中小型遗址。也就是说，灵宝仰韶文化中期墓地随葬的玉器数量应是相当可观的。如果常见于灵宝的这些玉器不见于泉护村墓地，那么我们或可间接推断，西坡出土的或在灵宝其他遗址采集的玉器的产地很可能就在灵宝附近。如果在泉护村墓地发现玉器，那么为什么像出土鸮鼎这样被视为高规格器物的墓葬不随葬玉器呢？因此，这个时期的玉器是否像稍晚阶段那样在人们的精神生活中占有重要位置，就要打问号了。再如，泉护村的这件鸮鼎，是否就是真正意义上的鼎呢？我们知道，至少在新石器时代，鼎不是这个地区的典型器物，而向来是东方的东西。那么，相对位置靠东的西坡墓葬根本不见鼎，而位置靠西的泉护村墓葬却出土鼎。这意味着什么呢？令人深思。

上述对泉护村墓地位置的推断是我们对西坡墓地发掘后得到的一点启示，结果如何，有待检验。我们期待在黄河中游，特别是在豫陕晋邻近地区更多类似灵宝西坡的遗址发现墓地，为深入研究仰韶文化中期的聚落形态和社会结构提供更多可资比较的新材料。

（原刊于《中国文物报》2007 年 1 月 5 日第 7 版）

注释

[1] a. 苏秉琦：《中国文明起源新探》，商务印书馆（香港）有限公司，1997 年，第 117 页；b. 严文明：《文明起源研究的回顾与思考》，《文物》1999 年第 10 期。

[2] 北京大学考古学系著，中国社会科学院考古研究所编：《华县泉护村》，科学出版社，2003 年。

[3] 马萧林等：《河南灵宝西坡遗址获重大考古突破》，《中国文物报》2005 年 8 月 26 日第 1 版。

[4] 马萧林、李新伟、杨海青：《灵宝西坡仰韶文化墓地出土玉器初步研究》，《中原文物》2006 年第 2 期。

[5] 我们很早就关注到灵宝市文管所收藏的几件玉钺情况，并持续展开了相关分析工作，最终研究成果刊发时间略晚，参见马萧林、权鑫《河南灵宝三件馆藏玉钺的年代及相关问题》，《中原文物》2017 年第 6 期。

灵宝西坡墓地复原研究

墓葬规模和排列布局是墓葬研究的重要内容。但由于自然和人为因素对墓地环境的改变，先秦以前的竖穴土坑墓很难保存原始深度，有些埋藏较浅的墓葬或破坏殆尽，或荡然无存。墓葬深度和排列密度等信息的缺失，会影响到对墓葬规模、墓地布局甚至聚落人口的客观评价。那么，能否找到有价值的线索，复原墓葬深度和墓葬密度，弥补墓地遗失的信息呢？本文以河南灵宝西坡墓地为例，从墓葬填土问题出发，就墓葬深度和密度的复原展开讨论，尝试深入挖掘西坡墓地的考古潜力。

一 墓葬填土疑问

1996年秋，在河南孟津妯娌墓地发掘时发现，墓葬内均有棕红色填土，与墓圹外的浅黄色生土形成鲜明对比。当时曾想，墓内棕红色填土可能是人们埋葬死者时有意从他处运来的，不过那时只是猜想，没做探究。2004年冬，在灵宝西坡遗址钻探时偶然发现，凡探到骨头的探孔中都有棕红色填土，随之联想到妯娌墓地，遂怀疑所探到骨头的位置很可能就是史前墓葬。2005年春在探到骨头的地点进行发掘，果然不出预料。

在西坡墓地发掘过程中，我们对墓地附近进行过多次调查，并在墓地以南的东西向断崖上发现棕红色古土壤。这里距离墓地约70米，地势比墓地略高，棕红色古土壤厚约60厘米，其上限距地表约30厘米，棕红色古土壤下为浅黄色土。当时，为检验墓内棕红色填土与棕红色古土壤的关系，分别采集了这两类土样。

2010年7月，《灵宝西坡墓地》考古报告出版，其中发表了利用电感耦合等离子体发射光谱方法对土样元素进行的分析。结果显示，西坡墓内棕红色填土的微量元素特征与采自墓地以南棕红色古土壤元素的特征相似，并由此推断，"这些墓葬填土有可能取自遗址南部同一地点"[1]。

土壤元素分析结果及推论似乎有理有据，但并未打消我们对墓内棕红色填土来源的疑问，即古人为何在埋葬时要到远处取土回填？是否存在另一种可能性，即墓葬中零星分布的棕红色填土是开挖墓坑后原地回填的。

带着上述疑问，2011年11月，我们对墓地以南的棕红色古土壤再次进行勘测，初步推断墓地的原始地貌很可能就是现今墓地以南的高度。墓地现存地貌是自然和人为因素长期破坏的结果。由此思路出发，在一定程度上就有可能复原墓葬的原始深度，估测墓葬的分布密度，还原墓地。

二 墓地发掘概况

2005年和2006年，我们对灵宝西坡墓地进行了两季发掘，在近3000平方米范围内仅发现34座仰韶文化中期晚段的墓葬，墓葬分布非常稀疏[2]。经钻探，在发掘区以北和以西还发现有少数墓葬，但墓地四至尚不清楚。发掘区地表为苹果园和麦田地，其间分布的现代墓影响到整体发掘。这里地势平坦，西南稍高，东北略低。20世纪六七十年代的平整土地对地形改变较大，部分地段形成落差不大的梯田。地层堆积比较单一。表层为耕土层，其下为近现代层，再下为浅黄色生土。墓葬均开口于近现代层下，打破生土。墓口距地表大多0.4～0.8米（图一）；墓葬深度多为0.4～0.7米，个别深度超过1.2米，有的还不足0.2米（图二）。

这批墓葬均为竖穴土坑墓，多数有生土二层台，不见二层台的墓现存深度很浅，二层台以上部分很可能被破坏掉了。除一座墓主头向南外，其余均朝西或西偏北，葬式皆为单人仰身直肢。墓葬面积大小不一，大者超过10平方米，小者不足2平方米。部分墓葬有脚坑，用来放置随葬品。墓葬填土以黄花土为主，并有棕红土和青灰色草拌泥。棕红土散见于墓葬的不同层位；草拌泥多覆盖生土二层台及二层台之间的墓室。个别墓内形成厚薄不匀的泥层。青灰色草拌泥应系埋葬时有意为之[3]。

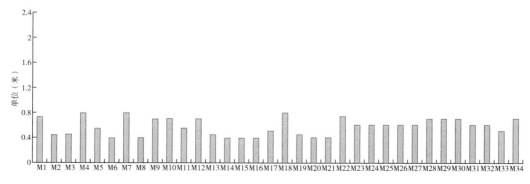

图一 西坡墓口距地表深度

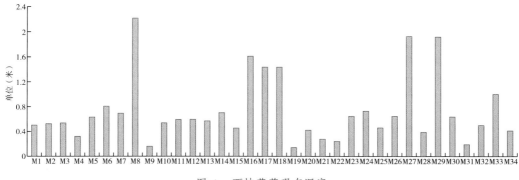

图二　西坡墓葬现存深度

从墓葬开口距地表深度、墓葬深度和分布密度可以推断，西坡墓地的原始地貌显然遭到了很大改变。墓葬现存埋藏深度和疏密程度应与当初情况存在着巨大差别。

三　墓葬深度复原

在对墓地以南地势较高处的调查中发现，一段数十米长断崖上暴露有棕红色古土壤，呈东西向水平分布，厚约60厘米。沿这段断崖向西，在一段地势略低的南北向断崖上也能看到棕红色古土壤，呈南北水平分布，残存厚度约10厘米。纵观墓地以南这块区域，原始自然地层应存在厚约60厘米、水平分布的棕红色古土壤层。

无论古代还是现在，土坑墓内填土通常是原地回填。如果西坡墓内的棕红色填土是埋葬时原地回填的，那么就能断定，墓地使用期间的原始地层也存有这层棕红色古土壤。尽管我们无法确切判断当时的墓口是否就是棕红色古土壤的上限，也不知道墓地的原始地表是否就是水平的。但根据墓葬内棕红色填土的体量，即棕红色填土在整个墓葬填土中所占比例估测，可将现今棕红色古土壤的上限作为墓葬的原始开口，即墓葬深度复原的墓口，不会有大错。

经全站仪测量，棕红色古土壤上限海拔476.87米，墓葬发掘区南部、西部和北部的现今地表海拔分别为474.91、475.22、474.06米。那么，位于不同区域墓葬深度如下：复原棕红色古土壤上限海拔减去现今地表海拔，加上现存墓口距地表高度（耕土层＋近现代层），再加上墓葬现存深度（图三）。用公式表示：

墓葬复原深度＝476.87－474.91（或475.22、474.06）＋墓口距地表深度＋墓葬存深。

以M1为例，复原深度＝476.87－474.91＋0.75＋0.52＝3.23米。

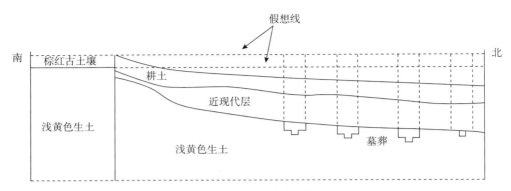

图三　西坡墓葬深度复原假想图

根据各墓所处发掘区域的海拔，即可推算出西坡墓地揭露的 34 座墓的原始深度（图四）。通过对比墓葬现存深度和复原深度可以看出，墓葬现存深度集中于 0.4 ~ 0.7 米，墓葬复原深度多在 3 ~ 3.5 米之间，现存深度与复原深度相差 2.5 米左右。M8、M16、M17、M18、M27、M29 等现存较深的墓，与其余大多数墓葬的现存深度差别显著，但深度复原后的差别明显缩小，由此可知，墓地在埋葬时的墓坑深度差异并不大。然而，墓坑深度小于 2.5 米的墓葬很可能被晚期全部破坏，显然目前我们看到的墓葬密度远远不是原始的埋葬密度。那么，根据现有发掘信息，能否复原墓地的墓葬密度，估测发掘区的墓葬数量呢？

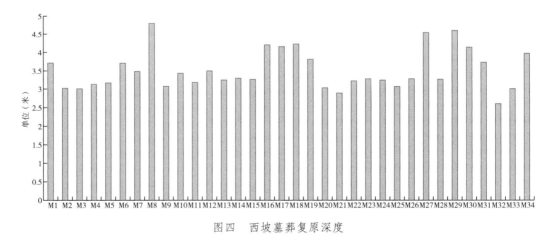

图四　西坡墓葬复原深度

四　墓葬密度复原

复原墓葬密度需要两个基本信息：一是墓葬排列规律，即在墓地发掘范围内，墓葬排列有迹可循；二是墓葬容积率，即在墓地范围内，墓葬占地总面积与墓地总面积的比值（墓葬容积率＝墓葬占地总面积÷墓地总面积）。墓葬容积率是本文提出的一个新概念，旨在为理解墓葬排列密度提供一个可资比对的参数①。墓葬容积率越高，墓葬排列密度越大，反之则排列密度越小。通常，墓葬容积率的值大于0，小于1，但如果墓葬存在严重的叠压打破现象，那么墓葬容积率的值大于1。在墓地未被完全揭露的情况下，墓地总面积实际上是指在墓地范围内的发掘总面积。一般来说，从墓地保存较好的区域能够发现墓葬的排列规律，进而可把规律性的信息符合逻辑地应用于整个墓地发掘区；而被严重破坏的墓地，墓葬容积率需参照保存完好的墓地的墓葬容积率。

从西坡墓葬分布图可以看出，墓葬分布非常稀疏，但从墓葬方向、墓葬形制、随葬习俗的一致性推测，墓地埋葬有一定规律[4]。墓地发掘区中部虽然也遭破坏，但现存墓葬排列相对紧密，例如M13与M15间距不大，而M10与M11、M20与M21略有叠压关系。据此大致判断，西坡墓地的墓葬原始分布很可能类似发掘区中部的情形，即墓葬排列有序且比较紧凑密集。

关于西坡墓地的容积率，由于墓地被严重破坏，发掘揭露的墓葬占地总面积并不能代表实际的墓葬占地总面积，因此在计算墓葬容积率的公式中，墓葬占地总面积是一个未知变量。为此，我们需要参照与之墓葬年代接近、文化性质相近、墓葬排列相似而且保存比较好的墓地的墓葬容积率。在豫西地区，孟津妯娌墓地是极个别能够满足这些条件的史前墓地。

妯娌墓地共揭露竖穴土坑墓55座，墓葬年代为仰韶文化晚期。墓葬排列有序，个别墓葬略有叠压。墓葬规模有所差别，大墓M50面积超过24平方米，多数面积2～3平方米，少数不足2平方米。在发掘区内，尽管墓葬深度被严重破坏，但墓地平面布局保存状况基本完好[5]。根据妯娌墓地平面图估算，这批55座墓葬大约分布在350平方米范围内，墓葬占地总面积约170平方米，墓葬容积率约为0.5（170÷350＝0.486），即墓葬占地总面积与墓葬间空地总面积基本相当。

如果把妯娌墓地的墓葬容积率应用于西坡墓地，那么在西坡墓地发掘的近3000平方米范围内，墓葬占地总面积约为1500平方米（3000×0.5＝1500）。在西坡揭露的34座墓葬中，除M19、M22和M31墓圹不清外，其余31座墓占地总面积为186.15平方米，每座墓葬的平均占地面积为6平方米（186.15÷31≈6）。假如按照发掘区3000平方米的墓葬占地总面积为1500平方米，那么发掘区的墓葬总数应为

---

① 在考古研究中，我们通常以"密集""稀疏"等词语表述墓地的墓葬排列密度。在这里，我们引入"墓葬容积率"的概念，希望以量化的方式科学表达墓地的墓葬排列密度或分布密度，相信这一概念有助于推进对先秦尤其是史前墓地的深入研究。

250 座 （$1500 \div 6 = 250$），即保存下来的墓葬比例仅为 13.6%（$34 \div 250 = 13.6\%$），而 86.4% 的墓葬都被后期破坏得杳无踪迹。

根据上述分析估测的发掘区墓葬复原数量只是概念性的。此外，这里有两个变量需要说明：一是把发掘区都看作墓葬分布区可能高估了墓葬分布区的面积和墓葬数量，但从发掘区边缘都有墓葬来看，高估的墓葬数量不会增加太多；二是把 6 平方米当作破坏掉的墓葬平均面积，肯定高估了这些墓葬的规模，因为被毁掉的墓可能多数为埋藏较浅的小型墓，所以这样估测会减少墓的数量。假如这两个变量一增一减相互抵消的话，那么估算的墓葬数量当与实际数量相差不远。

五　结　语

长期以来，我们对仰韶文化早期和晚期墓地认识较深，而对仰韶文化中期墓地知之甚少，西坡墓地的考古发掘为研究仰韶文化中期的埋葬习俗提供了珍贵资料。遗憾的是，由于西坡墓地遭到后期严重破坏，考古发掘所揭露的墓葬并不能客观地反映墓地的墓葬深度和排列密度。本文根据西坡墓葬填土颜色蕴含的考古信息，结合墓地附近的自然堆积，尝试复原墓葬的原始深度和分布密度，是从新的视角研究史前墓地的一种探索，希望有助于全面了解墓地的原始状况，并为深刻认识当时的埋葬习俗、聚落布局和社会结构提供重要信息。

检阅先秦以前墓地尤其是史前墓地资料可以发现，多数墓葬的现存深度远非原始的埋葬深度。数千年的水土流失和人为破坏不同程度地改变了墓地及其附近的地形地貌。考古发掘所揭露的墓葬只是历经各种变化而保留下来的遗存，我们在研究墓葬的规模、数量、密度、排列、分区、分组等相关问题时，理应动态考量墓葬填埋之后墓地发生的景观变化，尽可能客观地评估和剖析墓葬反映的考古信息，以免产生不必要的偏颇和误解。

附记：本文为国家社科基金重大项目（编号 12 & ZD196）资助成果。写作过程中得到陈星灿、李水城、乔梁、李新伟、戴向明、方燕明、张海、魏兴涛、侯彦峰等先生的指教和帮助，特此致谢！

（原刊于《仰韶和她的时代——纪念仰韶文化发现 90 周年
国际学术研讨会论文集》，文物出版社，2014 年）

注释

［1］中国社会科学院考古研究所、河南省文物考古研究所：《灵宝西坡墓地》，文物出版社，2010年，第267－269页。

［2］中国社会科学院考古研究所、河南省文物考古研究所：《灵宝西坡墓地》，文物出版社，2010年，第15页。

［3］中国社会科学院考古研究所、河南省文物考古研究所：《灵宝西坡墓地》，文物出版社，2010年，第290页。

［4］同注［2］。

［5］河南省文物管理局：《黄河小浪底水库考古报告（二）》，中州古籍出版社，2006年，第140页。

灵宝西坡墓地再分析

　　灵宝西坡墓地是 2004 年对遗址开展全面考古勘探中发现的，2005 年和 2006 年对墓地进行了两次大面积发掘，揭露了 34 座仰韶文化中期或庙底沟期最晚阶段的墓葬。两次考古发掘的简报及时予以刊布[1]，《灵宝西坡墓地》考古报告也于 2010 年出版[2]。报告全面系统地公布了墓葬发掘资料，为深入研究这批墓葬提供了重要信息。近年来，考古同人围绕西坡墓地的性质、年代、分区、墓葬等级、墓地复原等问题相继发表了学术见解。最近笔者在研读考古报告及研究文章的过程中又有新的启发，对西坡墓地能否开展分区研究产生疑问，而且，墓地的形成是否遵循大致的埋葬顺序？大口缸和玉钺等特殊随葬品透露怎样的考古信息？本文拟就西坡墓地的这些问题从不同视角进行讨论，希望有助于推进仰韶文化研究。

一　关于墓地分区

　　墓地分区研究是墓葬研究的重要内容，也是探讨古代社会关系的有效方法。西坡墓地考古报告出版后，研究者根据墓葬平面分布图对西坡墓地揭露的 34 座墓葬进行分区研究。有的把墓地划分为北群、西群和南群[3]；有的把墓地划分为西区、东区和东南区，并在分区的基础上对墓葬及出土器物作了详细分析，甚至把不同区域的墓葬作为不同的家族成员进行讨论[4]。从分区或分群结果可以看出，研究者是基于现有发掘墓葬的空间分布或墓葬聚拢情况划分的。然而，由于墓地遭到后期自然和人为等因素的严重破坏，我们所揭露的墓葬深度和墓葬排列密度与当时埋葬的实际状况发生了显著变化，不少墓葬仅剩下很浅的墓室部分，大多墓葬被破坏得无影无踪。因此，根据现有发掘墓葬所开展的分区或分群研究，缺乏必要的基础条件。

　　首先，西坡墓地被近代墓地扰乱，有些墓葬被近代坟墓严重破坏。从西坡墓葬分布图上可以看出（图一），墓地中间有一大片空地没有连续布方发掘，M8 以西及其北侧、南侧也未布方发掘，这些地块均为近代坟墓，无法开展发掘工作。即使在近代墓邻近的地方进行发掘，墓葬也往往被埋藏较深的近代洞穴墓打破，如 M17 就被三座近代墓严重破坏。此外,墓地所在区域多为长势良好的苹果树,当地农民不愿意砍掉这些果树,为此在对西坡墓地发掘过程中,我们采用钻探方式对发掘区的周边进行了比较密集的钻探。钻探结果显示,发掘区东部接近台地断崖,没有发现墓葬,也不会再有新的发现;发掘区以北还有墓葬,但由于这里地势较低,墓葬保存得很浅,仅靠钻探来发现墓葬的难度较大;发掘区以西及西南地块还探明有墓葬。因此,西坡墓地发掘的这34座墓葬,只是根据墓地现存条件揭露出来的部分墓葬。

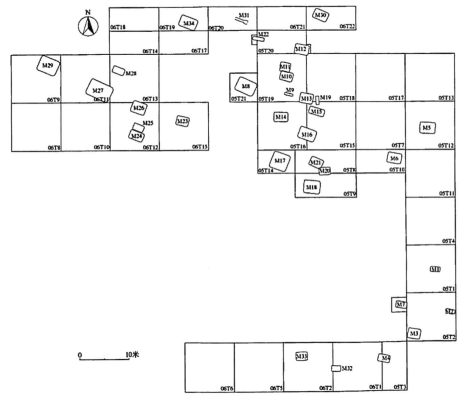

图一　西坡墓葬平面分布图

其次,西坡墓地的大部分墓葬很可能被后期的自然水土流失和人为平整土地破坏殆尽。一是当地农民修整梯田对墓葬的原始深度造成严重破坏,致使部分墓葬的二层台被完全毁掉,有些墓葬的保存深度不足30厘米,那些埋葬较浅的墓葬很可能早就杳无踪迹;二是这里地势西南高东北低,黄土层长年累月受水土流失的自然作用,也对墓地保存造成很大影响。笔者曾将墓葬填土中的棕红土与墓地以南自然堆积中的棕红古土壤进行比较分析,从新的角度尝试对西坡的墓葬深度和密度进行了复原研究[5]。分析结果显示,现在揭露的墓葬深度和墓葬密度与墓葬原始深度和密度存在巨大差异，大部分埋藏较浅的墓葬很可能被完全破坏，目前看到的仅仅是保存下来的很少一部分墓葬（图二）。这种情形也见于陕西华县泉护村遗址，例如在该遗址南部发现的 M701，仅保留了狭长的墓室及墓主脚部一端用来随葬器物的脚坑，墓葬二层台以上部分全部被破坏，该墓周围十多平方米范围内没有发现其他墓葬[6]。我们曾经推测，泉护村遗址的地形地貌与西坡遗址相似，其墓地应当就在遗址南部地势较高的 M701 附近，但大部分埋藏较浅的墓葬或许不复存在[7]。

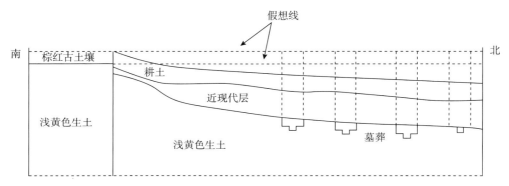

图二　西坡墓葬深度复原假想图

第三，西坡墓地遵循比较规范的丧葬习俗，其墓葬密度理应布局得当。墓葬均为竖穴土坑墓，绝大多数有生土二层台；随葬品有相对固定的组合，且多放置在脚坑内，墓室用青灰色草拌泥封盖；除极个别外，墓主头向基本为西向或西偏北方向[8]。然而，就墓葬排列的疏密度来说，除了少数墓葬排列紧密外，整个墓地空间布局显得疏密不均，与墓地比较讲究的埋葬方式很不相称，也与中原地区仰韶早期墓地（如临潼姜寨[9]）、中期墓地（如高陵杨官寨[10]）和晚期墓地（如郑州大河村[11]、孟津妯娌[12]）排列有序、疏密有度的情况形成巨大反差。在西坡墓地发掘的近 3000 平方米的范围内，仅发现了 34 座墓葬，而最近发掘的杨官寨遗址，在 3800 平方米的范围内揭露了 343 座墓葬，两者的墓葬密度差异显而易见[13]。这种差别不是当时的埋葬习俗所致，可能是后期自然和人为因素破坏的结果。此外，碳十四测年显示，西坡这批墓葬的年代跨度约 300 年，显然目前所见的墓葬数量和密度不足以支撑起这 300 年的时间段，发掘出土的墓葬要比实际的墓葬数量少很多。

综上分析，西坡墓地 34 座墓葬只是这片发掘区中保存下来的很少一部分，墓葬间的大片空白区域很可能不是墓地的原始状况。因此，根据现有墓葬密度和墓葬聚拢情况所作的分区研究，显然忽视了目前揭露的墓地与数千年前的原始墓地之间的差别，因此基于墓地分区而开展的相关研究结果也很难反映墓葬之间的实际情况以及墓主之间的社会关系。

二 关于墓地形成

在新石器时代，中原地区从裴李岗文化时期开始，人们就把逝去的族人按照当时的葬俗埋在一个比较固定的区域，年复一年，逐渐形成墓地。然而墓葬是否按照一定的次序进行埋葬，对于认识墓地的形成过程至关重要。那么，在考古研究中，分析史前墓地中的墓葬排列次序，主要有三种方法：一是根据地层堆积关系或墓葬之间的叠压打破关系，确定墓葬的相对年代；二是根据墓葬出土器物的类型学演变，确定墓葬的相对年代；三是根据墓葬出土标本的测年结果，确定墓葬的绝对年代。

西坡墓葬均开口在近代扰土层下，打破生土或者位于生土之上，因此从墓葬的开口层位难以确定墓葬之间的早晚关系。在这批墓葬中，有两组存在打破关系，分别为 M10 打破 M11、M20 打破 M21，但这两组墓葬仅 M11 有随葬品，所以无法根据墓葬的随葬品对墓地进行分期，也无助于确定其他墓葬之间的相对年代关系。值得注意的是，这两组具有打破关系的墓葬，均为偏东的墓葬打破偏西的墓葬，也就是说，偏西的墓葬的埋葬年代相对早于偏东的墓葬。

西坡墓地揭露的 34 座墓葬中，随葬陶器的有 15 座墓葬，出土陶器包括釜灶组合、簋形器、壶、钵、碗、曲腹钵、大口缸、带盖小杯形器、筒形器和异形器等，合计 10 类 99 件。在这些器类中，釜灶组合和壶这两类器物均为 11 件，数量相对较多，但器物的型与式的变化较大，并不具备典型器物的类比特征，很难归纳出器形演变规律。其他类别的器物要么数量太少（如大口缸），要么不具备类比性（如簋形器）。因此，依靠陶器类型学分析方法很难确定墓葬的相对年代。

西坡墓地报告中公布了 13 个人骨样品的碳十四年代测定结果[14]，张雪莲和李新伟在论文中公布了 18 个人骨样品的碳十四测定结果[15]，比西坡报告多出 5 个数据。树轮校正后的结果显示，这批墓葬的年代范围基本在公元前 3300 ~ 前 3000 年之间。从 18 个测量数据看，墓地西部的 M29、M27 年代较早，东部的 M1、M3、M4、M5 年代较晚，中部的墓葬测定数据大致介于西部和东部的墓葬测定数据之间。如果从宏观上把这些测定数据看作总体反映墓葬年代早晚的基本排列趋势，那么我们推测，西坡墓地很可能是按照自西向东的次序逐渐埋葬的，也就是说，墓地是从墓主头部所指的方向渐次向脚部所指的方向埋葬死者的。综合上述墓葬地层关系和人骨年代测定结果可以判定，西坡墓地基本上是由西向东逐渐形成的。

三　关于特殊随葬品

西坡墓地出土的随葬品包括陶器、石器、玉器、骨器和象牙器等类别，其中陶大口缸和玉钺这两种器物尤其引人注目。

1. 关于大口缸

西坡墓地共出土 4 件大口缸，从其出土单位、造型、纹饰、色彩、尺寸以及组合方式等方面可以推断，这些大口缸对于墓主乃至墓地都具有特殊意义。

首先，4 件大口缸分别成对出自大型墓葬 M8 和 M27，其他中小型墓葬均不见这类器物。大型墓葬随葬大口缸并非偶然，或许随葬大口缸是大型墓葬显示墓主身份和等级的"标配"器物。

其次，两对大口缸的造型、纹饰、色彩、尺寸等特征都极为相近，应当是由专门人员制作的，甚至不排除由同一批人设计制作的可能性。例如，均为夹砂陶，上部外表细腻，下部外表粗糙，敞口，方唇，唇上有 2～3 道凹弦纹，斜直壁，圜底。两墓各有一件大口缸腹部偏下装饰一道凸出的附加堆纹，被压印或戳点成花边状。4件器物腹部各饰一周红色彩带，其中有附加堆纹的两件大口缸红色彩带略窄，无附加堆纹的两件大口缸红色彩带略宽。4 件器物的口径、高度等尺寸也很接近。

最后，M8 与 M27 分别随葬的两件大口缸中，各有一件带有附加堆纹和一件未带附加堆纹，这样的组合搭配绝不是偶然，而应当是有意为之，很可能蕴含着我们还不得而知的某种特殊含义。由此推测，M8 和 M27 这两座大墓之间的埋葬时间不会间隔太长。

在海岱地区、江淮地区和太湖周围地区，大口缸这类器物在大汶口文化、崧泽文化和良渚文化多有发现，而且随着社会复杂化的发展，大口缸逐渐被纳入礼仪化用器范围，承担着标识身份与强化社会等级的礼制功能[16]。在豫中嵩山以南地区，发现有仰韶文化中期的大口缸，学界也称其为"伊川缸"[17]。这类大口缸多为平底，外饰白底黑彩、红彩，多用作埋葬人骨的葬具，在形制和功能上与黄河下游和长江下游所见的大口缸显著不同。值得注意的是，西坡墓地出土的大口缸在形制和功能上更接近于黄河下游和长江下游的同类器物，具有较浓厚的标识身份和等级的意味。西坡墓地随葬大口缸的现象在黄河中游地区找不到源头，很可能受到黄河下游和长江下游同时期考古学文化的影响。

2. 关于玉钺

西坡墓地出土 13 件玉钺，分别出自 M6、M8、M9、M11（3 件）、M17（2 件）、

M22、M30、M31 和 M34（2 件）这 9 座墓葬。这批玉钺在墓地的出土地点和在墓葬中的摆放方式值得关注。

一是玉钺出土地点相对集中。从西坡墓葬平面图上可以看出，出土玉钺的这 9 座墓葬集中分布在发掘区的中部偏北，发掘区的西部、东部及南部均未见玉钺。如果像前面所述墓地是由西往东逐渐形成的，那么据此可否推测随葬玉钺的现象仅仅存在于西坡墓地的某个时间段？无论是丧葬习俗的变化还是涉及玉钺来源的问题，都有可能造成这种阶段性随葬玉钺的现象。在西坡墓地中位置偏西、地位十分特殊的大型墓葬 M27 没有随葬玉钺，墓葬规模较大的 M29 也没有随葬玉钺，很可能就是丧葬习俗或玉钺来源问题使然，西坡墓地随葬玉钺或始于 M27 之后不久的一段时间。有趣的是，在这些随葬玉钺的墓葬中，位置靠东的 M6 出土的这件玉钺既短又薄，仍保留清晰可见的线切割痕迹，似乎反映出玉器原料的稀缺性。

二是墓中摆放玉钺的位置和方式是有讲究的。西坡墓地发现的 13 件玉钺大部分放置在墓主的右侧，且刃部朝向头侧，只有 M9 和 M30 的玉钺刃部朝向下方，而这两座墓中的玉钺一件出自填土中，另一件发现于盆骨下。因此，从玉钺在墓中的摆放位置和方式判断，随葬玉钺很可能是严格遵循当时的丧葬习俗的，玉钺应是西坡墓地中非常重要的随葬品。

我们对西坡墓地出土玉钺的认识有一个反复的过程。2005 年对西坡墓地的第一次发掘揭露了 22 座墓葬，其中大型墓葬 M8 随葬一件精美的玉钺，这使我们认识到具有礼仪性质的玉钺与墓葬规格存在一定的相关性[18]。2006 年对墓地的第二次发掘揭露了 12 座墓葬，但比 M8 规模更大的墓葬 M27 和 M29 并未随葬玉钺，这又迫使我们回过头来反思玉钺是否为高规格墓葬的"标配"随葬品，学术界也开始质疑并低估玉钺在西坡墓葬中的重要性。现在看来，如果把随葬玉钺的现象放在整个墓地的时空维度当中来考量，就会发现墓葬中随葬玉钺是发生在西坡墓地的阶段性现象，该现象既可能与丧葬习俗有关，也可能与玉钺来源有关，但无论如何不能否认，玉钺是西坡墓地中非同一般的随葬品。

墓葬中随葬大口缸、玉钺等特殊器物的现象，目前所知在中原地区仰韶文化中仅见于西坡墓地。这一丧葬习俗似乎只是发生在仰韶文化中期最晚阶段（公元前 3300～前 3000 年）的一段插曲，显然深受其他地区考古学文化的影响。

四 关于丧葬习俗的转变

在西坡墓地的 34 座墓葬中，20 座墓葬有随葬品，14 座无随葬品，无随葬品的墓葬大多数位于墓地的东部。在墓地东部的 11 座墓葬中，M6 随葬 6 件器物，M5 仅在填土中发现 1 件石纺轮，M3 出土 12 件质地很差的带盖小杯形器，其余的 M1、M2、M4、M7、M20、M21、M32、M33 这 8 座墓葬均无任何随葬品。

如果西坡墓地是从西往东逐渐形成的，那么墓地东部墓葬不再随葬器物的现象，很可能意味着西坡墓地丧葬习俗的变化。中原地区仰韶文化晚期墓葬几乎不随葬任何器物的习俗转变，很可能就发生在仰韶文化中期最晚阶段的墓地，或者说，中原地区墓中不再随葬器物的习俗始于仰韶文化中期晚段。例如，在孟津妯娌仰韶文化晚期墓地揭露了 50 多座墓葬，仅有 3 座墓葬各随葬一件象牙箍，包括墓口面积超过 20 平方米的大型墓葬 M50[19]。在郑州大河村仰韶文化晚期墓地发掘的 292 座墓葬，也几乎不随葬任何器物[20]。最近在郑州地区发掘的几处仰韶文化晚期墓地中同样不见随葬品[21]。在年代稍晚于西坡墓地的三门峡庙底沟二期墓地揭露了 140 多座墓葬，几乎都不随葬任何器物[22]。在西安马腾空仰韶文化晚期遗址个别墓葬中，仅见石器随葬品，也无陶器随葬品[23]。

五 结 语

在灵宝西坡墓地揭露的 34 座墓葬，只是历经数千年自然和人为因素破坏而保存下来的很少一部分，现存墓葬的埋藏深度和排列密度远非墓地的原始状况，墓地不具备开展分区研究的条件。墓葬之间的地层关系和人骨测年数据显示，墓地很可能是由西往东逐渐埋葬的，随葬大口缸和玉钺的习俗仅仅是仰韶文化中期晚段的一段插曲，在黄河中游考古学文化中找不到这种葬俗的来源与流向，该葬俗或许受到黄河下游和长江中下游考古学文化的影响。

（原刊于《考古与文物》2019 年第 5 期）

注释

[1] a. 河南省文物考古研究所、中国社会科学院考古研究所河南一队、三门峡市文物考古研究所等：《河南灵宝市西坡遗址墓地 2005 年发掘简报》，《考古》2008 年第 1 期；b. 中国社会科学院考古研究所河南一队、河南省文物考古研究所、三门峡市文物考古研究所等：《河南灵宝市西坡遗址 2006 年发现的仰韶文化中期大型墓葬》，《考古》2007 年第 2 期。

[2] 中国社会科学院考古研究所、河南省文物考古研究所：《灵宝西坡墓地》，文物出版社，

2010 年。

    ［3］韩建业：《西坡墓葬与"中原模式"》，《仰韶和她的时代——纪念仰韶文化发现 90 周年国际学术研讨会论文集》，文物出版社，2014 年。

    ［4］张雪莲、李新伟：《西坡墓地再讨论》，《中原文物》2014 年第 4 期。

    ［5］马萧林：《灵宝西坡墓地复原研究》，《仰韶和她的时代——纪念仰韶文化发现 90 周年国际学术研讨会论文集》，文物出版社，2014 年。

    ［6］北京大学考古学系著，中国社会科学院考古研究所编：《华县泉护村》，科学出版社，2003 年。

    ［7］马萧林、李新伟：《华县泉护村遗址的墓地在哪里——灵宝西坡墓地发掘启示》，《中国文物报》2007 年 1 月 5 日第 7 版。

    ［8］同注［2］。

    ［9］半坡博物馆、陕西省考古研究所、临潼县博物馆：《姜寨——新石器时代遗址发掘报告》，文物出版社，1988 年。

    ［10］陕西省考古研究院、高陵区文体广电旅游局：《陕西高陵杨官寨遗址庙底沟文化墓地发掘简报》，《考古与文物》2018 年第 4 期。

    ［11］郑州市文物考古研究所：《郑州大河村遗址发掘报告》，科学出版社，2001 年。

    ［12］河南省文物局编：《黄河小浪底水库——考古报告（二)》，中州古籍出版社，2006 年。

    ［13］同注［10］。

    ［14］同注［2］。

    ［15］同注［4］。

    ［16］吴梦蕾：《黄河、长江下游新石器时代大口缸研究》，南京大学 2018 年硕士学位论文。

    ［17］严文明：《〈鹳鱼石斧图〉跋》，《文物》1981 年第 12 期。

    ［18］马萧林、李新伟、杨海青：《灵宝西坡仰韶文化墓地出土玉器初步研究》，《中原文物》2006 年第 2 期。

    ［19］同注［12］。

    ［20］同注［11］，第 581 页。

    ［21］关于郑州地区仰韶文化晚期遗址近年考古发掘成果，承蒙郑州市文物考古研究院顾万发惠允参观几处遗址发掘现场。

    ［22］中国科学院考古研究所：《庙底沟与三里桥》，科学出版社，1959 年。

    ［23］陕西省考古研究院史前考古研究室：《2008～2017 陕西史前考古综述》，《考古与文物》2018 年第 5 期。

河南灵宝西坡墓地的多学科考古实践与探索

河南地处中原，是华夏文明和中华民族的重要发祥地。数以千计的史前遗址宛如一颗颗璀璨的明珠，在中国进入文明时代的前夜熠熠生辉。最大限度地解读古代人类活动留下的实物资料，进而阐释人类社会的发展轨迹，探索人类历史的演变规律，始终是考古工作者的追求。近年来，科学技术的发展及其在考古学中的广泛应用，极大地拓宽了考古学的认知视野，使得考古信息的采集更为全面细致，研究手段更加科学多样。河南灵宝西坡墓地多学科考古的实践与探索，就是近年运用科技手段解读古代遗存的一个比较成功的案例。

一 西坡墓地考古工作概况

灵宝地处豫晋陕交界处丘陵山区，地貌复杂。境内溪沟、河流众多，这些大小河流将小秦岭、崤山、黄河间的盆地切割为六大黄土原，自西向东依次为堡里原、郭村原、程村原、铸鼎原、焦村原和铁岭原。西坡遗址就位于因传说黄帝在此铸鼎而得名的铸鼎原上，行政隶属于灵宝市阳平镇，现为南涧村、西坡村和北涧村的居住区或耕地。发源于秦岭山地的夫夫河和灵湖河，由南向北从遗址的东西两侧流过，在遗址以北不远处交汇。遗址东北低，西南高，与两侧河流的高差 10 至 15 米。西坡遗址南北各有一道壕沟，两道壕沟与东西两侧河流围合的面积约 40 万平方米，是仰韶文化中期（约公元前 3800 ~ 前 3200 年）的一处中心聚落。西坡墓地位于遗址南壕沟外约 100 米处，海拔 475 米左右，地势高爽平坦。

西坡墓地的发现和对西坡遗址进行考古发掘与研究是密不可分的。为了认识仰韶文化中期中心聚落的文化特征，揭示中心聚落的文化内涵，中国社会科学院考古研究所与河南省文物考古研究所组成了联合考古队，从 2000 年开始，对西坡遗址进行了多次考古发掘。在 2001 年至 2004 年的考古发掘中，相继发现了多座大中型房屋基址[1]。2004 年冬季对遗址进行了全面系统勘探，惊奇地发现了西坡墓地。2005

年、2006 年对墓地进行了两次发掘，清理仰韶文化中期最晚阶段的墓葬 34 座[2]，取得了仰韶文化考古的重大突破，因此西坡墓地考古发掘项目入选 2006 年度全国十大考古新发现。

西坡墓地从发掘之初，发掘者就考虑到多学科合作研究的需要，现场提取了各种分析检测样品，对于重要的样品标本，特别邀请相关专业技术人员进行现场鉴定和提取，这些工作保证了所取标本的科学性，为后续的多学科研究奠定了坚实的基础。在资料整理过程中，研究团队与国内外学者密切合作，开展了体质人类学分析[3]、食性分析[4]、植物遗存分析[5]、人骨腹土寄生物分析[6]、陶器残留物分析以及墓内土样分析[7]等多学科研究。

二 人骨综合研究

（一）体质人类学研究

西坡墓地 34 座墓葬中共出土 35 个个体（M11 为双人合葬墓）。在发掘现场，我们对出土人骨姿态进行了详细描述，相关体质人类学专家在实验室内对人骨资料进行了详细观察和测量，并就出土人骨的体质特征、性别、年龄、身高等进行了研究，对于人骨上其他特征作了初步分析与探讨。

在考古现场对每个墓葬人骨进行了观察和初步测量，室内复原后可供体质特征研究的精确测量数据共有 10 个个体，其中 9 个男性，1 个女性。根据测量数据，西坡组头骨体质特征属于亚洲蒙古人种。进一步的分析表明，西坡古代居民的颅面部特征与南亚蒙古人种最接近，但同时与东亚和北亚蒙古人种之间具有一定的相似性。体质类型上应该属于朱泓先生命名的"古中原类型"。

性别和年龄是考古发掘出土人骨的最基本研究项目。根据相关研究，中国北方史前时代两性比例总体状况是男性明显高于女性。在西坡墓地 35 个个体的骨骼中，男性个体 23 个；女性和倾向于女性的个体 10 个；M17 人骨保存较差；M11 墓主为婴儿，性别无法判断。男女两性比例为 2.13∶1。这一结果符合中国史前时代两性比例的大体状况，与仰韶文化北首岭遗址（2.39∶1）和大汶口文化王因遗址（2.34∶1）的两性比例很接近。西坡墓主除了一例死于婴儿阶段，其余皆死于成年，绝大多数为中年、壮年，无一例死于老年。平均死亡年龄为 38 岁，其中男性平均死亡年龄为 41.3 岁，女性平均死亡年龄为 34.8 岁，男性寿命明显高于女性。这与中国史前两性之间死亡年龄差别的总体情况也基本一致。一般而言，史前时期妊娠生育阶段是青年女性死亡的一个高峰期，因此，青年阶段的死亡人口中，女性比例偏高，这也是女性整体寿命偏低的主要原因。

有关研究表明，黄河流域史前居民身高有逐渐降低的趋势，裴李岗时代男性平均身高为169.1厘米，仰韶时代男性平均身高为167.79厘米，龙山时代为165.75厘米。西坡居民的身高与我国北方先秦时期居民的身高差异不大。男性居民身高范围为161.1～181.3厘米，平均身高是168.59厘米。女性身高范围为157.2～160.8厘米，平均身高为159.23厘米。进一步的分析表明，西坡古代居民男性身高可分为三个层次，M3和M26墓主身高最高，在175厘米以上；其次为M13、M15、M4、M7、M10、M29和M33墓主，身高在165～170厘米之间；其余低于165厘米，包括M8、M20、M27和M32墓主。

另外，研究者尝试使用形态学分析手段和统计学方法，探讨西坡墓地个体之间可能存在的亲缘关系。通过分析，M8、M27和M29这三座高等级的墓葬墓主的股骨都较为粗壮，且骨密度都较高，显示营养状况良好。而肢骨特征则呈现女性化特征，一方面可能与其生前"养尊处优"的生活有关，另一方面则暗示他们之间可能存在更近的亲缘关系。且M8和M27的墓主身高都不高，墓主的头骨形态特征具有更强的相似性，显示高等级墓葬个体之间可能在血缘上存在更密切的关系。

（二）人骨创伤和病理研究

骨骼创伤是研究古代人群健康状况、生活状况和致死原因以及社会关系的重要内容。骨骼创伤主要表现为骨折，创伤性骨折主要发生在肢骨、椎骨和肋骨上。在西坡墓地发现有数例骨折现象。M8个体左侧肋骨有断裂愈合痕迹，愈合处明显膨大，显示此人生前曾受肋部创伤，后来愈合。M27个体右侧第2、3肋骨中部有骨折错位愈合现象，应与生前创伤有关。M33个体第4颈椎椎体出现塌陷性骨折，似为外力造成的错位性骨折，第10胸椎椎体从前至后有贯穿的圆形穿孔，应是尖头圆柱形物体穿透椎体形成，方向来自死者的左前方，力量应该很大，可能是致死原因。这种穿孔与镞类产生的创伤较为相似，可能反映了人群间的暴力冲突。由于在该墓地中只有一例，目前还很难说清这是否与集团战争和族群争斗有关。

人骨病理的研究，对揭示古人类经济模式及日常生活、生产行为具有重要价值。研究人员主要对西坡古代居民牙齿上发现的龋齿、牙周炎和骨骼增生进行了观察和分析。美国体质人类学家对全球范围龋齿与经济类型的关系进行研究后指出，古代居民龋齿发生率与经济类型存在密切关系，农业型居民的龋齿发生率远高于采集－狩猎居民。西坡墓地人骨中有13例个体有不同程度的龋齿发生，占个体总数的

37.1％，这一数据显示西坡居民的经济模式应属于农业社会。另外，有研究认为，不同类型食物的咀嚼方式有一定差异：对于肉食，更多采用撕裂和上下颌的垂直运动；对于素食，较多采用臼齿的水平研磨运动，尤其对于含沙量大的素食或食用坚果类素食，会加速牙齿的磨耗速度。同时由于素食的热量较低，为了达到身体所需热量需要摄入更多食物，造成牙齿的经常性磨耗，使得磨耗速度加快。因此，牙齿的磨耗程度在一定程度上反映了死者生前的饮食结构。西坡古代居民的牙齿磨耗较为严重，与淅川下王岗古代居民较为相似，而与畜牧经济比较发达、动物性食物较多的甘肃礼县早期秦人组和内蒙古水泉组居民的牙齿磨耗存在一定差异。西坡古代居民的牙齿磨耗程度再次说明了当时的经济模式应属于农业社会。

牙周炎与人群饮食和营养状况密切相关，西坡墓地居民中，有14个个体有明显的牙周炎现象，占总个体数的40％。牙周炎的高发病率说明西坡古代居民营养状况较差，维生素C、D缺乏、微量元素不平衡且营养不良。另外，西坡居民腰椎增生和髌骨增生也比较普遍，这种高发现象可能与当时居民长期以跪为坐的生活方式有关，也可能由营养不良所致。

三　食性分析

人类对食物的获取和消费是其生活的重要组成部分，与社会生产力发展水平、自然环境状况以及社会文化风俗等密切相关，也是考古学研究的重要内容。研究人员运用人骨碳十三、氮十五含量分析，牙结石内淀粉粒研究以及人骨腹土内寄生虫研究等多种技术手段，对西坡古代居民的食性进行了全面深入分析。

（一）人骨同位素及淀粉颗粒分析

通过对人骨本身的研究获得关于人类食性的直接信息，是日益受到重视的技术手段。科学研究发现，碳十三是碳的一种稳定同位素，植物最初生成时，由于其光合作用的途径不同，导致最初产物的不同，而不同的最初产物的植物又具有彼此不同的碳十三值。无论人还是动物，如果长期以某一类植物为生，其体内碳十三比值就会对此做出反应，因此，通过分析人体组织如人骨中碳十三比值就可得知其食物种类。

人体中氮的主要来源为豆科类植物和非豆科类植物、陆相动物、海洋生物等。一般豆科类植物的氮十五值相对较低，非豆科类植物相对高些，陆相动物、海洋生物的氮十五值更高。如果人类长期以植物为主食，其体内氮十五的值相应较低，如果食用较多的肉类和鱼类，其体内氮十五的值就会相应较高。这些前人研究成果为利用碳十三和氮十五分析人类食物来源奠定了理论基础。

研究人员从西坡墓地 33 座墓葬中各提取样品一份，共取样 33 份，经过科学分析，得出了各样品的碳十三和氮十五比值。碳十三分析表明，粟和黍可能是西坡居民的主要食物，这和西坡遗址土样水选发现大量粟和黍颗粒的情况较为吻合。氮十五的分析表明，西坡古代居民食物中有一定程度的肉类。对西坡遗址动物种群的分析表明，有大量的家猪和少量鹿科动物，家猪是西坡古代居民的主要肉食来源。

通过对牙齿内淀粉粒分析获取古代居民饮食信息，是近年中国考古学研究发展起来的技术。在西坡墓地 18 座墓葬的 20 枚牙齿上提取的牙结石样品中，共发现了 9 个淀粉粒，其中 3 个可以鉴定到种或属，均为粟，在采自 M2 的样品上发现了 1 粒特殊的淀粉粒，此淀粉粒在大小和形态上与藕颇为相似。分析表明，粟确实是西坡古代居民的主食。同时可能还食用其他块茎类植物。

另外，研究人员在测量出人骨碳十三和氮十五比值的基础上，对西坡古代居民食物结构中的社会因素进行了分析。分析表明，西坡古代居民的食物结构并无性别上的差异，这和郑州西山、临潼姜寨、渭南史家遗址的资料一致，说明男女在食物结构上的平等在仰韶时代似乎是普遍现象。与年龄的对照分析表明，中年组的氮十五值明显高于其他组，这或许说明，中年的人员是社会活动的主要参加者，是社会的骨干力量。各样品氮十五数值与墓葬等级对照表明，墓葬等级越高，氮十五的数值相应越大，这或许说明，西坡古代居民中少数社会上层有更多的机会获得肉食。

（二）人骨腹土寄生物分析

寄生物考古学是把寄生物学引入考古学研究，利用寄生物学理论、方法和手段，通过对考古遗址中寄生物材料的分析来研究古代人类行为模式、健康状况、卫生状况及其所处的自然和社会环境的科学。对腹土内寄生虫的研究在中国考古中也是新兴技术。"腹土"即墓葬内位于人体腹部的土壤，其范围上至肋骨下缘，下至耻骨联合处。当人死亡并被埋葬后，随着尸体的腐烂，腹腔内的物质就会逐渐深入周围的土壤中，其中所含的寄生虫卵也就随之进入人体腹部填土中，所以，腹土是开展寄生物考古学研究很有价值的材料。研究人员对西坡墓地 M23、M24、M26、M27、M28、M30、M31、M32 和 M33 等墓葬内的腹土进行了提取。经化验分析，在每一座墓葬的样品中，均发现了虫卵，应为绦虫卵。说明绦虫病在当时相当普遍。绦虫是人体常见的寄生虫，属于生物源性寄生虫，最常见的是猪带绦虫和牛带绦虫。西坡遗址中能鉴定出种属的动物骨骼有 84% 为家猪，因此，推测发现的应为猪带绦虫。其中 M27 发现的虫卵最多，远远超过其他墓葬。M27 是西坡墓地规格最高的墓葬，墓主应有更多的机会食用猪肉。

四　M27 填泥中植物印痕分析

M27 是西坡墓地揭露的 34 座墓葬中规模最大的一座，墓坑均用青灰色泥填充。泥中夹杂大量植物叶和禾本科的秸秆，虽然其有机质已经腐蚀殆尽，但泥块上面保存了清晰的印痕，为我们提供了珍贵的植物分析材料。通过分析鉴定，发现了芦苇、枣、酸枣、野茉莉等植物种类。另外，有些印痕不很完整，只能判断为"疑似"某种植物的叶子，有些还无法确定其种属。如发现有疑似旱柳、五蕊柳、野山楂、柿、毛白杨、山杨、杨属、山胡椒、毛花绣线菊、苦参、菱叶海桐等。在上述发现的植物中，不少是孢粉分析所未见的，为复原当时聚落周边的自然环境提供了新资料。

在西坡遗址，泥中加入芦苇的现象比较常见。除了 M27，房屋居住面和其他墓葬中也见这种现象，芦苇应是西坡居民常用的固泥掺合料。加入各种植物的叶子可能是为了加强泥的牢固性，但考虑到这些植物叶子包括枣、柿等果树和苦参等药用植物，也有可能加入植物叶子是葬礼的一个环节，加入的植物种类是经过刻意选择的，有着特殊的用意。

对填泥中的个别树叶的分析，为我们确定该墓葬的埋葬时间提供了依据。从树叶的大小和保存状况看，它们都是处于生长期的嫩叶，发现的枣叶和枣吊均非自然脱落。从遗址附近现生枣树的生长情况来看，枣树展叶到落叶的时间段为 5 月初至 10 月中旬，这就为推断墓葬下葬时间提供了大致范围。填泥中发现的野茉莉果实偏小，说明尚处于果期，而没到果熟期，根据《河南植物志》记载，野茉莉的果期为 7~9 月。因此，可进一步推断墓主人下葬的时间相当于现代 7~9 月份的季节。

研究人员还对西坡墓葬填土和随葬容器内存积土进行了分析。墓葬填土的分析结果表明，当时人们在选用墓葬填土时较为讲究，有些墓葬的填土可能取自遗址南部的同一地点。对墓葬随葬容器内存积土的分析表明，墓地出土篮形器中可能盛装过陆生草本植物类物质，结合前述碳、氮同位素分析，我们可以大致推知，这些篮形器中所盛装的草本植物极有可能就是粟或黍类。

通过多学科手段对西坡墓地所做的研究，能够使我们比较清晰了解到仰韶文化中期居住在灵宝这一地域人群的体质状况及饮食结构。对墓地出土人骨口腔疾病的分析，证明当时的经济模式属于农业社会，而食性分析显示粟是西坡居民的主食，同时食用其他块茎类植物。深入的对比分析则揭示出当时不同的社会阶层在饮食上存在一定差别，高等级墓葬的墓主在生前应该有更多的机会享用肉食。人骨的对比分析还显示出高等级墓葬个体之间可能存在更密切的血缘关系，如果此分析无误，则预示着当时可能已经发生了权力继承。通过这些科技手段得到的分析结果，为我们以墓葬规模、随葬品多寡为依据划分的墓葬等级增加了科学性，对深入认识西坡遗址的社会发展状况，进而研究仰韶文化中期的社会复杂化进程具有重要意义。

（原刊于《历史文物》2018 年第 5 期）

注释

[1] a. 中国社会科学院考古研究所河南一队、河南省文物考古研究所、三门峡市文物工作队等：《河南灵宝市西坡遗址试掘简报》，《考古》2001 年第 11 期，第 3 – 14 页；b. 河南省文物考古研究所、中国社会科学院考古研究所河南一队、三门峡市文物考古研究所等：《河南灵宝市西坡遗址 2001 年春发掘简报》，《华夏考古》2002 年第 2 期，第 31 – 52 页；c. 河南省文物考古研究所、中国社会科学院考古研究所河南一队、三门峡市文物考古研究所等：《河南灵宝西坡遗址 105 号仰韶文化房址》，《文物》2003 年第 8 期，第 4 – 17 页；d. 中国社会科学院考古研究所河南一队、河南省文物考古研究所、三门峡市文物考古研究所等：《河南灵宝市西坡遗址发现一座仰韶文化中期特大房址》，《考古》2005 年第 3 期，第 3 – 6 页。

[2] a. 河南省文物考古研究所、中国社会科学院考古研究所河南一队、三门峡市文物考古研究所等：《河南灵宝市西坡遗址墓地 2005 年发掘简报》，《考古》2008 年第 1 期，第 3 – 13 页；b. 中国社会科学院考古研究所河南一队、河南省文物考古研究所、三门峡市文物考古研究所等：《河南灵宝市西坡遗址 2006 年发现的仰韶文化中期大型墓葬》，《考古》2007 年第 2 期，第 3 – 6 页；c. 中国社会科学院考古研究所、河南省文物考古研究所：《灵宝西坡墓地》，文物出版社，2010 年。

[3] 中国社会科学院考古研究所、河南省文物考古研究所：《灵宝西坡墓地》，文物出版社，2010 年，第 115 – 177 页。

[4] 同注 [3]，第 197 – 222 页。

[5] 同注 [3]，第 239 – 252 页。

[6] 同注 [3]，第 228 – 232 页。

[7] 同注 [3]，第 261 – 269 页。

灵宝西坡出土朱砂及相关问题研究 [*]

朱砂，也称丹砂、辰砂，是一种天然红色矿物，主要化学成分为硫化汞（HgS）。在我国古代，朱砂既用作书画的颜料，也作药用或术士炼丹，同时又在奠基仪式、丧葬场合扮演着重要角色。在史前和夏商时期，朱砂在不同的场合被赋予不同的含义。方辉先生通过对考古发现中有关朱砂使用案例的考察，并结合传说及历史文献记载，着重研究了朱砂在史前和夏商葬仪中功能地位的确立过程及其历史背景[1]。张国硕等先生则集中对夏商时期朱砂奠基葬的发展演变过程以及这种丧葬仪式推行的原因、含义进行了详细分析[2]。两篇文章对朱砂葬的论述，加深了我们对史前及夏商时期朱砂功能及含义的理解和认识。本文拟对河南灵宝西坡遗址出土的朱砂遗存进行梳理，并对相关问题展开探讨，以期从不同视角深化对仰韶文化的研究。

一 西坡遗址发现的朱砂遗存

灵宝西坡遗址是一处以仰韶文化中期遗存为主的新石器时代遗址，面积约 40 万平方米。2000 年至 2013 年，中国社会科学院考古研究所和河南省文物考古研究所等单位对该遗址进行了 8 次考古发掘，发掘面积近 8000 平方米。揭露了几座大型和中型建筑基址，清理了数十座墓葬和数百座灰坑，解剖了遗址南侧和北侧两段壕沟，初步弄清了聚落的基本布局和文化内涵，为研究仰韶文化中期的中心聚落及社会状况提供了十分重要的考古材料。在西坡遗址的考古发掘中，多次在房址和墓葬中发现红色物质，经对部分样本做 X - 射线衍射物相鉴定，确定这些遗存为朱砂，化学成分为天然硫化汞（HgS）[3]。

---

 * 本文是 2012 年国家社科基金重大项目"河南灵宝西坡遗址综合研究"（编号 12 & ZD196）阶段性研究成果。

根据目前发掘可知，西坡遗址考古发现的朱砂遗存见于四座房址和两座墓葬。在 F105 房址的居住面、墙面、房基夯土层及草拌泥层、柱础石表面、墙壁柱洞底部柱础坑周围等部位，均发现有朱砂遗存；该房址出土的一件石斧表面也粘有朱砂[4]。在 F106 房址的居住面和半地穴内墙面，发现多处大面积涂抹朱砂的现象，墙面上的朱砂遗存出土时颜色比较鲜艳[5]。F102 室内柱洞下柱础石表面光平，用朱砂涂成红色；居住面上有一略呈长方形的灰白色石块，被固定嵌入并略高于居住面，石块中部略下凹，表面光滑，面上残留朱砂，紧邻石块周围也有零星的类似红色物质，当系研磨朱砂时洒落而致[6]。F3 居住面上有一较大的黑色扁平石块嵌入居住面，石块平置，中部下凹，表面有红色物质，很可能是朱砂[7]。需要说明的是，F105 和 F106 是两座大型半地穴式建筑，均位于遗址中部，门向分别为东南向和东北向，指向遗址中心；F102 和 F3 是两座中型半地穴式建筑，前者位于遗址中部，后者位于遗址中部偏南，门向均为东南方向。从地层关系和出土器物判断，两座大型建筑的始建、使用和废弃年代均早于两座中型建筑的始建年代。

根据朱砂的出土背景，可以把发现于西坡房址里的朱砂归纳为三类：一是与房屋营建时的奠基活动有关的朱砂，见于房基夯土层、柱础石表面、柱洞周壁；二是与房屋内开展特殊活动或装饰有关的朱砂，见于居住面和室内墙壁上；三是室内研磨工具粘上的或洒落的朱砂，见于石磨盘表面或附近，也见于个别石斧表面。

西坡墓地揭露了 34 座墓葬，其中在两座大型墓葬 M8 和 M27 发现有朱砂遗存。M8 墓主头顶所见的骨箍形器一侧，发现有少量鲜艳的朱砂。M27 随葬的陶大口缸唇部的弦纹内也有红色朱砂，缸中发现有涂朱砂的麻布印痕[8]。需要说明的是，从出土器物形制及碳十四测年推断，这批墓葬的年代（距今约 5300～5000 年）比居住区发现的大型和中型房址的年代明显要晚。

二　民族志和考古中所见红颜料的功能

红色是人的视觉系统能够感知且随处可见的最主要的颜色之一，在世界许多社会群体中，红色特征通常蕴含着相似的含义[9]。在赞比亚的恩敦布社会里，红色象征不同类别的血，包括动物、母亲（分娩）、妇女（月经）、凶杀的血，也是魔力或魔术的血。红色的物质拥有力量，血液是生命的动力[10]。对于马达加斯加人来说，红色往往被赋予生命、财富和力量[11]。北美切罗基印第安人认为，红色代表成功、胜利，并与北方联系在一起[12]。对于澳大利亚土著人，赤铁矿被用作仪式中染红身体的装饰物，覆盖祭祀对象、工具和武器，涂画住所和树皮。在具有象征意义的复杂祭祀场合，赤铁矿通常被当作血的替代物，象征肥沃、活力和力量[13]。在塔斯玛尼亚土著人的社会里，人们在仪式上经常用赤铁矿涂染身体。人死后，在亲属的骨头上涂上赤铁矿和油脂，裹上袋鼠肉，被当作魔力法术来减轻生者的痛苦[14]。

在欧洲、澳大利亚、北美和非洲的考古中，时常发现赤铁矿与埋葬仪式有关的例子[15]。在法国，发现了最早距今约7万年使用赤铁矿的墓葬；从英格兰到俄罗斯的广大地区，曾报道了近30座使用赤铁矿的旧石器时代墓葬[16]。在澳大利亚新南威尔士蒙戈湖发现一具距今3万年的男性骨骼，涂有赤铁矿[17]。在北美大湖区出土了大量灰坑屈肢葬，撒满赤铁矿粉，这就是有名的"赤铁矿文化"[18]。

在中国历史文献中，颜色多被赋予社会含义，朱砂通常与不朽联系在一起。朱砂作为中国南方的贡品见于《尚书·禹贡》，年代最早可以追溯到公元前8世纪。关于朱砂产地，最早在战国时期，《管子·地数》便记载了"上有丹沙者，下有黄金"。朱砂产于石灰岩、板岩、砂岩中。贵州的铜仁、湖南的辰溪、沅陵和麻阳是辰砂的主要产地，除此以外，四川、广西、陕西、甘肃等地也有出产。朱砂矿有的为露天矿，但更多的富矿位于地下较深的部位。宋代科学家宋应星《天工开物》中记载："凡朱砂上品者，穴土十余丈乃得之。"也就是说，最好的朱砂矿埋藏在约30米以下的深度。

在中国，远至史前时代，人们常常把墓中死者用颜色涂染，赋予其生命意义。由于红色是血的颜色且不停地流动，因此它被当作自然魔法，用红颜料象征死者复活[19]。最早的证据为1933年发现的北京周口店山顶洞，距今约1.9万年。山顶洞人戴的石质珠子装饰品用赤铁矿涂染，在死者身体周围散布大量赤铁矿粉和赤铁矿石[20]。

黄河中游的仰韶文化房屋建筑和墓葬中，使用红色颜料或朱砂的现象比较常见。陕西宝鸡福临堡遗址出土了大量带红颜料的墙皮，发掘者认为这里可能有大型建筑，房子内部用红颜料涂染可能具有某种宗教意义[21]。陕西宝鸡北首岭仰韶文化的堆积中发现了四块天然赤铁矿颜料，其中两块见于墓葬的陶器中，一块发现于大房子里，另一块出自一件陶器[22]。陕西白水下河遗址揭露的三座仰韶文化中期大型房址，也发现有加工朱砂的遗迹。其中的F1室内面积304平方米，房址柱洞D8北壁上部发现有红色颜料，并有多个不连续的弧形，发掘者推测应为居民移走柱子所留下的。F2的内墙西北角和北墙东部发现数处残留的红色颜料，F3白灰居住面也有涂朱现象[23]。河南灵宝北阳平遗址发现有地面涂朱的房址，该遗址是灵宝境内一处以仰韶文化中期遗存为主的大型遗址[24]。

陕西华县元君庙仰韶文化早期墓地中，M429内第二号骨架的前额涂有大片红色颜料，M440内第六号骨架的胫骨下端附近以及左跟骨上都涂有鲜红色颜料。发掘者认为这些红色颜料可能为赭石[25]。陕西西乡何家湾仰韶文化早期墓地中，发现不少墓葬的人骨架上有疑似朱砂的颜料，这些墓内同时放置有研磨颜料用的石球和石块[26]。河南洛阳王湾遗址揭露了63座仰韶文化单人墓葬，其中包括11座有二层台的墓葬。二层台墓比没有二层台的墓葬长且宽。大多数二层台墓有棺和随葬品，没有二层台的墓绝大多数没有随葬品。有趣的是，6座二层台墓的死者头骨上涂有红色颜料。这些墓葬中的墓主被解释为生前具有较高的身份，死者涂红颜料很可能与埋葬时的仪式活动有关[27]。河南新安关家仰韶文化中期的墓葬区主要集中在遗址的西北部和东南部。这些墓葬的方向均朝西北，基本为单人仰身直肢葬，大多无随葬品。东南部的墓葬多有生土二层台，且有朱砂涂面的现象[28]。河南孟津妯娌仰韶文化晚期墓地的50多座墓葬中，一座大型墓和两座中型墓内发现有朱砂。大型墓M50墓主为男性，有木棺，棺盖用圆木横列平铺，木棺内壁涂朱彩，棺底散见朱砂。中型墓M31和M41墓主均为女性，两座墓底有朱砂[29]。此外，个别墓主头骨上涂有红色颜料[30]。

在夏商周时期的遗址里，朱砂常见于与祭祀有关的场合[31]。河南偃师二里头发现的青铜器和玉器用朱砂包裹[32]。郑州商城的三个埋藏青铜器的窖藏坑，无一例外都有朱砂，这些器物被埋藏时可能举行了某种仪式[33]。偃师商城发现了很多祭祀坑，埋葬数以百计的家养动物和一些野生动物。值得注意的是，在一个大的祭祀坑附近发现了一座灰坑葬，里面埋葬了一个成年女性，并随葬6件玉簪和石簪，死者周围发现有朱砂[34]。郑州小双桥商代遗址出土的铲形石器上涂抹红色颜料，这种器物出自与祭祀有关的遗迹内[35]。到了周代，使用朱砂的现象更加普遍，在很多墓葬里都发现有用朱砂涂染的人骨及青铜器、玉器等器物。有些玉护身符、珠子或蝉发现于死者的嘴里，这些随葬品往往用朱砂或赤铁矿染成红色。

根据中外民族志和考古材料所反映的信息，可以把赤铁矿或朱砂等红颜料的功能和含义概括为以下几点：第一，红颜料通常与象征生命、权力、力量、好运的事情联系在一起，以此表达人们对于内在和外在世界的思想观念；第二，墓葬中发现的赤铁矿或朱砂可能被当作死者复活的一种法器，表明其在仪式活动中扮演着特殊角色；第三，在墓葬和建筑堆积中发现的赤铁矿或朱砂似乎与人们的身份差异和社会角色有关，特别是在中国新石器时代和青铜时代的遗址中有明显表现。

三　西坡遗址所见朱砂的功能及含义

如上所述，红颜料在不同的场合蕴含着不同的含义，承担着不同的功能。西坡遗址大型建筑、中型建筑和大型墓葬中发现的朱砂遗存也当如此。

第一，在 F105 房基夯土层及草拌泥层、柱础石表面、墙壁柱洞底部柱础坑周围发现的朱砂，显然在营建 F105 的奠基仪式中扮演着重要角色，朱砂被当作人们祈求吉祥、摆脱厄运的工具，在祭祀活动中发挥着特殊的媒介功能。F102 柱础石上发现的朱砂，同样是在奠基过程中举行祭祀活动的产物。

第二，在 F105 和 F106 的居住面和墙壁上使用朱砂，意味着这两座大型建筑具有非同寻常的功能。尽管我们不清楚当时人们用朱砂在地面和墙壁上涂画了什么图案，表达了什么含义，但是不可否认朱砂作为特殊介质，在这种大型建筑的空间里，既呈现了其鲜艳的色彩效果，更强化了空间庄严而神圣的功能。在某种意义上，大型建筑与朱砂的有机结合，不仅使大型建筑成为少数人举行仪式的场所，而且成为他们展示能力、取得威望的舞台。

第三，在中型建筑 F102 和 F3 发现的被嵌入居住面上的石磨盘，是在营建房屋时就有意设置的，作为固定研磨工具用来磨制朱砂。由此可见，F102 和 F3 应当在某种程度上承担着朱砂加工场所的职能，朱砂可能是房屋主人时常要用到的物品。在西坡不是所有人都能轻易获得这种特殊物品，不同个人或团体为获取朱砂可能面临竞争的压力，朱砂这种数量有限的珍贵物品或许在西坡聚落乃至灵宝铸鼎原地区的社会角色竞争中发挥了重要作用。同时，朱砂加工场所的发现表明，居住或者使用 F102 和 F3 房屋的主人很可能拥有特殊身份和社会威望。

第四，在 M8 墓主头顶所见的朱砂遗存，以及 M27 随葬的陶大口缸唇部和缸内发现的朱砂印痕，显然是在埋葬死者过程中举行葬仪的结果，朱砂可能被用作祈求死者复活的法器，或者朱砂原本就是墓主生前从事祭祀活动的介质。在西坡墓地揭露的 34 座墓葬中，仅在这两座大墓内发现朱砂遗存，说明朱砂只在特定墓葬中使用，这也进一步表明墓主生前身份的特殊性。

目前，我们还没有就西坡遗址出土朱砂的产地问题开展调查研究。地质工作者在灵宝曾发现 20 多种矿物质，包括金、铁、铅、铜、银、石墨等[36]，但没有关于朱砂的报道。如上所述，朱砂矿通常与黄金矿伴生，灵宝南部秦岭山区是中国四大黄金产地之一[37]，这里是否存在朱砂矿还不得而知。尽管难以确定西坡遗址的朱砂是否是在当地采集的，也不排除远程交换的可能性，但不可否认在仰韶文化的社会里，朱砂是一种具有特殊使用价值的稀有物品。

四　结　语

朱砂或赤铁矿在仰韶文化不同阶段的遗址中均有发现，而西坡遗址出土的朱砂是目前所知仰韶文化遗址中最为丰富的，朱砂作为特殊媒介，在西坡聚落不同的时空环境里表达了不同的含义。西坡遗址使用朱砂的现象具有时间上的连续性、礼仪上的传承性，标志着以朱砂为介质来表达人们思想观念的方式，在仰韶文化中期发展到了较为成熟规范的阶段。色泽鲜艳的朱砂与聚落特定空间的有机结合，使得朱砂本身及其使用环境被赋予独特的社会功能，成为鉴别社会角色和身份差别的重要标识物。

（原刊于《中原文物》2019 年第 6 期）

注释

[1] 方辉：《论史前及夏商时期的朱砂葬——兼论帝尧与丹朱传说》，《文史哲》2015 年第 2 期。

[2] 张国项、贺俊：《试析夏商时期的朱砂奠基葬》，《考古》2018 年第 5 期。

[3] a. 河南省文物考古研究所、中国社会科学院考古研究所河南一队、三门峡市文物考古研究所等：《河南灵宝西坡遗址 105 号仰韶文化房址》，《文物》2003 年第 8 期；b. 中国社会科学院考古研究所、河南省文物考古研究所：《灵宝西坡墓地》，文物出版社，2010 年。

[4] 中国社会科学院考古研究所、河南省文物考古研究所：《灵宝西坡墓地》，文物出版社，2010 年。

[5] 中国社会科学院考古研究所河南一队、河南省文物考古研究所、三门峡市文物考古研究所等：《河南灵宝市西坡遗址发现一座仰韶文化中期特大房址》，《考古》2005 年第 3 期。

[6] 河南省文物考古研究所、中国社会科学院考古研究所河南一队、三门峡市文物考古研究所等：《河南灵宝市西坡遗址 2001 年春发掘简报》，《华夏考古》2002 年第 2 期。

[7] 同注[6]。

[8] 同注[4]。

[9] Sagona, A. G. 1994. The quest for red gold. In *Brusing the Red Earth*, edited by A. G. Sagona,

pp. 8 – 38. Melbourne University Press, Melbourne.

［10］Turner, V. W. 1966. Colour classification in Ndembu ritual: A problem in primitive classification. In *Anthropological Approaches to the Study of Religion*, edited by M. Banton, pp. 47 – 84. Tavistock Publications, London.

［11］同注［10］。

［12］同注［10］。

［13］同注［9］。

［14］同注［9］。

［15］a. Breuil, H., and R. Lantier. 1959. *The Men of the Old Stone Age*. George G. Harrap & Co. Ltd, London; b. Klein, R. G. 1973. *The Ice Age Hunters of the Ukraine*. University of Chicago Press, Chicago; c. Schmandt-Besserat, D. 1980. Ochre in prehistory: 300,000 years of the use of iron ores as pigments. In *The Coming of the Age of Iron*, edited by T. A. Wertime and J. D. Muhly, pp. 127 – 150. Yale University Press, New Haven and London; d. Bowler, J. M., and A. G. Thorne. 1976. Human remains from Lake Mungo: discovery and excavation of Lake Mungo Ⅲ. In *The Origins of the Australians*, edited by R. L. Kirk and A. G. Thorne, pp. 127 – 138. AIAS (Human Biology Series 6), Canberra; e. Ritzenthaler, R. E., and G. I. Quimby. 1962. The red ochre culture of the Upper Great Lakes and adjacent areas. Fieldiana Anthropology 36: 243 – 275; f. Woodhouse, H. C. 1971. *Archaeology in South Africa*, Purnell, Cape Town.

［16］Schmandt-Besserat, D. 1980. Ochre in prehistory: 300,000 years of the use of iron ores as pigments. In *The Coming of the Age of Iron*, edited by T. A. Wertime and J. D. Muhly, pp. 127 – 150. Yale University Press, New Haven and London.

［17］Bowler, J. M., and A. G. Thorne. 1976. Human remains from Lake Mungo: discovery and excavation of Lake Mungo Ⅲ. In *The Origins of the Australians*, edited by R. L. Kirk and A. G. Thorne, pp. 127 – 138. AIAS (Human Biology Series 6), Canberra.

［18］Ritzenthaler, R. E., and G. I. Quimby. 1962. The red ochre culture of the Upper Great Lakes and adjacent areas. *Fieldiana Anthropology* 36: 243 – 275.

［19］Needham, J., Ping-Yu Ho, and Gwei-Djen Lu. 1976. *Science and Civilisation in China*. Cambridge University Press, Cambridge.

［20］贾兰坡:《中国大陆上的远古居民》,天津人民出版社,1978 年。

［21］宝鸡市考古工作队、陕西省考古研究所宝鸡工作站:《宝鸡福临堡》,文物出版社,1993 年。

［22］中国社会科学院考古研究所:《宝鸡北首岭》,文物出版社,1983 年。

［23］陕西省考古研究院、白水县文物旅游局:《陕西白水县下河遗址仰韶文化房址发掘简

报》，《考古》2011 年第 12 期。

[24] 根据河南省灵宝市文物保护管理所宁建民、胡小平等先生的介绍。

[25] 北京大学历史学考古教研室：《元君庙仰韶墓地》，文物出版社，1983 年。

[26] 陕西省考古研究所：《陕南考古报告集》，三秦出版社，1994 年。

[27] 北京大学考古文博学院：《洛阳王湾》，北京大学出版社，2002 年。

[28] 樊温泉：《关家遗址发掘获重要成果——揭露庙底沟文化聚落遗址》，《中国文物报》
2000 年 2 月 13 日。

[29] 河南省文物局：《黄河小浪底水库考古报告（二）》，中州古籍出版社，2006 年。

[30] 笔者在孟津妯娌遗址考古发掘时，在几座墓葬人骨额头处发现有明显的涂朱现象，遗
憾的是，在以后出版的考古发掘报告中没有任何描述。

[31] a. 方辉：《论史前及夏商时期的朱砂葬——兼论帝尧与丹朱传说》，《文史哲》2015 年
第 2 期；b. 张国硕、贺俊：《试析夏商时期的朱砂奠基葬》，《考古》2018 年第 5 期。

[32] a. 中国科学院考古研究所二里头工作队：《河南偃师二里头遗址三八区发掘简报》，
《考古》1975 年第 5 期；b. 中国科学院考古研究所二里头工作队：《偃师二里头遗址新发现的铜
器和玉器》，《考古》1976 年第 4 期。

[33] 河南省文物考古研究所、郑州市文物考古研究所：《郑州商代铜器窖藏》，科学出版社，
1999 年。

[34] 中国社会科学院考古研究所：《河南偃师商城商代早期王室祭祀遗址》，《考古》2002 年第
7 期。

[35] 宋国定、谢巍、陈旭：《郑州小双桥遗址发掘获重大成果》，《中国文物报》1995
年 8 月 13 日。

[36] 灵宝县地方史志编纂委员会：《灵宝县志》，中州古籍出版社，1992 年。

大型建筑、中心聚落与社会整合

——仰韶文化中心聚落的出现与嬗变

在黄河中上游地区，仰韶文化中期（公元前 4000～前 3300 年）是一个充满变化的时期。气候条件适宜，人口急剧增加，聚居范围扩大，族群流动增强，中心聚落出现，社会发生分化，这是仰韶文化中期给我们留下的最深刻的印象。然而，这个时期的中心聚落是如何出现的？其内部又是以怎样的方式演进的？长期以来，由于缺乏丰富而翔实的考古资料，还不具备探索这些问题的条件。近年来，我们对河南灵宝西坡遗址进行了 6 次考古发掘，揭露了大型建筑基址、壕沟、墓地等[1]这些构成聚落的基本要素，为认识仰韶文化中期中心聚落的出现及其内部运行机制提供了崭新的材料。本文拟根据这些新材料，以西坡中心聚落为例，从大型建筑的兴废入手，围绕聚落布局的演变展开讨论，尝试探索仰韶文化中期的社会演进问题。

一 区域聚落形态

1999 年春，为认识仰韶文化中期的聚落形态，联合考古队对灵宝市铸鼎原两侧的阳平河及沙河流域进行了比较系统的考古调查。在 300 多平方公里的范围内发现了 31 处新石器时代遗址[2]（图一）。调查揭示了该区域在新石器时代 4000 多年里的聚落形态变化，在某种程度上反映了特定时期的人口规模、人口密度和社会景观。这些显著变化主要表现在以下三个方面。

首先，从前仰韶文化至龙山文化，人口规模和人口密度呈波动现象，正如遗址数量、聚落总面积以及最大遗址的规模所显示的那样（图二）。从仰韶文化早期到中期，人口规模呈加速增长的趋势；但从仰韶文化晚期到龙山文化晚期，人口规模进入了快速递减期。调查资料表明，该地区在仰韶文化中期，无论是人口规模还是人口密度都达到了史前时期的顶点。

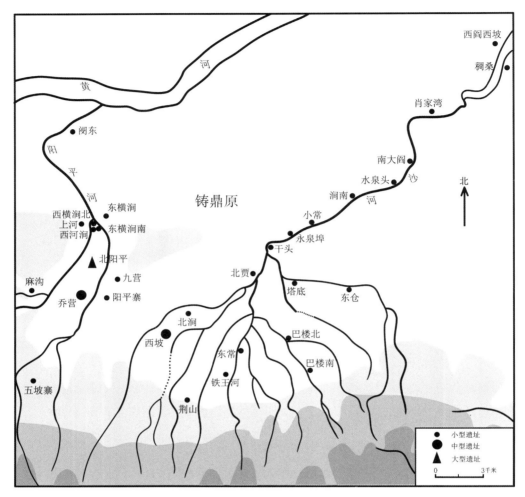

图一　河南灵宝铸鼎原及其周围新石器时代遗址分布示意图

其次，仰韶文化中期开始出现中心聚落，这是史前社会演进中发生的重大变化。北阳平（约90万平方米）和西坡（约40万平方米）可能以中心聚落的姿态分别出现在阳平河与沙河流域。仰韶文化晚期虽然也存在中心聚落，但与中期相比中心聚落规模较小，遗址数量也显著减少。其余四个时期的聚落看不出中心，彼此之间也无明显差别。

再次，聚落在空间分布上显示从两条河流的下游向上游转移的总趋势，尤其以仰韶文化中期的变化最为明显。在仰韶文化早期，聚落主要坐落于两河的下游；从仰韶文化中期开始，上游一带被大量开发并成为主要聚居区。这一变化不但意味着居住点由下游向上游拓展，而且伴随着下游部分地点的废弃。

灵宝铸鼎原周围的史前聚落形态是黄河中上游地区史前文化面貌的一个缩影，

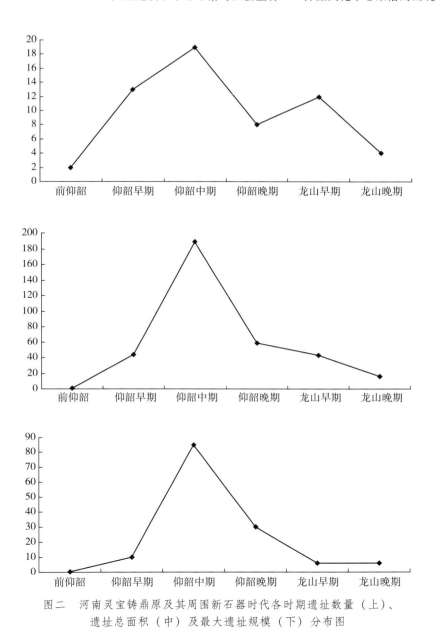

图二　河南灵宝铸鼎原及其周围新石器时代各时期遗址数量（上）、
遗址总面积（中）及最大遗址规模（下）分布图

具有代表性，又以仰韶文化中期中心聚落的出现最为典型。西坡遗址的发掘为我们
提供了剖析中心聚落的条件。

二　聚落布局及演变

西坡遗址位于灵宝市阳平镇西坡村西北，发源于秦岭山地的沙河支流夫夫河和

灵湖河，由南向北自遗址东西两侧流过。遗址西南高、东北低，海拔 455～475 米。根据系统钻探得知，遗址除了墓地位于南壕沟以南，其他遗迹都比较密集地分布在南北两道壕沟和东西两条河流围成的区域内，面积约 40 万平方米。

2000～2006 年，联合考古队对遗址进行了 6 次发掘，发掘总面积约 5500 平方米，证明这是一处以仰韶文化中期遗存为主的新石器时代遗址。发掘共揭露仰韶文化中期 2 座大型房屋基址、3 座中型房屋基址、百余座灰坑、34 座墓葬，出土大量陶器、石器、玉器、骨器等文化遗物。钻探和发掘工作基本揭示了西坡聚落的宏观结构布局（图三）。聚落东西两侧依托两条小河，与南北两条东西走向的壕沟组成聚落的基本框架，大型建筑位于聚落中心部位，墓地位于南壕沟以外地势略高的地方。

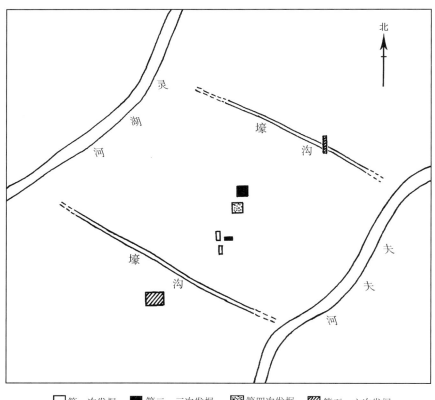

□第一次发掘　■第二、三次发掘　▨第四次发掘　▨第五、六次发掘

图三　西坡遗址发掘示意图

尽管 6 次发掘的面积不到遗址总面积的 1.4%，还难以把握聚落内部的微观布局，但根据两座大型建筑（F105、F106）和两条壕沟的建造、使用和废弃过程，我

们还是能够捕捉到聚落形成及其演变的大量信息。

1. 大型建筑在聚落中的位置

F105 是在第三次发掘中揭露出来的，大致位于遗址中心部位。第四次发掘揭露的 F106 位于 F105 的南边，两者相距约 50 米。有趣的是，F105 门向东南，F106 门向东北，两者门向基本垂直。由于两者无直接的地层关系，已有的发掘也没有可以利用的间接地层关系，所以它们是否同时并存，目前还不得而知。此外，钻探初步了解到 F105 和 F106 的东边还有大型建筑，是否还并存两座门朝西南和西北的大型建筑，与 F105 和 F106 在聚落中心共同构成向心形组合，还有待田野工作的检验。如果在遗址中心部位再发现一座门朝西南或西北的大型建筑，那么聚落中心的布局以及几座大型建筑的同时共存关系也就明朗了。果真如此，西坡聚落的布局特点将是严文明先生在总结仰韶文化早期聚落布局特点时所指出的凝聚式和内向式的[3]。但是，就大型建筑在聚落中的位置而言，西坡与姜寨迥然不同，西坡的大型建筑聚合在聚落中心，而以姜寨为代表的仰韶文化早期聚落的大型建筑不在聚落中心，而是与其他中小房屋结合成组。

2. 大型建筑和壕沟的建造时间

根据地层关系，所有与 F105 发生地层关系的遗迹均叠压或打破 F105，在其周围未发现与其同时的遗迹；从 F105 废弃堆积中出土的陶片特征看，"小口瓶为重环口，双唇分界明显，具有西坡遗址庙底沟类型文化中的较早特征。F105 大致相当于该遗址庙底沟类型遗存的第一段或略早"[4]。因此，根据地层关系和遗物的相对年代判断，F105 应当是聚落中最早的建筑之一，其建造很可能与聚落的最初形成有密切关系。

聚落北壕沟的解剖结果显示，沟内堆积自上而下分别为庙底沟二期、仰韶文化晚期和中期的堆积，其中以仰韶文化晚期的堆积最为丰厚，仰韶文化中期遗存次之，庙底沟二期遗存最少[5]。根据出土陶器判断，沟内底部出土的仰韶文化中期器物与遗址其他部位早期遗迹出土的具有最早特征的器物十分相似，这表明西坡聚落的出现很可能与壕沟的始建同时，也就是说，壕沟作为聚落的重要设施，一开始就是与西坡聚落一同出现的，是聚落布局中的重要组成部分。

从聚落的整体布局来看，F105 在聚落中的居中位置是与壕沟相对而言的，壕沟界定了聚落的外围框架。F105 与南北壕沟的相互映衬、彼此呼应，共同构成了西坡聚落最基本的架构。这一点或可间接说明，F105 和壕沟这两个聚落中最宏大的建设工程，应当是在聚落最初"安营扎寨"时统一规划和全面动员的情况下，在短时期内基本建成的。如果把西坡遗址具有最早特征的器物放在整个庙底沟类型器物发展序列中来考察[6]，那么其最早年代当不晚于庙底沟类型中期早段，也就是说，西坡聚落的出现不晚于庙底沟类型中期早段。

3. 大型建筑和壕沟的废弃时间

大型建筑 F105 被废弃后，在其废弃堆积基础上又开挖半地穴，建起了一座新的中型房屋 F104。F104 以 F105 的室内居住面为奠基面，门向西南[7]。从建筑迹象和堆积中出土的器物判断，F104 的兴建与 F105 的废弃间隔时间较长。但在时间上介于 F105 和 F104 之间的中型房屋 F102 及一批窖穴，应当是在 F105 废弃后不久兴建起来的。同样，大型建筑 F106 废弃后，附近也出现了一些窖穴。尽管我们还不能断定在两座大型建筑废弃之后多长时间里，就在这里建起了其他建筑和设施，但是有一点可以肯定，在大型建筑废弃之后，西坡聚落的原始布局发生了根本性变化，聚落中心不再是先前那种庄严神圣的大型建筑，取而代之的是规模小了很多而且带有窖穴等附属性设施的中型建筑。

如上所述，壕沟下层有仰韶文化中期堆积。沟底出土的仰韶文化中期的器物与 F105 填土中出土的同类器物十分接近，表明壕沟很可能与大型建筑的废弃大体发生在同一时段。与西坡聚落大致同时兴建的大型建筑和壕沟，也在同一时段废弃了。如果我们把大型建筑 F105 的使用时间作为西坡聚落维持早先聚落布局的时间，那么这段时间最多不过百年。

在仰韶文化早期的姜寨聚落，"不管房屋如何毁坏又重建，一切都仍然按照早先的规划，直到这个村落完全被放弃时为止，说明居住在这个聚落的集体组织一直起着作用，这是十分耐人寻味的"[8]。然而，形成鲜明对比的是，西坡聚落的原始布局并没有维持多久就被彻底改变了。尽管在大型建筑和壕沟被废弃后，聚落的扩展仍然没有超出南北壕沟的范围，但聚落中心已经面目全非。大型建筑被废弃之后，聚落中心先后出现了 F102、F104 等中型房屋及其附属设施（窖穴），这里完全成了人们的生活区。

F102 位于 F105 以北约 5 米，半地穴室内有 4 个柱洞并置柱础石，柱础石上有朱砂，房基占地面积约 98 平方米，室内面积约 68 平方米。值得注意的是，室内有一长方形磨石嵌入并略高于居住面，磨石中部略下凹，表面光滑并残留朱砂，周围也有零星散落的朱砂[9]。同样，F3 居住面上也被嵌入一块类似功能的磨石[10]。朱砂是一种与祭祀有关的特殊物质，在兴建 F102 和 F3 时就设置了专门用来研磨朱砂的磨石。由此可见，F102 和 F3 的主人很可能不是普通的居民，而是与从事或掌控祭祀活动有关的宗教性人物。

总之，把西坡的聚落布局及其演变放在大的时段里来考察，我们可以看出，在聚落形成初期，它既突破了仰韶文化早期的聚落布局特点，又在不长的时间里改变了它本身的初始布局，但聚落演变仍然保留着聚落外围的基本框架。西坡中心聚落的布局是在突破与保留的基调中变化发展的。

三　大型建筑的功能

大型建筑位于聚落中心部位，凸显了它在聚落中举足轻重的地位，但大型建筑的真正价值主要体现在它的功能，即它在中心聚落中所扮演的角色。这里以 F105 为例，从其规模与结构、室内装饰、废弃方式等方面来揭示大型建筑的功能。

1. 规模与结构

F105 大致坐东朝西，平面略呈正方形，以半地穴式主室为中心，四周设置回廊，东侧有一条斜坡式门道，室内有立柱和壁柱，室内正对门道处设有火塘。F105 室内属半地穴式，四周回廊为地面式，是半地穴式与地面式相结合的建筑。半地穴室内面积约 204 平方米，房基坑面积约 372 平方米，整体占地面积达 516 平方米。F105 房基坑底部距半地穴口部深达 2.75 米，单是房基坑的土方量就超过 1000 立方米[11]。F105 规模宏大，结构复杂，包括挖基、奠基、取材、营建、装饰在内的整个建筑用工量相当大，远非普通居住用房的工程量所能企及。中型房屋的建筑结构与大型的比较相似，均为半地穴式，只是不像 F105 那样有回廊。在规模上，中型房屋的室内居住面一般不超过 100 平方米，要比大型建筑的面积小很多。

2. 室内装饰

F105 的居住面、墙面及部分房基夯土层表面均用朱砂涂成红色，在壁柱底部的柱础坑周围也发现朱砂，甚至有些夯土与草拌泥中也包含少量朱砂。如果说房基夯土层上的朱砂可能与奠基时举行的祭祀活动有关，那么往居住面和墙壁上涂抹朱砂则与建筑的功能有关，因为朱砂本身就是一种稀有的物质，常常用在与宗教活动有关的场景中[12]。在 F105 室内大量使用朱砂装饰墙壁和地面，突出说明了 F105 并非普通的公共建筑。如果 F105 用作召集公众的普通公共建筑或者作为居住用房，那么在墙壁上尤其是居住面上涂抹朱砂显然是多余的，因为这些朱砂很容易因人的活动而脱落或蹭掉。与之相比，在西坡揭露的 3 座用于居住的中型建筑的居住面和墙壁上均未发现朱砂遗存。因此，F105 很可能作为公共建筑，尤其作为特定的仪式场

157

所，只有少数人才被允许进入。

3. 废弃方式

在西坡揭露的 3 座中型房址的室内柱和壁柱均被火烧成炭灰色，半地穴中的废弃物大多为屋顶和墙壁倒塌所残存的红烧土、草拌泥堆积。截然不同的是，F105 的室内柱、墙壁柱及回廊柱均被有意拆除运走，没有发现一例被火焚烧的痕迹；F105 半地穴堆积中的填土比较纯净，室内地面也被较纯净的土覆盖。与 F105 类似的堆积现象也见于另一座大型建筑基址 F106 中。种种迹象表明，F105 是有意被废弃的，并且在废弃过程中很可能举行了具有象征意义的特殊仪式。

此外，在遗址中心发掘的 1140 平方米的区域内，所有与 F105 发生地层关系的遗迹均叠压或打破 F105，说明这些遗迹都要晚于 F105。由此推断，F105 没有窖穴之类的附属设施，在其周围很可能存在较大面积的空地。无独有偶，在揭露 F106 时发掘的 800 平方米内，除一座澄泥池与建造 F106 相关之外，仰韶文化中期的遗迹很少而且都较晚，在 F106 附近也没有发现与其相关的窖穴等附属设施，其周围似乎也是大面积的空地。与两座大型建筑不同的是，在 3 座中型房址附近却发现了不少比较规整的窖穴，这表明中型房屋很可能是生活居住用房。

综上分析可知，以 F105 为代表的大型建筑是西坡聚落中最早的建筑之一，在聚落整体布局中居于核心地位。F105 的居中位置、宏大规模、复杂结构、考究装饰、特殊废弃方式，以及迥然有别于中型建筑的方方面面，彰显了它在聚落中的公共性特征和仪式性功能。朱砂这种具有祭祀功用的特殊物质在 F105 装饰中大量使用，更增添了这座大型建筑的庄重、严肃、神圣色彩。

四　中心聚落的功能

F105 等大型建筑以及南北壕沟的动工兴建，标志着西坡中心聚落的诞生，也预示着新生事物的萌芽。中心聚落的出现不仅仅是聚落规模的成倍扩大，还伴随着人口的急剧增长。这种人口增长方式显然不是人口的自然增长，而是人口由分散走向聚合。一些血缘关系比较亲密的氏族很可能从早先若干规模较小的聚落聚集到新的更大的聚落中来。如果说我们在中心聚落看到的这一聚合过程只是聚落规模倍增、人口规模扩大的话，那么，在这一聚合过程背后涌动着我们看不见的时代变革——社会整合。在仰韶文化中期，中心聚落的出现实质上就是社会整合的产物，它预示着一种新的时代秩序正在悄然出现。

新的时代呼唤与之相应的时代秩序和维持这种新型社会结构的职能，客观上也要求具有更有效地管理社会。在社会成员面对来自方方面面的压力时，这个需求很容易直接被转换为对强大权力的呼唤，期望用一种力量来应对所有这一切。在这种社会背景下兴建的 F105 等大型建筑，其公共性和仪式性职能在新出现的中心聚落中必然扮演着与这一社会背景相适应的重要角色。在仰韶文化中期这个社会转型的历史关头，大型建筑所被赋予的宗教性功能，就是在这一社会整合过程中提出的实践需求，是社会成员在面对社会骤变时从现实和心理上保护自己的屏障。如果说壕沟作为一种防卫设施，在"硬件"上起着保护聚落的功能，那么以 F105 为代表的大型公共建筑就是维持时代秩序、规范社会行为、强化族群认同的一种综合性设施，在"软件"上发挥着培育聚落内部乃至聚落间社会关系的作用。群体仪式是社会整合不可缺少的要素，大型公共建筑为这种仪式提供了表达意志、诉求利益的场所，并成为强化族群意识和集体信念的象征性、符号性的载体。

在经济上，没有证据显示中心聚落要仰赖其他普通聚落，而是仍然依靠自身的劳动获取生产和生活资料，维系着自给自足的生产方式[13]。但是，人口的快速增长给当时造成的生计压力，迫使人们不得不投入更多的劳动力来扩大耕地、生产粮食、饲养家畜。在政治上，也没有证据显示中心聚落凌驾于普通聚落之上。这个时期的中心聚落与普通聚落在经济和政治上可能没有明显的主从关系，聚落形态上表现出来的复杂化倾向或许仅仅体现在精神层面上，而这种复杂化可能与加强群体的认同感、增强社会群体的凝聚力有关。F105 和 F106 这样的大型建筑就是为了举行某些公共活动，用来强化社会认同感和凝聚力而建造的。至少在中心聚落形成初期，大型建筑的这种社会功能在很大程度上体现了中心聚落的功能，甚至将其辐射到了与之关系密切的普通聚落。

然而，西坡中心聚落的功能是否因大型建筑的废弃而发生了根本性变化？在大型建筑废弃之后，西坡聚落的中心部位被中型房屋及其附属设施所占据。如上所述，由于诸如 F102 这样的中型建筑很可能居住着从事宗教性活动的人物，因此这是否意味着在前期，中心聚落的内部事务是由议事会式的集体协商决定的，到了后期，随着某些个人尤其是宗教人物影响力的扩大以及欲望和权力的膨胀，聚落的管理事务逐渐被这些人所掌控，由此给个人权力的不断增长带来了契机，并最终导致社会阶层的分化？这类人物是否与大型建筑的彻底废弃及其功能的完全丧失有密切的关系？难道是他们身份的转换和权力的增长推动了聚落形态的改变？大型公共礼仪性建筑的废弃在客观上完成了时代所赋予它的历史使命，这些现象背后所发生的一切值得深思。

就目前的发掘结果而言，西坡墓地在时间上略晚于居住区已揭露的中型房屋，我们看到，墓主之间的身份差别已经在墓葬规模以及个别随葬器物上表现出来。埋葬制度上的这种差异，是否就是现实生活中社会分层的一种反映？西坡中心聚落所发生的社会整合与分化确实耐人寻味。

五 社会整合与分化的动因

仰韶文化中期为什么会出现社会整合与分化？中心聚落是在怎样的社会背景下出现的？下面我们尝试着围绕仰韶文化中期社会整合与分化的动因展开讨论。

在人类学文献中，研究者注意到，在农业社会，聚落分布与耕地的可利用程度存在密切关系[14]。虽然水及其他重要资源是影响聚落布局的因素，但可耕地的不均衡分布、耕地与居住区的距离以及对肥沃土地的争夺等，促使史前农业生产者把接近田地作为一个重要的因素来考虑[15]。对于人口规模较大的地区来说，生计问题只有通过增加食物生产、技术革新和社会组织来解决[16]。区域内的人口可以通过多种方式重新布局，比如建立新聚落来分散人口，也可以把分散的人口集中到少数较大的聚落中。事实上，聚落集中的情况更为常见，因为大型聚落能够为族群成员提供安全保障，特别是因保护族群的资源和产品而发生冲突的时候[17]。土地生产力的下降和环境退化，也会迫使居民离开资源枯竭的地区而定居到新的区域[18]。

考古证据表明，至少从仰韶文化早期开始，粟作农业已是黄河中游的主要生业。大型窖穴和各种石质农业工具说明，在仰韶和龙山时期，人们已开始精耕细作[19]。粟是仰韶文化和龙山文化的主要农作物，尽管在仰韶文化堆积中也发现有黍和稻[20]。西坡遗址出土的人骨和动物骨骼的稳定同位素分析显示，粟是人和家猪的主要食物，表明粟作生产确实是这里的主要农业活动[21]。

1. 聚落定位与农业资源

水是最基本的生活要素之一，靠近水源是聚落定位要考虑的重要因素，该地区所有遗址都靠近河流就说明了这一点。然而，水资源在该地区新石器时代的聚落形态变化中的重要性则另当别论。由于沙河（27 千米）与阳平河（45 千米）都是发源于南部秦岭山区的短小河流，在古代整个流域的流量不会有大的差异。也就是说，人们无论居住在下游还是上游都能获得足够的水资源。因此，水资源很可能不是影响这里聚落形态变化的主要因素。

　　在农业社会，靠近农业资源往往是聚落选址优先考虑的因素。这里的遗址靠近肥沃的土地可能从仰韶文化早期开始。如前所述，仰韶文化早期大多分布在阳平河与沙河的下游，而上游的大部分没有被开发。当时人们可能有更多选择聚落位置的机会，很自然地把家安置在土地肥沃的区域。在 18 处有多个时期连续居住的遗址中，有 10 处（55.6%）在仰韶文化早期为第一次居住，说明有些有利的位置可能在该时期就被发现了，并在随后的阶段继续居住。这些位置的优势可能与农业生产所需的肥沃土壤有关。此外，这一时期比较规则的聚落空间分布，意味着遗址周围的资源足够支撑居住者的生产和生活。也就是说，在仰韶文化早期这里没有土地资源短缺的问题。

　　观察仰韶文化中期的聚落形态会发现，遗址数量的增加和居住区域的扩大与聚落的广泛分布相一致（图一）。这个时期的遗址分布很不均衡，新出现的大型聚落（如北阳平、西坡、东常）似乎处于比较有利的位置，而大多数新出现的小型聚落分布在地势比较高（如五坡寨、干头）或相对偏僻的地方（如稠桑、麻沟）。聚落分布的差异意味着不同族群对农业资源占有的差异，同时在某种程度可能反映了族群间的社会差异。对资源利用的变化和肥沃土地的缺乏，可能导致食物生产的强化和社会关系的重组。

　　在仰韶文化晚期，大型聚落消失了，沙河流域大部分被废弃了。如果我们比较整个仰韶文化时期的聚落形态变化，显然所有在前一个时期过度开发的区域，在下一个阶段都被废弃了。这些现象可能表明土壤肥力的下降和生态环境的恶化。在仰韶文化中晚期，人们或许采取了不同的策略来缓解或消除资源紧张问题，以作为对不同情况的反应。仰韶文化中期的人们增加了对农业生产的劳动投入，比如扩大开垦荒地的规模；仰韶文化晚期的人们则可能采取了另外一种策略，比如离开资源贫瘠的区域，迁徙到新的地区。

　　2. 强化农业与社会整合

　　强化农业生产是对人口不断增长地区的农业资源、生产潜力和人口密度发展不平衡的一种反应[22]。由于对强化农业很难直接衡量，考古学家通常把强化农业作为一个术语来表达不断增加对驯养动植物的依赖程度，并采用间接指标来鉴别[23]。这些指标包括遗址与肥沃土地的距离[24]、窖穴容积的增大、技术发明[25]、增加拓荒[26]，以及人畜食谱证据[27]。

　　在仰韶文化中期，豫西地区不断增长的人口密度，以及半封闭地理环境、气候波动[28]和脆弱的生态条件，对农业资源产生较大压力。因此，强化农业生产可能是针对这种压力的一种举措。西坡遗址动物遗存分析表明，家猪已经成为仰韶文化中期最重要的肉食来源，鹿等野生动物在肉食消费结构中的比例大大降低，反映出附近生态环境已经不适宜野生动物的生长[29]，开荒活动很可能破坏了野生动物的栖息地，并导致实质性的环境恶化。稳定同位素分析显示，粟是西坡聚落人和家猪的主要食物[30]，粟作农业生产得到强化。仰韶文化中期的窖穴容积显然比早期的要大，说明粮食生产规模扩大了。但从西坡遗址出土的农业生产工具看，这个时期在技术革新上的证据并不明显，因此，在灵宝铸鼎原地区，提高农业生产水平可能是通过投入更多的时间和劳动力、增加拓荒面积的途径来实现的。

仰韶文化中期中心聚落的出现和发展，可能是强化农业生产的另一种体现。调动劳动力对于强化农业生产、修建防御设施和大型公共建筑、保卫土地和产品来说相当重要。在这种情况下，由于大的族群有助于调动劳动力，所以，大型聚落在资源压力导致的竞争和冲突中的作用是最有效的[31]。仰韶文化中期大型聚落和小型聚落的地理位置差异或许就说明了大型聚落的优势。因此，基于血缘基础上的融合，可能是仰韶文化中期人们采取的缓解和消除资源压力的重要策略。

有学者注意到聚落内部农业生产强度和社会资源分配之间的相互关系[32]。当对农业劳动的投入增加时，单个家庭或个体就成为获取肥沃土地的主要力量，也就是说，农业强度趋向界定聚落内部的土地所有权，引起家庭或个体之间的竞争。这种典型的强化农业的情况在耕地有限以及对居住和耕作选择机会较少的地区尤其如此[33]。灵宝铸鼎原地区的聚落形态变化显示，在仰韶文化中期这里很可能发生了类似的情况。这种情形或许成为中心聚落发生社会分化的一个重要因素。

六　结　语

中心聚落不仅是人群流动与聚合的承载体，更是社会关系重组与整合的创造者。中心聚落在不同的社会发展阶段担负着不同的功能。在仰韶文化中期，中心聚落的功能更多地体现在精神层面上，其经济和政治功能还很弱。中心聚落的整合功能主要是由聚落中的大型建筑被赋予的宗教性功能来实现的。大型建筑为公共仪式性活动创造了神圣的空间，并成为强化人们共同信念的象征性载体。大型建筑不仅是人们集合的场所，更是族群宣示价值观的殿堂，在这里个别人获得了威望，为其攫取权力并让权力合法化创造了舆论条件。

在中心聚落的布局上，聚落中心的嬗变与聚落外围的固守，折射出社会发展过程中的辩证法则——突破与保留。某些家户在社会整合过程中积聚了人气和威望，个人权力和欲望逐渐膨胀，新的私有观念开始突破旧的公有观念。但是，整合起来的集体力量仍是维持中心聚落发展的基础，稳固的族群意识和氏族制度还是社会发展的重要精神支撑。

（原刊于《东方考古》第 7 期，科学出版社，2010 年）

注释

［1］a. 中国社会科学院考古研究所河南一队、河南省文物考古研究所、三门峡市文物工作队等：《河南灵宝市西坡遗址试掘简报》，《考古》2001 年第 11 期，第 3 - 14 页；b. 河南省文物考古研究所、中国社会科学院考古研究所河南一队、三门峡市文物考古研究所等：《河南灵宝市西坡遗址 2001 年春发掘简报》，《华夏考古》2002 年第 2 期，第 31 - 52 页；c. 河南省文物考古研究所、中国社会科学院考古研究所河南一队、三门峡市文物考古研究所等：《河南灵宝西坡遗址 105 号仰韶文化房址》，《文物》2003 年第 8 期，第 4 - 17 页；d. 中国社会科学院考古研究所河南一队、河南省文物考古研究所、三门峡市文物考古研究所等：《河南灵宝市西坡遗址发现一座仰韶文化中期特大房址》，《考古》2005 年第 3 期，第 3 - 6 页；e. 河南省文物考古研究所、中国社会科学院考古研究所河南一队、三门峡市文物考古研究所等：《河南灵宝市西坡遗址墓地 2005 年发掘简报》，《考古》2008 年第 1 期，第 3 - 13 页；f. 马萧林、李新伟、杨海青：《河南灵宝西坡遗址第五次发掘获重大突破》，《中国文物报》2005 年 8 月 26 日第 1 版；g. 中国社会科学院考古研究所、河南省文物考古研究所：《灵宝西坡墓地》，文物出版社，2010 年。

［2］a. 河南省文物考古研究所、中国社会科学院考古研究所河南一队等：《河南灵宝铸鼎塬及其周围考古调查报告》，《华夏考古》1999 年第 3 期，第 19 - 42 页；b. 中国社会科学院考古研究所河南一队、河南省文物考古研究所等：《河南灵宝市北阳平遗址调查》，《考古》1999 年第 12 期，第 1 - 15 页。

［3］严文明：《仰韶文化研究》，文物出版社，1989 年，第 227 页。

［4］同注［1］c。

［5］同注［1］f。

［6］与河南省文物考古研究所魏兴涛研究员讨论。

［7］同注［1］b。

［8］同注［3］，第 228 页。

［9］同注［1］b。

［10］同注［1］b。

［11］同注［1］c。

［12］有关朱砂功用的论述，参见 Ma，Xiaolin. 2005. Emergent Social Complexity in the Yangshao Culture：Analysis of settlement patterns and faunal remains from Lingbao，Western Henan，China （C. 4900 – 3000 BC）．BAR International Series 1453. Oxford，England：Hadrian Books Ltd.

［13］马萧林：《灵宝西坡遗址的肉食消费模式——骨骼部位发现率、表面痕迹及破碎度》，《华夏考古》2008 年第 4 期，第 73 – 87、106 页。

［14］a. Adler，M. A. 1996. Land tenure，archaeology，and the ancestral Pueblo social land-scape. *Journal of Anthropological Archaeology*，15：337 – 371；b. Kohler，T. A. and M. H. Matthews. 1988. Long-term Anasazi land use and forest reduction：A case study from southwestern Colorado. *American Antiquity*，53（3）：537 – 564.

［15］同注［14］a。

［16］Hill，J. N.，W. N. Trierweiler，and R. W. Preucel. 1996. The evolution of cultural complexi-ty：A case from the Pajarito Plateau，New Mexico. In J. E. Arnold（ed）．Emergent Complexity：*The E-volution of Intermediate Societies. International Monographs in Prehistory*. Ann Arbor，Michigan：107 – 127.

［17］同注［14］a。

［18］同注［14］b。

［19］Yan，Wenming. 1992. Origins of agriculture and animal husbandry in China. In C. M. Aikens and Rhee，S. N.（eds）．*Pacific Northeast Asia in Prehistory*. Pullman WA：Washington State University Press：113 – 123.

［20］a. 严文明：《中国稻作农业的起源》，《农业考古》1982 年第 1 期，第 19 – 31 页；b. 魏兴涛、孔昭宸、刘长江：《三门峡南交口遗址仰韶文化稻作遗存的发现及其意义》，《农业考古》2000 年第 3 期，第 77 – 79 页。

［21］a. Ekaterina A. Pechenkina，Stanley H. Ambrose，Ma Xiaolin，Eobert A. Benfer Jr. 2005. Reconstructing Northern Chinese Neolithic subsistence practices by isotopic analysis. *Journal of Archaeolog-ical Science*，32：1176 – 1189；b. 张雪莲：《人骨碳十三、氮十五同位素分析》，《灵宝西坡墓地》，文物出版社，2010 年，第 197 – 209 页。

［22］Boserup，E. 1965. *The Conditions of Agricultural Growth*. Chicago：Aldine.

［23］Schurr，M. R. 1995. Associations between agricultural intensification and social complexity：An example from the prehistoric Ohio valley. *Journal of Anthropological Archaeology*，14：315 – 339.

［24］同注［14］a。

［25］Renfrew，C. and J. M. Wagstaff. 1982. *An Island Polity*：*The Archaeology of Exploitation on Melos*. Cambridge：Cambridge University Press.

［26］Greenfield，H. J. 1991. Fauna from the late Neolithic of the Central Balkans；issues in subsistence and land use. *Journal of Field Archaeology*, 18：91 – 108.

［27］a. Pechenkina, E. A. , Jr R. A. Benfer, and Zhijun Wang, 2002. Diet and health changes at the end of the Chinese Neolithic：the Yangshao/Longshan transition in Shaanxi province. *American Journal of Physical Anthropology*, 117：15 – 36；b. 同注［22］。

［28］孔昭宸等：《中国北方全新世大暖期植物群的古气候波动》，《中国全新世大暖期与环境》，海洋出版社，1992 年，第 48 – 65 页。

［29］马萧林：《河南灵宝西坡遗址动物群及相关问题》，《中原文物》2007 年 4 期，第 48 – 61 页。

［30］同注［20］。

［31］同注［14］a。

［32］a. 同注［14］a；b. Brown, P. and A. Podolefsky. 1976. Population density, agricultural intensity, land tenure, and group size in the New Guinea Highlands. *Ethnology*, 15：211 – 238；c. Netting, R. McC. 1990. Population, permanent agriculture, and polities：Unpacking the evolutionary portmanteau. In S. Upham （ ed ）. *The Evolution of Political Systems*. Cambridge：Cambridge University Press：21 – 61；d. Netting, RM. C. 1993. Smallholders, Householders；Farm Families and the Ecology of Intensive, *Sustainable Agriculture*. Stanford：Stanford University Press.

［33］同注［14］a。

仰韶文化中期的聚落与社会

——灵宝西坡遗址微观分析

聚落考古通过研究聚落形态及其变化，探寻聚落演变所反映的社会形态的发展轨迹。在聚落形态没有根本改变的情况下，它所反映的社会面貌或社会组织结构也应当没有本质的改变[1]。在仰韶文化考古中，以临潼姜寨为代表的仰韶早期遗址的大面积发掘，揭开了仰韶早期聚落形态的面纱，其内向式的聚落布局犹如一把钥匙，打开了研究仰韶早期社会形态的大门。仰韶文化中期或庙底沟期是中原文明起源的重要阶段，备受学术界关注。这一时期的文化面貌给我们留下了深刻印象：气候条件适宜，人口急剧增加，聚居范围扩大，族群流动增强，中心聚落出现，社会发生分化。然而，仰韶文化中期的中心聚落是如何形成的？聚落布局随着时间的推移发生了什么变化？聚落形态的演变反映了怎样的社会变迁？长期以来，由于缺乏翔实的考古资料，难以深入探究这些微观的学术问题。近年来，通过对灵宝西坡遗址的考古勘探和发掘，初步掌握了西坡聚落的基本布局和变化轨迹，为研究仰韶文化中期的社会形态提供了宝贵资料。本文拟结合西坡遗址的发掘成果，从大型房屋、壕沟的兴废入手，围绕聚落布局的时空变化，探讨仰韶文化中期聚落形态及其演变所反映的社会变迁，尝试活化这一时期的历史场景。

一　西坡遗址的考古发现

西坡遗址位于灵宝市阳平镇西坡村西北，1958 年考古调查时发现。遗址南距秦岭约 5 公里，北距黄河约 11 公里。发源于秦岭山地的夫夫河和灵湖河，由南向北从遗址的东西两侧流过，在遗址以北不远处交汇，流入黄河的支流沙河。遗址西南高、东北低，海拔 455～475 米，除了墓地位于南壕沟以南，其他遗迹都比较密集地分布在南北两道壕沟和东西两条河流围成的区域内，面积约 40 万平方米。灵宝境内的考古调查结果表明，西坡遗址是铸鼎原周围 20 多处仰韶文化中期遗址中，规模仅次于北阳平遗址的中心性聚落[2]。

2000 年至 2013 年，河南省文物考古研究所与中国社会科学院考古研究所组成联合考古队，对西坡遗址进行了 8 次发掘和一次系统的考古勘探，发掘面积近 8000 平方米。发掘揭露了 7 座大型和中型房屋基址，清理百余座灰坑和 34 座墓葬，解剖了遗址南侧和北侧两段壕沟，出土了大量的陶器、石器、玉器、骨器等文化遗物。发掘结果表明，西坡是一处以仰韶文化中期遗存为主的新石器时代遗址，遗址中部和北部有部分仰韶晚期遗存，北部还见少量庙底沟二期遗存[3]。需要说明的是，第一次发掘地点位于遗址中部偏南，发现大量灰坑等遗迹；第二、三、四、七次发掘地点位于遗址中部，重点揭露多座大型和中型房屋基址；第五、六次发掘揭露了遗址南壕沟以南的墓地，并解剖了北壕沟；第八次发掘重点解剖了南壕沟。

尽管西坡 8 次发掘的面积仅占遗址总面积的不足 2%，还难以像全面揭露的临潼姜寨遗址那样能够清晰地呈现聚落布局，复原当时的社会结构和历史场景，但根据考古勘探和发掘的主要成果，我们还是能够梳理出西坡聚落形成与发展演变的基本线索和大体轨迹。

二 西坡向心式聚落形态的形成与终结

房屋、壕沟、窖穴、墓地等是史前聚落构成的基本要素，它们的空间位置及相互关系是研究聚落形态的重要内容。本文将着重围绕西坡遗址揭露的大型房址、中型房址和壕沟的发掘材料，分析这些关键聚落设施兴建、使用、废弃的方式和过程，梳理它们之间的时间和空间关系，进而探讨西坡聚落形态的发展变化。

（一）向心式聚落布局的形成

考古勘探显示，遗址中心部位遗迹稀少，很可能是聚落的中心广场，广场四角分别发现了四座大型房址，其中包括已经发掘揭露的位于广场西北角的房址 F105（图一）、西南角的 F106（图二）和东南角的 F108[4]。这三座大型半地穴式建筑基址的门道方向均朝向中心广场。此外，在广场东北角还有一座未发掘的大型房址，很可能是一座门道朝向西南的第四座大型房屋。由此推断，西坡中部的一个中心广场和四座门道朝向中心广场的大型房屋，共同构成了聚落最为重要的空间格局和建筑景观。下面我们来看大型房屋和壕沟在西坡聚落中的相对年代。

根据地层关系，所有与 F105 存在地层关系的遗迹均叠压或打破 F105，在其周围未发现与其同时期的遗迹。从 F105 废弃堆积中出土的陶片特征看，小口瓶为重环

图一　西坡遗址 F104 与 F105

图二　西坡遗址 F106

口，双唇分界明显，具有西坡仰韶文化中期器物的较早特征。发掘者认为，F105 大致相当于该遗址仰韶中期遗存的第一段或略早[5]。根据 F106 的地层关系，打破或叠压 F106 的均为西周和近代遗存，F106 附近有少数仰韶中期和晚期的灰坑。F106 堆积中出土的小口瓶唇部具有西坡仰韶中期器物的早期特征[6]。同样，根据地层关系，F107 叠压 F108（图三），打破 F107 的均为西周和近代遗存。发掘者认为，F107 下层填土中出土的遗物为西坡仰韶中期偏早段，也就是说，F107 是聚落中偏早的建筑。F108 被叠压在 F107 之下，虽然未被揭露出来，年代应更早[7]。

　　总之，根据地层关系和出土遗物的特征判断，F105、F106、F108 应当是西坡聚落中最早的一批房屋建筑。尽管三座大型房址之间没有直接的地层关系，已有的发掘也没有可以利用的间接地层关系，但是其门道均指向中心广场的空间布局，这表明，它们是一种特殊的组合关系，这种组合显然是在聚落兴建伊始统一规划和全面动员的情况下完成的。

图三　西坡遗址 F107 与 F108 位置示意图

　　北壕沟的地层解剖显示，沟内堆积自上而下分别为庙底沟二期、仰韶晚期和仰韶中期，其中以仰韶晚期的堆积最为丰厚，仰韶中期遗存次之，庙底沟二期遗存最少。沟内底部出土的陶器特征，与西坡仰韶中期偏早器物的特征十分相似。也就是说，北壕沟很可能为西坡聚落中最早的基础设施之一[8]。同样，根据南壕沟内的地层堆积情况，发掘者认为，南壕沟的兴建和使用当在西坡仰韶中期的早期阶段，随后被逐渐废弃[9]。总之，北壕沟和南壕沟的地层堆积和出土器物特征均表明，它们应为西坡聚落兴建的最早一批基础性防御设施。

综上分析，大型房屋与南北壕沟的始建年代大体同时，构成了西坡早期最基本的聚落架构。成组的大型房屋位于聚落中部，门道朝向中心广场，共同组成了向心式的聚落布局。大型房屋和壕沟的兴建标志着西坡向心式聚落布局初步形成，也表明区域性的中心聚落出现在了这片黄土塬上。

大型房屋位于聚落中部，凸显了它们在聚落中的特殊地位，但其真正的价值主要体现在功能上，即它们在聚落中所扮演的角色。下面我们以 F105、F106 为例，从其建筑规模与结构、室内装饰、废弃方式以及周围设施等方面来揭示其功能。

大型房屋规模宏大、结构复杂。F105 大致呈正方形，室内属半地穴式，四周回廊为地面式，是半地穴式与地面式相结合的建筑。东南侧有一条斜坡式门道，室内有立柱和壁柱，正对门道处设有火塘。半地穴室内面积约 204 平方米，建筑整体占地面积达 516 平方米。F105 房基坑底部距半地穴口部深达 2.75 米，单是房基坑的土方量就超过 1000 立方米，包括挖基、奠基、取材、营建、装饰在内的整个建筑用工量相当大，远非普通居住用房的工程量所能企及[10]。F106 大致呈四边形，半地穴式，东北侧有一个斜坡式门道，室内有立柱和壁柱，室内正对门道处设有火塘，半地穴内面积约 240 平方米，占地面积约 296 平方米[11]。西坡的大型房屋、中型房屋的结构与 F106 相似，均为半地穴式，只是不像 F105 那样有回廊。在规模上，中型房屋的室内面积一般不超过 100 平方米，比大型房屋的面积小很多。

大型房屋的室内装饰考究。F105 的居住面、墙面及部分房基夯土层表面均用朱砂涂成红色，在壁柱底部的柱础坑周围也发现朱砂，甚至有些夯土与草拌泥中也包含少量朱砂[12]。F106 的居住面、墙壁上均发现大面积涂朱现象[13]。如果房基夯土层上的朱砂可能与奠基时举行的祭祀活动有关，那么居住面和墙壁上涂抹朱砂则与房屋的使用功能有关[14]。在 F105、F106 室内大量使用朱砂装饰墙壁和地面，表明 F105、F106 并非普通的公共建筑。假如 F105、F106 用作召集公众的普通公共建筑或者作为居住用房，那么在墙壁和居住面上涂抹朱砂显然是多余的，因为这些朱砂很容易因人的活动而脱落或蹭掉。与之相比，在西坡揭露的三座用于居住的中型房屋的居住面和墙壁上均未发现用于装饰的朱砂遗存。因此，F105、F106 很可能是举行礼仪性或宗教性活动的特殊场所，只允许少数人进入。

大型房屋的废弃方式特别。在西坡揭露的中型房址 F102（图四）、F104（见图一）、F3 的室内柱和壁柱均被火烧成炭灰色，半地穴中的废弃物大多为屋顶和墙壁倒塌所残存的红烧土、草拌泥堆积[15]。截然不同的是，F105 的室内柱、墙壁柱及回廊柱均被有意拆除运走，没有发现一例被火焚烧的痕迹，室内地面和半地穴堆积中的填土比较纯净[16]。同样，F106 的室内柱的柱坑和墙壁柱的柱洞中均不见木柱腐朽或焚烧的痕迹，其填充土为房屋倒塌形成的堆积[17]。这些迹象表明，F105、F106 是有意被废弃的，并且在废弃过程中很可能举行了特殊仪式。此外，值得注意的是，大型房屋 F107 与被其叠压的 F108 的规模相近，而废弃方式与 F105、F106 相似，其室内柱、墙壁柱也被有意拆除移走。发掘者认为，F107 火塘的特殊形制和挡火墙的设置，房屋后部由立柱隔离出的特殊空间等，说明这座建筑是举行特殊活动的场所[18]。

图四　西坡遗址 F102

大型房屋没有其他附属设施。在遗址中部发掘的 1140 平方米的区域内，所有与 F105 发生地层关系的房屋、窖穴、灰坑等遗迹均叠压或打破 F105，说明这些遗迹都要晚于 F105[19]。由此推断，F105 没有窖穴之类的附属设施，在其周围很可能存在较大面积的空地。无独有偶，在揭露 F106 时发掘的 800 平方米范围内，除了一座澄泥池可能与建造 F106 有关，仰韶中期的遗迹很少而且都较晚，F106 附近也没有与其相关的窖穴等附属设施，其周围也为大面积的空地。但与两座大型房址不同的是，在三座中型房址附近却发现了大量比较规整的窖穴，这从侧面证明，中型房屋很可能是生活居住用房。

综上分析，大型房屋的居中位置、宏大规模、复杂结构、考究装饰、特殊废弃方式，以及迥然有别于中型房屋的诸多方面，彰显了它们在聚落中的公共性特征和礼仪性功能。朱砂这种稀有物质在大型房屋室内装饰中被大量使用，更增添了它们的庄重、严肃、神圣色彩。

大体上看，西坡向心式的聚落布局与严文明先生所指出的仰韶早期凝聚式和内向式的聚落布局有相似之处[20]。以西坡为代表的仰韶文化中期的聚落布局，很可能继承了以姜寨为代表的仰韶早期的聚落形态，并表达了相似的社会含义，即比较严密的社会组织和强烈的集体观念。然而，西坡向心式的聚落布局与姜寨的内向式布局还是有显著区别的，主要在于：一是大型房屋在聚落中的位置及组合关系明显不同，西坡的大型房屋是聚合在聚落中心的，姜寨的大型房屋不在聚落中心，而是与其他中小房屋结合成组；二是大型房屋在聚落中的功能显著不同，西坡的大型房屋是举行礼仪性或宗教性活动的特殊场所，仅限于少数人进出，而姜寨的大型房屋则是具有部分居住功能的公用性场所。

（二）向心式聚落布局的终结

如上所述，西坡聚落是以大型房屋的向心式布局出现的，但随着大型房屋和南北壕沟的废弃，中型房屋在聚落中部的相继兴建，西坡原先的聚落布局发生了根本性改变。

大型房屋 F105 被废弃后，在其废弃堆积的基础上开挖半地穴，建起了一座新的中型房屋 F104。F104 以 F105 的半地穴居住面为垫层基面，斜坡门道朝向西南。从建筑迹象和堆积中出土的器物判断，F104 的兴建是在 F105 废弃一段时间之后发生的，附近的一些窖穴很可能是 F104 的附属设施。F105 被废弃后，在其北侧出现了中型房屋 F102，兴建时间晚于 F105、早于 F104，F102 斜坡门道朝向东南，附近的窖穴可能是其附属设施。大型房屋 F106 被废弃后，在其附近没有兴建新的房屋，只是在较远处出现了少量窖穴。大型房屋 F108 被废弃后不久，在其上面建起了规模相近的 F107，F107 门道朝向西南。尽管无法断定在这几座大型房屋废弃之后多长时间里，就在聚落中部建起了其他房屋和附属设施，但毫无疑问，这些大型房屋废弃之后，西坡聚落中部不再是先前那种庄严神圣的大型房屋，取而代之的是规模小了很多、带有窖穴等附属性设施的中型房屋。中型房屋的门道朝向为西南向或东南向，显然考虑到房屋采光的需要，更趋向实用性。

南北壕沟的解剖结果显示，沟底出土的仰韶文化中期的器物与 F105、F106 填土中出土的同类器物十分接近，表明壕沟很可能与大型房屋的废弃发生在同一时段。也就是说，与西坡聚落大致同时兴建的大型房屋和壕沟，也大体在同一时段被废弃了。如果把大型房屋 F105、F106、F108 的使用时间作为西坡聚落维持早先聚落布局的时间，那么这段时间最多不过百年。

大型房屋被废弃之后，聚落中心出现了 F102、F104 等中型房屋及其附属设施，这里完全成了人们的生活区。在仰韶文化早期的姜寨聚落，"不管房屋如何毁坏又重建，一切都仍然按照早先的规划，直到这个村落完全被放弃时为止，说明居住在这个聚落的集体组织一直起着作用"[21]。形成鲜明对比的是，西坡向心式的聚落布局并没有维持多久就被彻底改变了。尽管在大型房屋和南北壕沟被废弃后，聚落的发展仍然没有超出南北壕沟和东西河流围成的范围，但聚落中心已经面目全非。因此，聚落中部大型房屋的废弃、中型房屋及其附属设施的兴建，标志着西坡早期向心式聚落布局的终结。

三 西坡聚落演变反映的社会变迁

聚落的空间布局不仅受限于建造时的物质因素，还要满足人们因社会活动而划分的空间需求。也就是说，聚落的空间形态是对一定社会群体顺应自然和文化秩序的反映。上述分析表明，西坡聚落发生了两个根本性的转变：一是以向心式聚落形态的形成为标志的中心聚落的出现，二是以向心式聚落形态的终结为标志的社会阶层分化的出现。

向心式聚落形态是仰韶文化早期聚落的典型特征，大型房屋、中型房屋和小型房屋组成相应的团组，其门向均朝向聚落中心，构成了长期而稳定的聚落布局。各类房屋的门向不因房屋维修改造而改变，体现出凝聚、内向、稳固的社会格局[22]。黄河中游地区的考古调查显示，在仰韶文化早期，遗址之间的面积差异不大，绝大多数不超过10万平方米；到了仰韶文化中期，遗址面积呈现明显的差异性。以灵宝铸鼎原为例，仰韶文化中期出现了以北阳平和西坡为代表的面积达数十万平方米的大型聚落，还有少数十几万平方米的中型聚落，大多数则是面积仅为几万平方米的小型聚落[23]。

大型房屋和南北壕沟的兴建，标志着规模达40万平方米的西坡中心聚落的出现和向心式聚落形态的初步形成。在仰韶文化中期，中心聚落的出现不仅仅是聚落规模的成倍扩大，还伴随着人口的急剧增长。这种人口增长方式显然不仅仅是人口的自然增长，更多的情形是人口由分散走向聚合。一些血缘关系比较亲密的氏族，很可能从早先若干规模较小的聚落聚集到新的更大的聚落中来。如果说我们在中心聚落看到的这一聚合过程只是聚落规模的倍增、人口规模的扩大的话，那么在这一聚合过程的背后，涌动着我们看不见的时代变革，也就是社会整合。在仰韶文化中期，中心聚落的出现实质上就是社会整合的产物，它预示着一种新的时代秩序正在悄然生成。

新的时代需要有与之相应的社会秩序和维持这种新型社会结构的职能，客观上也要求人们更加有效地管理社会。当聚落之间面临对各类资源的争夺、社会成员面对来自方方面面的压力时，这种需求很容易直接被转换为对强大权力的呼唤，期望用一种力量来应对各种挑战。在这样的社会背景下兴建的大型房屋，在新出现的中心聚落中必然扮演着与这一社会背景相适应的重要角色，拥有礼仪性或宗教性职能。在仰韶文化中期这个社会转型的历史关头，大型房屋被赋予的礼仪性功能是在社会整合过程中提出的客观要求，是社会成员在面对社会骤变时从现实和心理上保护自己的屏障。如果说壕沟作为一种防卫设施，在"硬件"上起着保护聚落成员的功能，那么以 F105、F106、F108 等为代表的大型房屋组合就是维持时代秩序、规范社会行为、强化族群认同、增强凝聚力的一种综合性设施，在"软件"上发挥着培育聚落内部乃至聚落间社会关系的作用。群体仪式是社会整合不可缺少的要素，大型公共建筑和中心广场为这种仪式提供了表达意志、诉求利益的场所，并成为强化族群意识和集体信念的具有象征性、符号性的载体。

然而，随着聚落中部大型房屋的废弃和中型房屋的出现，西坡向心式的聚落形态走到了尽头。聚落中心空间布局的根本性改变，意味着聚落内的社会组织关系发生了实质性变化。F105 被废弃之后，在其附近兴建了中型房屋 F102。F102 为长方形半地穴式，室内有四个柱洞和一个火塘，房基占地面积约 98 平方米，室内面积约 68 平方米。值得注意的是，室内有一长方形磨石嵌入坚硬的居住面内并且略高于居住面，磨石中部略下凹，表面光滑并残留有朱砂，周围也有零星散落的朱砂[24]（见图四）。无独有偶，位于聚落中部偏南的 F3，其居住面上也被嵌入一块类似功能的磨石。这种现象见于中型房屋绝非偶然。朱砂是一种与祭祀或礼仪性活动有关的特殊物质，在兴建 F102 和 F3 时就设置了专门用来研磨朱砂的磨石，表明这些房屋具有非同寻常的功能，其主人很可能不是普通的居民，而是从事与礼仪性活动有关的特殊人物。用于礼仪场合的朱砂，是具有控制人们精神功能的物化产品，显然区别于那些用于日常生活的手工产品。礼仪施行者可能设法控制朱砂的生产和使用，使其作为树立个人威望、获取和维护自身地位的手段。

诸如 F102 这样的中型房屋很可能居住着从事礼仪性或宗教性活动的人物，这就意味着在前期中心聚落的内部事务是由议事会式的集体协商决定的。到了后期，随着某些人（尤其是巫觋）的影响力的扩大及其欲望和权力的膨胀，聚落的管理事务逐渐被这些人掌控，由此给个人权力的不断增长带来了契机，并最终导致集体力量的弱化和社会阶层的分化。这类人物应当与大型房屋的废弃及其功能的丧失有密切的关系，他们身份的转换和权力的增长推动了聚落形态的改变。大型公共礼仪性建筑组合被废弃，在客观上完成了时代所赋予它的历史使命。

从目前的发掘结果来看，西坡墓地略晚于居住区已揭露的中型房屋，我们看到，墓主人之间的身份差别已经在墓葬规模以及大口缸、玉钺等特殊随葬品上表现出来[25]。埋葬习俗上的这种差异，或许就是现实生活中社会阶层分化的客观反映。社会地位较高的那部分人很可能就是从事祭祀活动的巫觋，他们不仅通过交换等方式，掌握着朱砂、玉器、象牙等稀有物质资源，还通过强化他们与其他社会上层人物的技艺和观念交流，不断提高自身的社交能力和身份地位。在西坡中心聚落所发生的社会聚合与社会分化确实耐人寻味。那么，在仰韶文化中期，中心聚落是在怎样的社会背景下出现的？为什么会出现社会聚合与分化？下面我们不妨围绕社会聚合与分化的动因展开讨论。

四 社会聚合与分化的动因

在人类学文献中，研究者注意到，在农业社会，聚落分布与耕地的可利用程度存在密切关系[26]。虽然水及其他重要资源是影响聚落布局的因素，但可耕地的不均衡分布、耕地与居住区的距离以及对肥沃土地的争夺等，促使史前农业生产者把接近田地作为一个重要的因素来考虑[27]。对于人口规模较大的地区来说，生计问题只有通过增加食物生产、技术革新和社会组织来解决[28]。区域内的人口可以通过多种方式重新布局，比如建立新聚落来分散人口，也可以把分散的人口集中到少数较大的聚落中。事实上，聚落集中的情况更为常见，因为大型聚落能够为族群成员提供安全保障，特别是为保护族群的资源和产品而发生冲突的时候[29]。土地生产力的下降和环境退化，也会迫使居民离开资源枯竭的地区而重新安置到新的区域[30]。

考古证据表明，在黄河中游地区，至少从仰韶文化早期开始，粟作农业已是重要的生业经济。大型窖穴和各种石质农业工具说明，仰韶文化时期人们已经从事一定程度上的"精耕细作"[31]。粟是仰韶文化的主要农作物，尽管在仰韶文化的堆积中也发现有黍和稻[32]。西坡遗址出土的人骨和动物骨骼的稳定同位素分析显示，粟是人和家猪的主要食物，表明粟作生产确实是这里的主要农业活动[33]。

（一）聚落选址与农业资源

水是基本的生活要素之一，靠近水源是聚落选址要考虑的重要因素，灵宝铸鼎原所有遗址都靠近河流就说明了这一点[34]。然而，水资源在灵宝铸鼎原新石器时代的聚落形态变化中的重要性则另当别论。由于这里的沙河与阳平河都是发源于南部秦岭山区的短小河流，整个流域的径流量没有明显差异。也就是说，人们无论居住在下游还是上游都能获得足够的水资源。因此，水资源很可能不是影响这里聚落形态变化的主要因素。

在农业社会，靠近农业资源往往是聚落选址优先考虑的因素。可能从仰韶文化早期开始，灵宝铸鼎原一带的聚落就会靠近肥沃的土地。仰韶文化早期遗址大多分布在阳平河与沙河的下游，而上游的大部分区域未被开发。当时人们可能有更多选择聚落位置的机会，很自然地把家安置在土地肥沃的区域。在 18 处有多个时期连续居住遗存的遗址中，有 10 处在仰韶文化早期为第一次居住，说明有些有利的位置可能在该时期就被认识到，并在随后的阶段继续居住[35]。这些位置的优势可能与农业生产所需的肥沃土壤有关。此外，这一时期比较规则的聚落空间分布，意味着聚落周围的资源足够支撑居住者的生产和生活。也就是说，在仰韶文化早期，这里没有土地资源短缺的问题。

仰韶文化中期的聚落分布显示，遗址数量的增加和居住区域的扩大与聚落的广泛分布相一致。这个时期的遗址分布很不均衡，新出现的大型聚落似乎位于比较有利的位置，而大多数新出现的小型聚落分布在地势比较高或相对偏僻的地方。聚落分布的差异意味着不同族群对农业资源占有的差异，同时在某种程度上可能反映了族群间的社会差异。对资源利用的变化和肥沃土地的缺乏，可能导致食物生产的强化和社会关系的重组。在仰韶文化中期，人们很可能通过增加对农业生产的劳动投入来缓解或消除资源紧张问题，比如扩大开垦荒地的规模。

（二）强化农业与社会聚合

强化农业生产是对人口不断增长地区的农业资源、生产潜力和人口密度发展不平衡的一种反映[36]。由于对强化农业很难直接衡量，考古学家通常把"强化农业"作为一个术语来表达不断增加对驯养动植物的依赖程度，并采用间接指标来鉴别[37]。这些指标包括遗址与肥沃土地的距离[38]、窖穴容积的增大、技术发明[39]、增加拓荒[40]以及人畜食谱证据[41]。

在仰韶文化中期，豫西地区不断增长的人口密度以及半封闭地理环境、气候波动[42]和脆弱的生态条件，对农业资源产生较大压力。因此，强化农业生产可能是对这种压力的一种直接反应。西坡遗址出土的动物遗存分析表明，家猪已经成为这一时期主要的肉食来源，鹿等野生动物在肉食消费结构中的比例大大降低，反映出附近生态环境已经不适宜野生动物的生长[43]，开荒活动很可能破坏了野生动物的栖息地，并导致实质性的环境退化。仰韶文化中期的窖穴容积显然比早期的要大，说明粮食生产规模扩大。尽管粟是西坡聚落人和家猪的主要食物，粟作农业生产得到强化，但从西坡遗址出土的农业生产工具看，这个时期在技术革新上的证据并不明显。因此，在灵宝铸鼎原地区，加强农业生产可能是通过投入更多的时间和劳动力、增加拓荒面积的途径来实现的。

仰韶文化中期中心聚落的出现和发展，可能就是对强化农业生产的另一种反映。调动劳动力对强化农业生产、修建防御设施和大型公共建筑、保卫土地和产品来说相当重要。在这种情况下，由于大的族群有助于调动劳动力，所以大型聚落在资源压力导致的竞争和冲突中的作用是最有效的[44]。仰韶文化中期大型聚落和小型聚落的地理位置差异或许就说明了大型聚落的优势。因此，基于血缘基础上的融合，可能是仰韶文化中期人们采取缓解和消除资源压力的重要策略。

有学者注意到聚落内部农业生产强度与社会资源分配之间的关系[45]。当对农业劳动的投入增加时，单个家庭或个体就成为获取肥沃土地的主要力量；也就是说，农业强度倾向于界定聚落内部的土地所有权，易于引起家庭或个体之间的竞争。这种典型的强化农业的情况在耕地有限以及对居住和耕作选择机会较少的地区尤其如此[46]。灵宝铸鼎原地区的聚落形态显示，在仰韶文化中期，这里因人口的大量增加很可能发生了类似的情况。这种情形或许成为中心聚落发生社会阶层分化的一个重要因素。

五　结　语

灵宝西坡是豫西地区仰韶文化中期中心聚落的典型代表，其向心式聚落布局的形成与终结，见证了这一时期中心聚落从出现到内部发生根本性变化的轨迹。中心聚落不仅是人群流动与聚合的承载体，更是社会关系重组与整合的创造者，若干血缘关系亲近的氏族在面临各类资源紧张、农业生产压力和社会族群竞争时，从先前较小的聚落聚合到更大的中心聚落中来。在仰韶文化中期，中心聚落的早期功能主要是由大型房屋被赋予的礼仪性或宗教性功能来实现的，大型房屋为公共礼仪性活动创造了神圣空间，并成为强化人们共同信念和族群意识的重要载体。大型房屋和中心广场不仅是人们集合的场所，更是族群宣示价值观的殿堂。在这里，少数人或某些家户获得了人气和威望，为攫取权力及其"合法化"创造了条件。他们的欲望膨胀和权力增长，推动了聚落形态发生实质性改变，使得以大型房屋向心式布局为特征的空间格局走向终结，并导致聚落内部社会阶层的分化。尽管新的私有观念开始突破旧的公有观念，少数人物逐渐掌控聚落管理事务，但整合起来的集体力量仍是维持中心聚落发展的基石，稳固的族群意识和氏族制度还是社会发展的重要支撑。

（原刊于《中原文物》2020 年第 6 期）

注释

［1］严文明：《关于聚落考古的方法问题》，《中原文物》2010 年第 2 期。

［2］a. 河南省文物考古研究所、中国社会科学院考古研究所河南一队等：《河南灵宝铸鼎塬及

其周围考古调查报告》，《华夏考古》1999 年第 3 期；b. Ma，Xiaolin. 2005. Emergent Social Complexity in the Yangshao Culture：Analysis of settlement patterns and faunal remains from Lingbao，Western Henan，China（C. 4900－3000 BC）. BAR International Series 1453. Hadrian Books Ltd，Oxford，England.

［3］a. 中国社会科学院考古研究所河南一队、河南省文物考古研究所、三门峡市文物工作队等：《河南灵宝市西坡遗址试掘简报》，《考古》2001 年第 11 期；b. 河南省文物考古研究所、中国社会科学院考古研究所河南一队、三门峡市文物考古研究所等：《河南灵宝市西坡遗址 2001 年春发掘简报》，《华夏考古》2002 年第 2 期；c. 河南省文物考古研究所、中国社会科学院考古研究所河南一队、三门峡市文物考古研究所等：《河南灵宝西坡遗址 105 号仰韶文化房址》，《文物》2003 年第 8 期；d. 中国社会科学院考古研究所河南一队、河南省文物考古研究所、三门峡市文物考古研究所等：《河南灵宝市西坡遗址发现一座仰韶文化中期特大房址》，《考古》2005 年第 3 期；e. 河南省文物考古研究所、中国社会科学院考古研究所河南一队、三门峡市文物考古研究所等：《河南灵宝市西坡遗址墓地 2005 年发掘简报》，《考古》2008 年第 1 期；f. 中国社会科学院考古研究所河南一队、河南省文物考古研究所、三门峡市文物考古研究所等：《河南灵宝市西坡遗址 2006 年发现的仰韶文化中期大型墓葬》，《考古》2007 年第 2 期；g. 马萧林、李新伟、杨海青：《河南灵宝西坡遗址第五次发掘获重大突破》，《中国文物报》2005 年 8 月 26 日第 1 版；h. 中国社会科学院考古研究所、河南省文物考古研究所：《灵宝西坡墓地》，文物出版社，2010 年；i. 中国社会科学院考古研究所河南一队、河南省文物考古研究院、三门峡市文物考古研究所：《河南灵宝市西坡遗址庙底沟类型两座大型房址的发掘》，《考古》2015 年第 5 期；j. 中国社会科学院考古研究所河南一队、河南省文物考古研究院、三门峡市文物考古研究所等：《河南灵宝市西坡遗址南壕沟发掘简报》，《考古》2016 年第 5 期。

［4］中国社会科学院考古研究所河南一队、河南省文物考古研究院、三门峡市文物考古研究所等：《河南灵宝市西坡遗址庙底沟类型两座大型房址的发掘》，《考古》2015 年第 5 期。

［5］河南省文物考古研究所、中国社会科学院考古研究所河南一队、三门峡市文物考古研究所等：《河南灵宝西坡遗址 105 号仰韶文化房址》，《文物》2003 年第 8 期。

［6］中国社会科学院考古研究所河南一队、河南省文物考古研究所、三门峡市文物考古研究所等：《河南灵宝市西坡遗址 2006 年发现的仰韶文化中期大型墓葬》，《考古》2007 年第 2 期。

［7］同注［4］。

［8］根据联合考古队 2005 年对西坡遗址北壕沟的发掘资料。

［9］中国社会科学院考古研究所河南一队、河南省文物考古研究所、三门峡市文物考古研究所等：《河南灵宝市西坡遗址南壕沟发掘简报》，《考古》2016 年第 5 期。

［10］同注［5］。

［11］中国社会科学院考古研究所河南一队、河南省文物考古研究所、三门峡市文物考古研究所等：《河南灵宝市西坡遗址发现一座仰韶文化中期特大房址》，《考古》2005 年第 3 期。

［12］同注［5］。

［13］同注［11］。

［14］马萧林：《灵宝西坡出土朱砂及相关问题研究》，《中原文物》2019 年第 6 期。

［15］河南省文物考古研究所、中国社会科学院考古研究所河南一队、三门峡市文物考古研究所等：《河南灵宝市西坡遗址 2001 年春发掘简报》，《华夏考古》2002 年第 2 期。

［16］同注［5］。

［17］同注［11］。

［18］中国社会科学院考古研究所河南一队、河南省文物考古研究院、三门峡市文物考古研究所等：《河南灵宝市西坡遗址庙底沟类型两座大型房址的发掘》，《考古》2015 年第 5 期。大型房屋 F107 的废弃方式与 F105、F106、F108 的废弃方式相似，它很可能是在四座向心式大型房屋废弃后不久兴建的，并以新的方式承担西坡聚落公共性或仪式性职能的大型房屋。

［19］同注［5］。

［20］严文明：《仰韶文化研究》，文物出版社，1989 年。

［21］同注［20］。

［22］同注［20］。

［23］同注［2］。

［24］同注［15］。

［25］a. 中国社会科学院考古研究所、河南省文物考古研究所：《灵宝西坡墓地》，文物出版社，2010 年；b. 张雪莲、李新伟：《西坡墓地再讨论》，《中原文物》2014 年第 4 期；c. 马萧林：《灵宝西坡墓地再分析》，《考古与文物》2019 年第 5 期。

［26］Adler, M. A. Land tenure, archaeology, and the ancestral Pueblo social landscape. *Journal of Anthropological Archaeology* 1996, 15：337 – 371；Kohler, T. A., and M. H. Matthews. Long-term Anasazi land use and forest reduction：A case study from southwestern Colorado. *American Antiquity* 1988, 53（3）：537 – 564.

［27］Adler, M. A. Land tenure, archaeology, and the ancestral Pueblo social landscape. *Journal of Anthropological Archaeology* 1996, 15：337 – 371.

［28］Hill, J. N., W. N. Trierweiler, and R. W. Preucel. The evolution of cultural complexity：A case from the Pajarito Plateau, New Mexico. In *Emergent Complexity：The Evolution of Intermediate Societies*, edited by J. E. Arnold, 1996：107 – 127. International Monographs in Prehistory, Ann Arbor, Michigan.

［29］同注［27］。

［30］Kohler, T. A., and M. H. Matthews. Long-term Anasazi land use and forest reduction：A case study from southwestern Colorado. *American Antiquity* 1988, 53（3）：537 – 564.

［31］Yan, Wenming. Origins of agriculture and animal husbandry in China. In *Pacific Northeast Asia in Prehistory*, edited by C. M. Aikens, and Rhee, S. N., 1992：113 – 123. Washington State University

Press，Pullman WA.

［32］a. 严文明：《中国稻作农业的起源》，《农业考古》1982 年第 1 期；b. 魏兴涛、孔昭宸、刘长江：《三门峡南交口遗址仰韶文化稻作遗存的发现及其意义》，《农业考古》2000 年第 3 期。

［33］Ekaterina A. Pechenkina，Stanley H. Ambrose，Ma Xiaolin，Eobert A. Benfer Jr. ，Reconstructing Northern Chinese Neolithic Subsistence Practices by Isotopic Analysis，*Journal of Archaeological Science*，2005，32：1176 – 1189；张雪莲：《人骨碳十三、氮十五同位素分析》，《灵宝西坡墓地》，文物出版社，2010 年，第 197 – 209 页。

［34］同注［2］。

［35］同注［2］。

［36］同注［27］。

［37］Schurr，M. R. Associations between agricultural intensification and social complexity：An example from the prehistoric Ohio valley. *Journal of Anthropological Archaeology*，1995，14：315 – 339.

［38］Boserup，E. *The Conditions of Agricultural Growth*. Chicago：Aldine，1965.

［39］Renfrew，C. ，and J. M. Wagstaff. *An Island Polity：The Archaeology of Exploitation on Melos*. Cambridge University Press，Cambridge，1982.

［40］Greenfield，H. J. Fauna from the late Neolithic of the Central Balkans：issues in subsistence and land use. *Journal of Field Archaeology*，1991，18：91 – 108.

［41］Pechenkina，E. A，Jr. R. A. Benfer，and Zhijun Wang. Diet and health changes at the end of the Chinese Neolithic：the Yangshao/Longshan transition in Shaanxi province. *American Journal of Physical Anthropology*，2002，117：15 – 36；Boserup，E. *The Conditions of Agricultural Growth*. Chicago：Aldine，1965.

［42］孔昭宸等：《中国北方全新世大暖期植物群的古气候波动》，《中国全新世大暖期气候与环境》，海洋出版社，1992 年，第 48 – 65 页。

［43］马萧林：《河南灵宝西坡遗址动物群及相关问题》，《中原文物》2007 年第 4 期。

［44］同注［27］。

［45］Adler，M. A. Land tenure，archaeology，and the ancestral Pueblo social landscape. *Journal of Anthropological Archaeology* 1996，15：337 – 371；Brown，P. ，and A. Podolefsky. Population density，agricultural intensity，land tenure，and group size in the New Guinea Highlands. *Ethnology*，1976，15：211 – 238；Netting，R. McC. Population，permanent agriculture，and polities：Unpacking the evolutionary portmanteau. In *The Evolution of Political Systems*，edited by S. Upham，1990，21 – 61. Cambridge University Press，Cambridge；Netting，R. McC. *Smallholders，Householders：Farm Families and the Ecology of Intensive*，Sustainable Agriculture. Stanford University Press，Stanford，1993.

［46］同注［27］。

仰韶文化"陶鹰鼎"的定名及相关问题研究[*]

中国国家博物馆收藏的仰韶文化"陶鹰鼎"是我国史前时期的一件珍贵文物，因其造型独特、工艺精湛而备受关注，堪称一件兼具实用功能的史前艺术品。在以彩陶为特色的仰韶文化中，"陶鹰鼎"是目前发现的唯一一件整体以鸟类为造型的陶质生活容器。"陶鹰鼎"1957 年发现于陕西华县太平庄，1958 年北京大学考古专业在对华县泉护村考古发掘时，对其发现地进行了清理，并在《华县泉护村》考古报告中公布了发掘信息[1]。关于"陶鹰鼎"的定名，《华县泉护村》称作"鸮鼎"，后苏秉琦先生提出"其实叫尊更合适"，并称之为"黑光陶大鹗尊"[2]，但苏先生并未对此展开讨论。此后，学界对这一器物的名称问题讨论不多，基本沿用了"鼎"的器名，称其为"陶鹰鼎"或"鹰形陶鼎"。我们认为，目前定其器形为"鼎"的叫法值得商榷，苏秉琦先生的观点更为恰当合理。现从文化背景和器物用途等视角试做分析。

一 文化背景分析

M701 所在的太平庄与泉护村相邻，同属于泉护村遗址。泉护村遗址先后经历了两次大规模考古发掘，继 1958 年之后，陕西省考古研究院于 1997 年再次对该遗址进行了发掘[3]，两次发掘面积超过 7000 平方米，确认其为一处以庙底沟文化（即仰韶文化中期）为主的新石器时代遗址，现存面积达 93.5 万平方米。泉护村庙底沟文化遗存可分为三期。

（一）M701 文化性质和年代

M701 位于泉护村遗址西南边缘，为东西向竖穴土坑墓，南北宽 0.6~0.8 米，

---

* 本文为国家社会科学基金重大项目"河南灵宝西坡遗址综合研究"（批准号：12&ZD196）和 2019 年度全国文化名家暨"四个一批"人才自主选题项目"中原文明起源研究"的阶段性成果。

东西长 2.7 米左右，平面呈两端略宽、中部狭窄的亚腰形，未见葬具遗痕，墓主人
为 30～40 岁的女性，仰身直肢，头向西。随葬器物有骨笄 2 件、骨匕 14 件、石斧、
石铲、陶钵、陶釜、陶灶、陶小口单耳平底瓶、"陶鹰鼎"各 1 件。骨笄交叉置于
墓主人头顶下方，骨匕重叠地压在右肱骨及前臂骨上，右手下方放置石斧及石铲，
陶器均放置于墓主人脚下（图一、图二）。

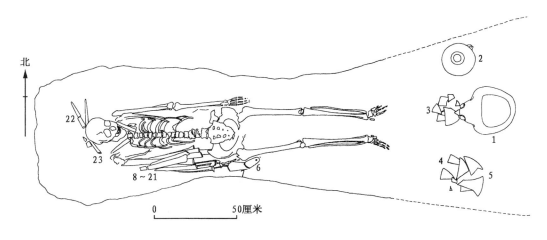

图一　泉护村遗址 M701 平面图

1. "陶鹰鼎"　2. 陶小口单耳瓶　3. 陶釜　4. 陶钵　5. 陶灶　6. 石斧　7. 石铲　8～21. 骨匕　22、23. 骨笄

　　《华县泉护村》将 M701 判定为泉护一期文化，其年代不早于这一文化的Ⅲ段，相
当于仰韶文化中期最晚阶段。最近有学者指出，M701 的出土遗物与泉护一期文化有明
显差别，而与灵宝西坡墓地一致，进而主张将其与西坡墓地同归为仰韶文化晚期[4]。
　　灵宝西坡遗址是近年发掘的仰韶文化中期大型中心聚落，首次发现了这一时期
的墓地。墓地发掘者指出，泉护村 M701 的墓葬形制、墓主头向、葬式、随葬品的
种类及陈放位置、性质与年代等，均与西坡墓葬和随葬器物相同或相近[5]。再参考
三门峡南交口[6]、垣曲下马[7]、宝鸡福临堡[8]、岐山王家嘴[9]、蓝田泄湖[10]等时
代略早或略晚遗址所出的陶釜、小口平底瓶等器物演变规律，泉护村 M701 和西坡
墓地的同类器明显可纳入其演变序列中，它们代表了同一个考古学文化的不同发展
阶段。西坡墓地处于仰韶文化中期庙底沟类型与仰韶文化晚期西王村类型的过渡
阶段，这与《华县泉护村》认为 M701 属于泉护村一期文化第Ⅲ段的年代基本相
合。同时，考虑到泉护村 M701 和西坡墓地均出土有仰韶文化中期典型的釜、灶
等器物，将 M701 的年代与文化性质定为仰韶文化中期庙底沟类型的最晚阶段是
比较恰当的。

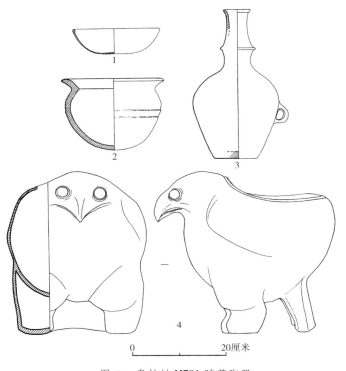

图二　泉护村 M701 随葬陶器
1. 钵　2. 釜　3. 小口单耳瓶　4. "陶鹰鼎"

　　结合同时期西坡墓地的墓葬结构和等级构成，可以推测泉护村遗址应存在一处仰韶文化中期的墓地，极有可能就在 M701 附近的高台地一带[11]。因受到晚期自然或人为因素严重破坏，导致规模较小、埋藏较浅的墓葬很可能已被破坏无存，以至于两次考古发掘均未发现成片的墓葬。M701 的墓葬开口距地表也仅余 30～40 厘米，墓圹两侧原有生土二层台可能已经被破坏，墓葬原宽度应在 1.5 米左右，属于当时墓地中的高规格墓葬，M701 随葬所用的"陶鹰鼎"当是较为珍贵的特殊随葬品。

　　(二) 仰韶文化用鼎传统问题

　　陶鼎最早见于河南舞阳贾湖遗址裴李岗文化早期末段，绝对年代约为公元前6200 年，以罐形鼎和盆形鼎为主[12]。此后，陶鼎广泛见于豫中及邻近地区，至仰韶—龙山文化时期，陶鼎的分布范围几乎覆盖了今天中国的中东部地区，形制也逐渐多样化。

　　仰韶文化分布范围广，延续时间长，地方类型多，各地的文化面貌呈现出显著的个性特征和差异。如果从大的地理格局来看，晋陕豫交界地带与天水地区的文化面貌的相似性要高于郑州—洛阳地区[13]，大致以黄土高原的东部边缘为界，整个仰韶文化区呈现出东西分立的文化格局，东部主要包括豫北、豫中、豫西南，西部为陇东、关中、豫西、晋南一带。东西两区在保持宏观文化面貌相近的前提下，在陶器形制、居址结构、生业经济等微观文化细节上显示出差异。体现在用鼎传统上，早在灵宝西坡遗址发掘时我们就意识到，陶鼎在新石器时代所代表的是东方文化因素，不是豫西和关中地区的典型器物[14]。实际上，在仰韶文化初期，豫中南、关中及汉中、晋西南等区域曾短暂出现过陶锥足圆腹罐形鼎，如方城大张[15]、临潼零口[16]、垣曲古城东关[17]等遗址。此后，冀南豫北、豫中、豫西南等地区的用鼎传统延续下来，并演变出罐形鼎、釜形鼎等多种形制。与此形成鲜明对比的是，关中及汉中地区半坡类型基本不再有鼎，仰韶文化东西差异扩大[18]。据统计，仰韶文化中期时，大致以河南渑池为界，以西的灵宝盆地及周围、洛阳盆地西部以及黄河北岸的济源、焦作等地区，很少见到鼎等三足器类，鼎的器形也单一，多为釜形鼎；以东的洛阳—郑州及周围地区则普遍流行各类鼎形器，包括盆形鼎、罐形鼎和釜形鼎等[19]。这一时期，整个渭河流域全境及其以西的甘肃中部、青海东部等地均不见或少见鼎类器物[20]，关中东部等地仅见极少量的釜形鼎。与此同时，黄河下游的北辛—大汶口文化系统的鼎类器逐渐崛起，不仅数量多，而且形制多样，并随着大汶口文化的西进，对黄河中游的仰韶文化产生了深刻影响，豫中等地的大河村等遗址开始出现大口、折沿、折腹、凿形足等具有大汶口文化特征的鼎类器[21]，而且越靠近大汶口文化区，鼎类器的数量越多，器形越丰富，大汶口文化元素越显著。与之相应的，整个仰韶文化区的鼎类器自东向西呈递减态势，至豫西三门峡一带仅有少量的釜形鼎，而灵宝西坡墓葬中完全未见有用鼎随葬的现象。

由上分析，仰韶文化陶鼎的分布状况与仰韶文化区东西分立的文化格局相一致，二者的东西界限也大致相合。仰韶文化中期时，关中地区没有用鼎的传统，更不见随葬陶鼎的葬俗，这在历年来的考古发现中不断得到证实。例如近年来经过大规模发掘的高陵杨官寨遗址[22]，在属于仰韶文化中期的灰坑、房址、墓葬中，均未见陶鼎的踪迹。至于泉护村遗址的泉护一期文化遗存，除"陶鹰鼎"外，仅在泉护一期文化Ⅲ段的灰坑和地层中分别发现1件"鼎足"（H1065：012 和 T126③：01），均残，陶鼎也被发掘者归为此期新出现的器类[23]，从这两件"鼎足"的形制来看，与关中地区仅见的釜形鼎足差别较大（图三）。而在1997年发掘的泉护村遗址庙底沟文化遗存中，未再发现陶鼎。泉护村遗址这两件"鼎足"的器形和文化性质颇值得怀疑。由此，泉护村M701"陶鹰鼎"就成了关中地区仰韶文化中期的非传统用鼎个例，甚至是墓葬中随葬陶鼎的孤例。

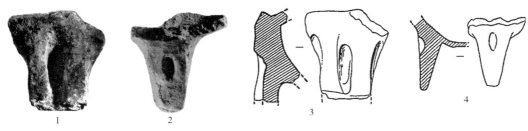

图三　泉护村遗址出土的陶鼎足
1、3. T126③：01　2、4. H1065：012

(三) 鸟兽形器与鹰形元素

仰韶文化素以彩陶为特色，在各类彩陶纹饰中，尤其流行鱼纹、鸟纹、蟾蜍、猪等动物主题，有学者研究认为鱼神、鸟神是仰韶时期的主要崇拜对象[24]，庙底沟社会上层还利用当时鱼鸟转化的信仰，以萨满式宗教的仪式活动获得和维护权力[25]。除彩陶纹饰外，仰韶文化还有不少鸟兽造型的陶器与装饰，如犬、龟、鹰等造型陶器和泥塑，在一些陶罐或瓮的外壁、肩部、器盖等位置还常见鸟兽形装饰。相对来说，仰韶文化鸟兽形陶器与陶饰的分布同样与仰韶文化区东西分立的文化格局相一致，以豫西、关中、汉中、陇东等西部区域为主，这些地区无论是在数量上还是出现概率上都要比东部的豫中等地要高得多，而且鸟兽种类中有大量的野生走兽和鸟禽，不同于东部地区的以猪、犬等家畜为主，这一差异也与东西两区的地理环境和生业经济相对应。鹰形元素在仰韶文化鸟兽形陶器与陶饰中占有相当比例，早在泉护村遗址第一次考古发掘时，发掘者就认识到"鸟纹图案是泉护一期文化彩陶纹饰的重要母题之一，而鸮（鸟）头泥塑也常见于作为陶器的装饰。这两者当是泉护一期文化令人醒目而常用的装饰艺术"[26]。除"鹰形鼎"外，泉护村遗址出土有不少装饰陶器的鹰（隼）首陶塑和陶器盖，以及鹰（隼）形陶饰制品，还有相当数量的鸟类骨骼遗存，其中就有苍鹰、雕和雕鸮等猛禽[27]。此外，在晋南、豫西、关中等地的仰韶文化遗址中，也发现了不少带有鹰元素的陶器和猛禽类骨骼。可见，泉护村"陶鹰鼎"的鹰形元素更多的是当地文化传统，而非外来文化因素。

西方学者很早就提出，人类早期艺术中的鸟类等动物形象具有鲜明的原始宗教意义[28]。在整个中国史前时期，对鹰类猛禽的崇拜也是较为普遍的现象，带有鹰类猛禽形象的器物见于各地的史前文化遗址中。例如辽宁红山文化的牛河梁第一地点"女神庙"中发现的猛禽爪部和翅部的泥塑残件、阜新胡头沟墓地出土的鸮形玉饰[29]，安徽凌家滩遗址大墓中出土的玉鹰[30]，以及略晚的陕北石峁遗址发现的陶鹰和鹰笄[31]，等等。相较而言，史前鹰类猛禽形象的器物更多出现在从西辽河流域山地延伸至黄河中上游黄土高原这一呈半月状的弧形地带。这些地区史前人们对鹰类猛禽的认知是一致的，鹰类猛禽的拟形器物和装饰都可看作是原始宗教自然崇拜和动物崇拜的物化表现，并作为某种特殊身份地位的象征物或具有特殊功能的载具。与某些特殊彩陶纹饰的作用类似，那些社会上层或具有特殊身份的人物利用当时人们的这一信仰和崇拜，将猛禽等图腾形象与日常所用的陶器、玉器等相结合，以此宣示力量，或作为获得和维护权力的工具和法器。

二　"陶鹰鼎"的形制与功用

据《华县泉护村》报告[32]，"陶鹰鼎"长 38.4 厘米，宽 30 厘米，高 36 厘米。为细泥黑陶，器形像鸮，作蹲踞形，体态丰肥，两翼微撑起，两足壮实有力。鸮头极形象，在喙之两侧仅分别各用一刀，巧妙地将上下钩喙刻画出来。眼正视前方，圆凸，观者正视之，会对鸮产生雄壮严峻之感。后足形态上区别于前二足，宽扁，显然象征鸮尾，附于鼎腹后方以支撑器物。三足均为空足，皆贴附在鸮腹之下，壁厚 1.3 厘米。鼎为圜底，口唇上有凹槽，原来当有器盖。整体造型匀称、大方、逼真（图四）。

图四　泉护村"陶鹰鼎"（图片采自中国国家博物馆官网）

（一）"陶鹰鼎"的形制用途与鼎不合

从"陶鹰鼎"的造型来看，整体浑厚古朴，栩栩如生。两翼紧贴腹部，微向下收至底部，形成圜底，双腿粗壮，尾部下垂，形成三个稳定的支点。鹰首微微仰起，两眼圆睁突出，喙部尖锐如钩。整器呈一只羽翼丰满、体形雄健、双腿刚劲有力的雄鹰，从正面看显得威猛稳重，侧面更是浑然一体。陶质为灰褐色泥质，质地细腻，器表颜色不太均匀，大部为灰褐色，局部呈黑色，打磨得非常光滑。根据当时制陶工艺特征，这件"陶鹰鼎"当是先用泥条盘筑器体，三足为单独制作后贴附于器腹，在整体成型之后，再对器表进行打磨并烧制。原报告指出这件"陶鹰鼎"是实用器，器口部位于背部和双翅围拢的空间内，在保持整体造型的前提下又使得内部实用空间充足，据口唇部的凹槽推测原先应有器盖。若单纯从器物的外形看，以其鹰之两足、尾作"三足鼎立"支撑状的外形特征，称之为"陶鹰鼎"似未尝不可，但对一件或一类文物的定名需要多方面综合考虑，形制用途也是重要的定名依据。

陶鼎是史前时期的主要炊器之一，用于烹煮食物。使用方式是在三足间烧火加热，为防止在使用过程中开裂损坏，器壁制作得都比较厚实，鼎足均为实心足。陶质一般为夹砂陶，即在陶土里添加一定的砂粒、稻壳、蚌屑等羼料。羼料的主要作用是减慢热传导速度，防止在烧火加热过程中鼎壁因局部升温过快、受热不均匀而开裂，其原理类似于今天依然在使用的砂锅。而这件"陶鹰鼎"腹下及三足间未见有火烧炙烤痕迹，陶质为质地细腻的陶泥，应是经过多遍精心筛洗的结果，而且器壁仅 1.3 厘米厚，三足均中空，这样的陶质和设计在经受明火的炙烤后极易开裂损坏。如此精美的"陶鹰鼎"，在制作和使用时一定会考虑到这种风险。显然，从陶质和制作使用方式来看，"陶鹰鼎"并不符合史前陶鼎的特征。

据统计[33]，除泉护村"陶鹰鼎"外，整个史前时期的动物造型陶质容器均为盛具，主要器类有壶、瓶、鬶、罐、盉、尊等，未见有鼎等炊具。这一结果符合史前陶器使用特征和人们对动物、自然等原始崇拜的客观事实，也使得我们有更充分的理由重新考虑"陶鹰鼎"的器类名称问题。在史前陶器类别中，鼎、釜等炊器使用频率较高，属于易损类器具，一般制作较为粗放厚重，而壶、尊、罐等盛器使用周期更长，制作也更为精细一些。因此，仰韶时期的彩陶器多见钵、盆、瓶、罐等器类，鼎、釜、甑等炊器的彩陶器相对较少。同时，若从原始宗教仪式等活动过程的角度来考虑，将鹰等动物图腾形象与壶、瓶、尊等盛器相结合，赋予其通神色彩或法器作用，用以在宗教活动中为神灵敬献供奉，似乎更为合理。而"陶鹰鼎"这种整体为动物造型的器物，其作用和意义显然要远远大于那些动物形陶塑和陶饰。

（二）"陶鹰鼎"应是盛酒用的陶尊

依据上文分析，在确定泉护村 M701 年代和文化性质的前提下，"陶鹰鼎"的形制用途又不符合陶鼎特征，那么再以"鼎"来命名其器类就不太合适了。结合泉护村 M701 所处的文化背景以及史前陶器的类型与功能，我们认为，泉护村 "陶鹰鼎" 应是盛酒用的陶尊。

陶尊在新石器时代晚期广泛分布于黄河、长江中下游等地区，根据其形制和地域的不同，又有大口缸、陶缸、大口尊、尊形器等不同名称，在大汶口、仰韶、屈家岭、凌家滩、崧泽、良渚等诸文化中均有发现。史前陶尊的形制早期多为直筒圜底，整体矮胖，到中后期器身逐渐变长。关于其功能，目前学界有酿酒器、特殊盛器、丧葬仪器、祭祀礼器等不同观点[34]，这些说法尽管差别较大，但都认可陶尊是一种盛具，而且用途较为特殊。从考古发现来看，陶尊常见于各地的大墓之中，同出的随葬品中常有绿松石、象牙器、玉石器、朱砂等特殊器物，说明这些大墓的墓主人地位等级较高，或具有特殊身份。灵宝西坡大型墓 M8 和 M27 各出有两对大口尊（报告中称作大口缸），在尊外壁的上部偏下位置均绘制有红色彩带，其中一件（M27：1）的口唇部和内壁还残留有朱砂痕迹，推测大口尊或与朱砂结合作为祭祀法器使用[35]。在山东莒县陵阳河[36]、大朱家村[37] 等大汶口文化大墓中出土的陶尊上还发现有特殊刻划符号，同样显示出这类大口尊所具有的特殊功用。此外，陶尊还频繁出现在祭祀遗址中，如上海福泉山遗址的良渚文化祭坛内发现有一件大口尊，经分析可能是置放某种特殊供物的盛器[38]。各地区的资料显示，这些陶尊（大口缸）形制相似、大小相近、摆放位置相似，应当具有相同的功能和内涵，可能是与社会上层的丧葬和祭祀活动密切相关的盛储器[39]。

需要说明的是，目前常见到的史前陶尊多是直口、深腹、圜底的大口尊，动物造型的陶尊极为少见，因此对 "陶鹰鼎" 功用和器名的判断还需要综合更多相关信息。无独有偶，2016 年，辽宁朝阳德辅博物馆收藏了一件红褐陶熊形陶尊，经郭大顺先生断代后定名为红山文化熊陶尊，并通过中国社会科学院考古研究所化学实验室对其内壁附着物的检测分析，证明这些沉积物是由水果发酵而产生的酒的凝结体，由此推测，这件熊陶尊是当时祭祀所用的盛酒器或饮酒器[40]。此件熊陶尊通高 6.6 厘米，通长 12.2 厘米，腹部最宽 6.2 厘米，口径 4.6 厘米，为夹砂红褐陶质，外敷细泥，因烧制时火候不匀导致器身有大块灰色斑块。尊口位于熊脊部，直口圆唇，口微敛，矮颈。以熊直立的四肢作为尊足，尊腹即熊腹，容积约为 55 毫升（图五）。这件红山文化熊陶尊的发现为我们判断泉护村 "陶鹰鼎" 的功用和器名提供了直接例证。红山文化与仰韶文化中晚期年代相近，同时期的河南西坡仰韶文化和安徽尉迟寺大汶口文化陶尊内壁残留物中皆发现了红曲霉和稻米淀粉粒，可能就是

图五 红山文化熊陶尊

酒的残留物[41]。根据刘莉等学者的研究成果,证实豫西、关中地区的仰韶文化核心区遗址内存在大量具有酿酒功能的器具,如尖底瓶、平底瓶、漏斗等,说明酿酒和宴饮是仰韶文化时期的重要活动和礼仪行为,高陵杨官寨等仰韶文化中期大型中心聚落的社会上层很可能将组织酿酒和宴饮活动作为获取与维护权力的重要手段之一[42]。除尖底瓶等酿酒器外,仰韶时期很可能还有瓮、罐等贮酒器,盉、壶、杯等宴饮酒器[43]。值得注意的是,在仰韶文化时期的关中等地还发现有不少造型精美的彩陶器,如临潼姜寨遗址出土的鱼鸟纹葫芦形瓶[44]、宝鸡北首岭遗址出土的船形彩陶壶[45]、秦安大地湾遗址出土的人头形器口彩陶瓶[46]等,均具有酒器功能[47](图六)。它们大多出现在高等级房屋基址和墓葬中,而且一般都是孤例,极少有相同造型的器物重复出现,说明这些兼具实用功能的艺术品,很可能是作为盛酒器用于特殊的礼仪和祭祀活动中。仰韶文化中期以后,从郑州大河村、孟津妯娌、灵宝西坡到关中东部等遗址,高足、带流、有把手的陶盉、陶杯等可能与饮酒活动有关的器物自东向西逐渐增多,显示出这一时期开始来自东方大汶口文化和崧泽文化等对中原仰韶文化的持续影响,同时带来的还有东方礼制文化因素,从而加速了仰韶文化的社会复杂化进程。与此同时,沟通天地、敬奉祖先等宗教礼仪活动也开始增多,并成为区分不同等级人群的指示行为,具有宗教与祭祀法器作用的特殊盛酒器就是

图六 仰韶文化特殊造型的陶制盛酒器
1. 宝鸡北首岭遗址出土船形彩陶壶 2. 秦安大地湾遗址出土人头形器口彩陶瓶 3. 武功游凤遗址出土龟形壶

媒介之一。因此，对泉护村"陶鹰鼎"这类器具的内涵应一分为二来看待，一是鹰等动物形象代表人们共有的图腾信仰；二是陶尊作为各类仪式活动的祭祀法器。"陶鹰鼎"这件精心制作、独一无二的实用艺术品，应是当时人们两种特殊需求相结合的产物——盛酒的祭器，我们认为将其定名为"陶鹰尊"或"鹰形陶尊"更为合理。

三　相关问题讨论

由上文分析可知，豫西、关中等仰韶文化区域既有鹰鸟等原始崇拜的传统，又普遍存在酿酒和宴饮活动，可能在仰韶文化早期就已将那些制作精美、具有动物等特殊造型的陶制盛酒容器用于各类礼仪和祭祀活动中，这应当与同时期关中等地所流行的大型多人二次合葬仪式的意义相似，都具有凝聚族群的含义[48]。仰韶文化早期的社会发展还处于相对均衡的状态，社会组织结构相对平等和单一，在聚落形态、墓葬制度、生产分配等方面看不出有明显的差异化和复杂化现象，因此在特殊场合使用这些祭器或法器，应看作是一种平等的集体行为，还没有标识区分身份地位的作用。从仰韶文化中期开始，豫西、关中等仰韶文化核心区出现了灵宝西坡、高陵杨官寨等大型中心聚落，率先开启社会复杂化进程，社会人群出现阶层分化，并在墓葬规格和埋葬习俗上有了地位等级上的差异化表现[49]。发生这一变化的时间节点与泉护村 M701 的年代大致相当。这一时期，聚落社会内部具有特殊身份或地位较高的少数个人，在长期主持或领导集体活动过程中，逐渐占据了大量社会资源和财富，并开始通过陶鹰尊、象牙器、玉石钺等这些不易获得的特殊物品以及涂抹朱砂等行为，来维护、提高自己在社会中的声望和地位。从这个角度来看，原始宗教仪式等活动已逐步成为社会上层的一种政治统治手段，与之相应的是，陶鹰尊等物品也开始具有象征权力或特殊身份的奢侈品功能，这些接踵而至的连锁性变化，折射出仰韶文化中晚期之际巨大的社会变革。

以陶鹰尊为代表的史前动物造型陶器开启了商代鸟兽形象青铜器之先河，这是目前大多数学者的共识。动物题材是商代青铜礼器造型和纹饰的主要形象来源，其中鸮鸟造型尤为突出，是商代青铜礼器中动物造型的经典代表和主要器类（图七）。据统计，在目前所见的 51 件商代动物造型青铜容器中，鸮鸟形象的就达 33 件，占据绝大多数[50]，器类以尊、卣为主，以尊的数量最多，时代集中于殷墟时期，可见鸮鸟题材在商代晚期极为商人所偏爱。商代鸮鸟造型铜尊主要出土于大型墓葬中，

图七　商代鸮鸟造型青铜器
1. 安阳殷墟妇好墓出土妇好鸮尊　2. 河南罗山息族贵族墓葬出土鸮形铜卣　3. 山西石楼二郎坡村出土鸮卣

其拥有者地位极高，均为王室贵族。其中最为著名的就是安阳殷墟妇好墓随葬的一对青铜鸮尊[51]，这2件鸮尊形制、纹饰、铭文基本一致，呈昂首挺立的鸮形，头顶羽冠，两眼圆瞪，双翅并拢，粗壮的两足与下垂的宽尾构成三个支点，通体装饰兽面纹、蝉纹、夔龙纹、盘蛇纹等纹饰，器口下内壁有铭文"妇好"二字。这2件鸮尊是商代鸟兽形青铜器中的精品，也是实用的青铜艺术品，主要用来在祭祀等活动中盛酒献飨。商代鸮鸟等动物造型和纹饰具有特殊的深层含义，已有不少学者从宗教、礼制、艺术等角度做过探讨，其中张光直先生所论颇精，他提出，"商周青铜器上动物纹样乃是助理巫觋通天地工作的各种动物在青铜彝器上的形象"[52]，认为这些动物纹样有着萨满通灵之用。亦有学者提出，青铜器的动物造型和纹样包含氏族的图腾崇拜[53]，或是表示勇武的战神[54]。显然，商人制作大量动物造型和纹样的青铜器，绝不仅是为了观赏，其中应当蕴含着商代祭祀、崇拜等思想意识，《诗经》中有关商人始祖诞生之"天命玄鸟，降而生商"的记载广为传颂，鸮鸟又在这些动物造型和纹样的青铜器中占据绝对优势，显示其在商人意识中的独特地位。

　　包括张光直在内的很多学者已指出，商代鸮尊等鸱鸮造型的青铜器可以追溯到史前，例如红山文化、仰韶文化、良渚文化等普遍存在的鸟类形象陶器。但如果要更精准地找到商人鸮鸟崇拜等文化传统的渊源，就需要从更广阔的文化和时代背景来综合分析。从史前开始，鹰鸟崇拜广泛存在于中国北方、蒙古国、南西伯利亚、哈萨克斯坦直至黑海沿岸的广大区域内，尤其盛行于草原游牧民族地区。相较而言，包括西辽河流域红山文化在内的游牧及农牧交界地带的鹰鸟崇拜形式多见于玉器等饰品和饰件，仰韶文化等农业区则以鹰鸟造型陶器和陶饰为主。至于海岱和长江中下游等地常见的鹰鸟形象的玉饰等，很有可能是中国史前东方地区社会上层远距离交流的结果[55]。如前所述，出土陶鹰尊的泉护村M701是一座成年女性墓葬，随葬物品还包括骨匕、石铲、石斧和其他生活器皿，这在不以大量随葬品凸显身份地位的仰韶文化葬俗中显得鹤立鸡群，由此推测，墓主人具有特殊的身份地位。同时，鹰鸟造型陶器和陶饰主要见于豫西、晋南、关中、陇东等仰韶文化西部区域，这与商代鸮鸟造型和纹样的青铜器集中出现于河南、山西等北方商文化区的地域相对应。妇好墓所处的商代晚期与泉护村 M701 尽管年代相距较远，但它们均具有鹰鸮崇拜和酿酒宴饮的文化背景，墓主的地位也相当，随葬的青铜鸮尊和陶鹰尊不仅造型特征相近，功用亦相同。这些共有的文化元素很容易引发我们对二者文化渊源的思考，值得进一步讨论。

四　结　语

综上所述，泉护村遗址 M701 与灵宝西坡墓地在墓葬形制和葬俗上有着相同或相近的特征，依据墓内出土陶釜、小口单耳平底瓶等随葬品特征，以及豫西、关中东部等仰韶文化遗址所出同类器物演变规律，泉护村 M701 的年代和文化性质可确定为仰韶文化中期庙底沟类型的最晚阶段，是同时期墓地中规格较高的墓葬。在较长的时间内，仰韶文化区呈现出东西分立的文化格局，关中地区等西部区域在仰韶文化中期时既无用鼎传统，又无随葬陶鼎的葬俗。泉护村 M701 所出的原定名"陶鹰鼎"的鹰鸟造型陶制容器，定名依据主要是其以鹰之两足、尾作"三足鼎立"支撑状的外形特征。根据本文对其文化背景和形制功用的综合分析，其形制与功用均不符合史前陶鼎的特征，应是盛酒用的陶尊。豫西、关中等仰韶文化西部区域既有鹰鸟等动物图腾崇拜的传统，又普遍存在沟通天地、敬奉祖先等宗教礼仪活动，鹰鸟等动物造型的盛酒器具，应当是用于各类特殊活动场合的祭器或法器。再考虑到其与商代盛行的鸮鸟造型青铜酒尊在形制和功用等方面有相通之处，我们认为，将泉护村 M701 鹰鸟造型的陶尊定名为"陶鹰尊"或"鹰形陶尊"更为贴切、合理。

豫西、关中等地区在仰韶文化中期率先开启了社会复杂化进程，各类原始宗教仪式等活动逐步成为社会上层的政治统治手段，陶鹰尊等特殊物品开始具备象征权力或特殊身份的功能，成为区分人群阶层的标识物。至夏商周时期，尊这类器物的酒具功能更加深入人心，成为青铜时代具有标志性和文化代表性的青铜礼器。甲骨、金文中的"尊"字字形都是酉加双手形象，即双手捧着盛酒之器作敬献之意，甚至还具备了"献酒"的动词意味[56]。鸮鸟造型的青铜酒尊占据商代动物造型青铜器的绝大多数，与仰韶文化陶鹰尊等鹰鸟造型陶器、陶饰有着很多相同或相近的文化背景和元素，暗示着它们之间可能存在着某些文化渊源。

（原刊于《中原文物》2022 年第 6 期）

注释

[1] 北京大学考古学系著，中国社会科学院考古研究所编：《华县泉护村》，科学出版社，2003 年。

[2] 苏秉琦：《华人·龙的传人·中国人——考古寻根记》，辽宁大学出版社，1994 年，第 26、97 页。

[3] 陕西省考古研究院、渭南市文物旅游局、华县文物旅游局：《华县泉护村——1997 年考古发掘报告》，文物出版社，2014 年。

[4] 杨亚长：《试论华县太平庄鹰鼎的年代问题》，《文博》2015 年第 2 期。

[5] a. 马萧林、李新伟：《华县泉护村遗址的墓地在哪里——灵宝西坡墓地发掘启示》，《中国文物报》2007 年 1 月 5 日第 7 版；b. 中国社会科学院考古研究所、河南省文物考古研究所：《灵宝西坡墓地》，文物出版社，2010 年。

[6] 河南省文物考古研究所：《三门峡南交口》，科学出版社，2009 年。

[7] 严文明：《仰韶文化研究（增订本）》，文物出版社，2009 年。

[8] 宝鸡市考古工作队、陕西省考古研究所宝鸡工作站：《宝鸡福临堡》，文物出版社，1993 年。

[9] 西安半坡博物馆：《陕西岐山王家咀遗址的调查与试掘》，《史前研究》1984 年第 3 期。

[10] 中国社会科学院考古研究所陕西六队：《陕西蓝田泄湖遗址》，《考古学报》1991 年第 4 期。

[11] 马萧林、李新伟：《华县泉护村遗址的墓地在哪里——灵宝西坡墓地发掘启示》，《中国文物报》2007 年 1 月 5 日第 7 版。

[12] 河南省文物考古研究所：《舞阳贾湖》，科学出版社，1999 年。

[13] 李新伟：《第一个“怪圈”——苏秉琦“大一统”思想束缚论述的新思考》，《南方文物》2020 年第 3 期。

[14] 同注 [11]。

[15] 南阳地区文物队、方城县文化馆：《河南方城县大张庄新石器时代遗址》，《考古》1983 年第 5 期。

[16] 陕西省考古研究所：《临潼零口村》，三秦出版社，2004 年。

[17] 中国历史博物馆考古部、山西省考古研究所等：《垣曲古城东关》，科学出版社，

2001 年。

[18] 韩建业：《简论中国新石器时代陶鼎的发展演变》，《考古》2015 年第 1 期。

[19] 马萧林：《河南地区仰韶文化庙底沟期遗存的发现与研究》，《中原文物》2021 年第 5 期。

[20] 戴向明：《庙底沟文化的时空结构》，《文物研究》第十四辑，黄山书社，2005 年。又见戴向明《黄河流域史前时代》，科学出版社，2021 年。

[21] 郑州市博物馆：《郑州大河村遗址发掘报告》，《考古学报》1979 年第 3 期。

[22] a. 陕西省考古研究院：《陕西高陵县杨官寨新石器时代遗址》，《考古》2009 年第 7 期；b. 陕西省考古研究院：《陕西高陵杨官寨遗址发掘简报》，《考古与文物》2011 年第 6 期；c. 陕西省考古研究院、高陵区文体广电旅游局：《陕西高陵杨官寨遗址庙底沟文化墓地发掘简报》，《考古与文物》2018 年第 4 期；d. 王炜林：《陕西高陵杨官寨考古与关中地区庙底沟文化研究》，《中原文物》2021 年第 5 期。

[23] 北京大学考古学系著，中国社会科学院考古研究所编：《华县泉护村》，科学出版社，2003 年，第 66 页。

[24] 王仁湘：《与仰韶人同行的动物圣灵》，《南方文物》2022 年第 2 期。

[25] 李新伟：《仰韶文化庙底沟类型彩陶的鱼鸟组合图像》，《考古》2021 年第 8 期。

[26] 北京大学考古学系著，中国社会科学院考古研究所编：《华县泉护村》，科学出版社，2003 年，第 77 页。

[27] a. 北京大学考古学系著，中国社会科学院考古研究所编：《华县泉护村》，科学出版社，2003 年；b. 陕西省考古研究院、渭南市文物旅游局、华县文物旅游局：《华县泉护村——1997 年考古发掘报告》，文物出版社，2014 年。

[28] 爱德华·A·阿姆斯特朗（Edward A. Armstrong）：《史前时期的崇鸟习俗及其历史背景》，方辉校，陈淑卿译，《南方文物》2006 年第 4 期。

[29] 周晓晶：《红山文化玉器研究》，吉林大学 2014 年博士学位论文。

[30] 安徽省文物考古研究所、含山县文物管理所：《安徽含山县凌家滩遗址第三次发掘简报》，《考古》1999 年第 1 期。

[31] 邵晶：《论石峁文化与后石家河文化的远程交流——从牙璋、鹰笄、虎头等玉器说起》，《中原文物》2021 年第 3 期。

[32] 北京大学考古学系著，中国社会科学院考古研究所编：《华县泉护村》，科学出版社，2003 年，第 74 页。

[33] 此结论参考李君君《黄河流域先秦时期拟形器研究》，郑州轻工业大学 2021 年硕士学位论文。

[34] a. 王树明、王占芹：《考古发现中的陶缸与我国古代的酿酒》，《海岱考古》第一辑，

山东大学出版社，1989 年；b. 方向明：《史前东方大口尊初论》，《东南文化》1998 年第 4 期；c. 王吉怀等：《论大汶口文化大口尊》，《中原文物》2001 年第 2 期。

［35］马萧林：《灵宝西坡出土朱砂及相关问题研究》，《中原文物》2019 年第 6 期。

［36］山东省文物考古研究所、山东省博物馆、莒县文物管理所：《山东莒县陵阳河大汶口文化墓葬发掘简报》，《史前研究》1987 年第 3 期。

［37］山东省文物考古研究所、莒县博物馆：《莒县大朱家村大汶口文化墓葬》，《考古学报》1991 年第 2 期。

［38］方向明：《史前东方大口尊初论》，《东南文化》1998 年第 4 期。

［39］李新伟：《中国史前社会上层远距离交流网的形成》，《文物》2015 年第 4 期。

［40］a. 邵国田、王冬力：《红山文化首次发现熊陶尊及其酒元素的文化价值研究》，《吉林师范大学学报》（人文社会科学版）2018 年第 5 期，图五采自此文；b. 侯永锋：《朝阳发现新石器时代熊陶尊，最新研究表明：五六千年前红山先民能酿水果酒》，《辽宁日报》2018 年 11 月 5 日。

［41］a. Feng Suofei, Liu Li, Wang Jiajing, Levin, Maureece J., Li Xinwei, Ma Xiaolin, Red beer consumption and elite utensils: The emergence of competitive feasting in the Yangshao culture, North China. *Journal of Anthropological Archaeology* 64, 101365（2021）; b. Liu Li, Wang Jiajing, Chen Ran, Chen Xingcan, Liang Zhonghe, The quest for red rice beer: transregional interactions and development of competitive feasting in Neolithic China. *Archaeological and Anthropological Sciences* 14, no. 4, 1 – 20（2022）.

［42］a. 刘莉：《早期陶器煮粥、酿酒与社会复杂化的发展》，《中原文物》2017 年第 2 期；b. 刘莉、王佳静、陈星灿等：《仰韶文化大房子与宴饮传统——河南偃师灰嘴遗址 F1 地面和陶器残留物分析》，《中原文物》2018 年第 1 期；c. 刘莉、王佳静、赵雅楠、杨利平：《仰韶文化的谷芽酒——解密杨官寨遗址的陶器功能》，《农业考古》2017 年第 6 期；d. 刘莉、王佳静、邸楠：《从平底瓶到尖底瓶——黄河中游新石器时期酿酒器的演化和酿酒方法的传承》，《中原文物》2020 年第 3 期；e. 刘莉、王佳静、刘慧芳：《半坡和姜寨出土仰韶文化早期尖底瓶的酿酒功能》，《考古与文物》2021 年第 2 期。

［43］李萌：《试论仰韶文化陶质酒器》，《农业考古》2021 年第 3 期。

［44］半坡博物馆、陕西省考古研究所、临潼县博物馆：《姜寨——新石器时代遗址发掘报告》，文物出版社，1988 年。

［45］中国社会科学院考古研究所：《宝鸡北首岭》，文物出版社，1983 年。

［46］甘肃省文物考古研究所：《秦安大地湾——新石器时代遗址发掘报告》，文物出版社，2006 年。

［47］包启安：《仰韶文化遗存与酿酒》，《中国酿造》2007 年第 1 期。

［48］张弛：《仰韶文化兴盛时期的葬仪》，《考古与文物》2012 年第 6 期。

［49］同注［19］。

［50］于筱箏：《商周写实类动物造型青铜容器相关问题研究》，山东大学 2019 年硕士学位论文。

［51］中国社会科学院考古研究所：《殷墟妇好墓》，文物出版社，1980 年。

［52］张光直：《商周青铜器上的动物纹样》，《考古与文物》1981 年第 2 期。

［53］熊传新：《商周青铜器的动物造型和纹样与古代图腾崇拜》，《南方民族考古》第 4 辑，科学出版社，1991 年。

［54］马承源：《中国青铜器研究》，上海古籍出版社，2002 年，第 369 页。

［55］a. 李新伟：《中国史前玉器反映的宇宙观——兼论中国东部史前复杂社会的上层交流网》，《东南文化》2004 年第 3 期；b. 李新伟：《中国史前社会上层远距离交流网的形成》，《文物》2015 年第 4 期。

［56］徐良高：《尊"性"大"名"——以"尊"为例看考古遗物的命名与定性研究》，《南方文物》2015 年第 1 期。

灵宝西坡遗址所见青灰色泥及相关问题探析[*]

河南灵宝西坡遗址是一处以仰韶文化中期遗存为主的新石器时代遗址，面积约40万平方米。2000年至2013年，中国社会科学院考古研究所和河南省文物考古研究院等单位对该遗址进行了8次考古发掘，发掘面积近8000平方米。揭露了7座大型和中型建筑基址，清理了34座墓葬和数百座灰坑，解剖了遗址南侧和北侧两段壕沟，初步弄清了聚落的基本布局和文化内涵，为研究仰韶文化中期中心聚落的结构布局及社会状况提供了十分重要的考古材料[1]。西坡遗址的历次考古发掘中，在大中型建筑基址的奠基层、室内地表、墙壁等部位以及墓葬中，均发现有青灰色泥或青灰色草拌泥，这在同时期的其他仰韶文化遗址中颇为罕见。本文拟对灵宝西坡遗址发现的各类青灰色泥遗存进行梳理分析，并对相关问题予以探讨，以期从不同视角深化对仰韶文化的认识，为相关专题的研究提供有益启示。

一 西坡遗址发现的青灰色泥

经统计，西坡遗址使用青灰色泥的现象主要发现于已揭露的7座大中型房址和32座墓葬中。

（一）房址

西坡遗址已发掘的7座大中型建筑基址中均发现了使用青灰色泥的现象，其中大型房址4座，分别是F105、F106、F107、F108；中型房址3座，分别是F102、F104、F3。在时间上，中型房址一般略晚于大型房址，且多是在原大型房址废弃堆积的基础上又开挖兴建中型房址，房屋规模面积变小，门道朝向等房屋结构、性质

---

[*] 本文为国家社会科学基金重大项目"河南灵宝西坡遗址综合研究"（批准号：12&ZD196）和2023年河南兴文化工程文化研究专项项目"河南地区仰韶文化社会复杂化进程及其在中华文明形成中的地位研究"（批准号：2023XWH106）的阶段性成果，并且得到2019年度全国文化名家暨"四个一批"人才工程自主选题项目"中原文明起源研究"课题资助。

用途也发生了变化[2]。与之相应地，因时间、规模、结构和保存情况的差异，7座房址使用青灰色泥的位置、方式等也有所不同，甚至青灰色泥所呈现的颜色也存在着细微差别。

F102室内居住面为烧烤过的青灰色细泥土硬面，墙壁表面为烧烤过的灰褐色细泥层，规整光滑。火塘周壁及底部、进风道口部表层为细泥层，并被烧烤成红褐色或青灰色硬面。F104室内居住面为烧烤过的青灰色硬面，平整光滑。墙壁上面均为烧烤过的细泥层光面。火塘壁、底及进风道周壁均涂抹细泥，火塘壁、底经火烧成青灰色硬面。F3室内居住面为烧烤过的深灰色细泥硬面，平整光滑。墙壁表面为与居住面连成一体的经火烧呈青灰色的细泥层[3]。F105房基坑中部中层为3层灰白色草拌泥，刷抹泥浆。居住面分5层，自上而下第1层是灰白色细泥层，第3、4层为掺有料礓粉、蚌壳末的黑灰色细泥，第5层是草拌泥，除第2层外，每层表面均刷抹泥浆。墙壁表面刷细泥[4]。F106居住面分7层，自上而下第3、7层为青灰色草拌泥，第2、5层为棕色草拌泥，第4层为青灰色加料礓石的抹泥。半地穴部分墙体上面为平整的抹泥台面，内侧为青灰色草拌泥。外墙内侧也抹有草拌泥[5]。F107柱槽、室内柱洞夹杂青色泥块。居住面以青色泥做铺垫，上面为青灰色石灰硬面。F108形状和面积与F107大体相同。居住面分两层，下层为青灰色泥层，上层为棕色泥夹杂青灰色泥层或青灰色泥夹杂料礓石层[6]。

（二）墓葬

用泥封填墓室是西坡墓地特有的一种葬俗，大墓甚至用泥封填整个墓圹，泥多呈青灰色，其内夹杂大量芦苇茎叶[7]。已发掘的34座墓葬中，在32座墓圹内都见有青灰色泥块，M19、M22因受到后期破坏或扰动，只保存墓室部分，未发现有使用青灰色泥的现象。

32座使用青灰色泥的墓葬中，因各墓保存状况的不同，青灰色泥块的分布位置和用量存在着差异。具体来看，M1～M8、M10～M16、M18、M20、M21、M23、M25、M27、M33墓室上均以青灰色草拌泥封盖，泥层厚约3～10厘米，南北两侧二层台上散落有泥斑，墓室内杂青灰色草拌泥块。其中，M3、M6、M8、M11、M14、M18脚坑内杂青灰色草拌泥块，M8、M25、M33墓圹内填土杂青灰色草拌泥。M27墓室和脚坑以上部分全部以青灰色泥封填，质地坚硬，内杂大量芦苇秆和植物叶子，墓室和脚坑均以木板封盖，在南北两侧二层台上保留的盖板上普遍发现麻布印痕。M26墓室上以青灰色草拌泥杂土封盖，泥层厚约3～5厘米，南北两侧二层台上散落泥斑。墓圹内填土混杂青灰色草拌泥，墓室内杂青灰

聚合与分化——仰韶文化中期的聚落与社会

198

色草拌泥块。M17 墓室上以棕灰色草拌泥封盖，泥层厚约 7 厘米，延伸到南北两侧的二层台上。墓圹内填土杂有棕色草拌泥块。墓室和脚坑内填土杂少量草拌泥块。M28、M29、M30 墓室和墓圹内填土均杂有青灰色草拌泥块。其中 M29 清理至距离墓口深约 120 厘米的层面上时，暴露出大片青灰色草拌泥，几乎布满整个墓圹，最厚部分约 10 厘米，以西部和墓室周围最集中，墓室和脚坑均以木板封盖，墓室中部的盖板上覆盖有麻布。M30 墓室上部和脚坑边缘有大量杂芦苇秆的青灰色草拌泥，厚约 8 厘米，脚坑内填土也杂青灰色草拌泥块。M9、M24、M31、M32、M34 墓室无明显封盖泥层，其中 M9、M32 墓圹和墓室内填土内杂青灰色草拌泥块，M24 墓圹、墓室和脚坑内填土均杂青灰色草拌泥块。M31、M34 墓室和脚坑内填土杂青灰色草拌泥块。

二　西坡遗址青灰色泥的来源

在西坡遗址，青灰色泥的用量巨大。据统计，仅 M27 的青灰色泥用量就有 20 余立方米，其他墓葬的墓室上方和脚坑、填土等处也均使用了大量青灰色泥。建筑基址使用青灰色泥的位置较为分散，尽管不像墓葬那样直接填充大量的青灰色泥，但因房屋基址规模巨大、建造工艺复杂，在墙体和居住面均使用了多层青灰色泥，这样累计下来的青灰色泥使用量极为可观。目前所发现的建筑基址和墓葬仅是西坡遗址的一部分，如若按照西坡遗址 40 万平方米的规模来推测，整个遗址的青灰色泥使用量极为巨大，显然不是能够轻易制备的。《灵宝西坡墓地》推测墓葬所用青灰色泥的主体可能来自河边的湿地淤泥，经简单掺杂些干土调节其干湿度后用于封填[8]。但综合建筑基址和墓葬中青灰色泥的使用情况来看，二者对泥质的要求有着显著差异，西坡墓葬中的填泥多掺杂芦苇等植物茎叶，建筑基址中既有青灰色草拌泥，也有直接涂抹青灰色细泥的情况。墓葬中使用的青灰色泥质地一般较为粗糙，有些还掺杂棕红色土或其他杂物，因此其颜色通常不甚均匀，这种情况符合发掘报告所推测在下葬当天取自河边湿地的淤泥。相比较而言，西坡建筑基址墙面、地坪等部位所用的青灰色泥均质地细腻，颜色也基本一致，显然不是直接使用河边淤泥，而是人工淘洗加工后的结果。以西坡遗址巨大的规模、人口和较长的延续时间，仅建造房屋方面对青灰色泥的需求量也是极大的，应当存在着专门的制备用泥行为。因此我们推测，为了满足建造房屋时的用泥需求，西坡遗址可能存在着专业化、规模化的制泥行为，且很可能就在房屋基址附近完成。

　　通过对现有考古材料的分析，我们认为有必要重新认识西坡遗址已发现的3座"蓄水池"的功能性质。西坡遗址的3座"蓄水池"发现于2000年至2002年，分别为G1、G102、G103，均位于建筑基址不远处。G1平面略呈长方形，蓄水量约300立方米。底部略呈锅底状，比较规整，可能经过人工加工。G1底面是一层厚约2厘米的黄褐色硬壳，凹凸不平，十分光滑，其上覆盖一层厚约10厘米的细沙，细沙中杂有大量陶片和零星蚌壳、兽骨等。在G1南岸上发现密集的圆洞，多数直径约5厘米，少数达20厘米[9]。G102平面略呈南北向长方形，蓄水量约150立方米。底部不平，局部为凹坑或沟槽。池壁及底部为一层厚约2厘米的光滑的黄褐色硬壳，似用料礓粉末砸筑而成。池内堆积分3层，其中底层为浅黄色细沙层，含较多磨蚀掉棱角的碎陶片。G103平面呈长条形，蓄水量约130立方米。池底近平，局部呈圜底状。池壁中下部与底部有一层厚1~2厘米的黄褐色硬壳，似用料礓粉末筑成。壁或底有许多由人工加工而成的沟槽状遗迹。池内堆积分6层，其中第5层为较纯净的淤沙土，偶见碎陶片；第6层仅在局部低凹处分布，为沙粒堆积，包含大量磨蚀掉棱角的碎陶片。

　　在发掘简报中，G1、G102、G103被认为是接纳自然降水、生活废水、调节水量并为人类提供生活用水的蓄水设施[10]。从西坡遗址的地理环境来看，发源于秦岭山地的沙河的两条支流夫夫河、灵湖河，由南向北自遗址东西两侧流过，西坡遗址位于两条河中间，距离最近水源仅数十米，日常取水、用水并不困难，没有必要再专门设置蓄水池。从G1、G102、G103的形制来看，结构相似，构造较为复杂，显然是经过精心的设计后再行挖筑。3座"蓄水池"都有着大量的人工加工、修筑痕迹，底部均较为规则，多加工成近平的圜底状，池壁和池底多有人工加工而成的沟槽，均有用料礓粉末砸筑而成的黄褐色硬壳，坚硬致密，表面光滑，根据局部注水实验，这些黄褐色硬壳对水有很好的阻渗作用。池底均覆盖一层细沙，还夹杂有大量碎陶片，这些碎陶片的棱角均已被磨蚀掉，说明这些"蓄水池"使用频率很高，且经常被人为搅拌，陶片相互碰撞以致棱角被磨蚀。最为特殊的是，在G1南岸上发现有密集的圆洞，这些圆洞很可能用于安插木棍，再于木棍上绑扎用于过滤水中杂物的麻布等遮挡物，是过滤设施的一部分，这种设置在我国今天的北方农村地区仍可见到，多用于建房时的澄泥、澄石灰。G102、G103虽未发现岸上圆洞，但其他构造与G1相近，推测原也应有柱洞等设置。综合以上分析，我们认为G1、G102、G103应是澄泥池，而非蓄水池。澄泥时，首先把从河中获取的淤泥集中在澄泥池旁边，然后在紧邻澄泥池的高地布置掺水搅拌的场所，形成的泥水利用高差流入池中，在流经岸上圆洞处时，被绑扎于木棍上的麻布等遮挡物过滤掉泥水中较大的杂物。待泥水进入澄泥池后，再不停地搅拌，加速其沉降过程。在 G1 剖面的最上层，还发现有数十厘米厚的青灰色淤土，应当就是遗留的澄出泥料。根据计算，G1、G102、G103 的容量分别为 300、150、130 立方米，如果按照上述方式循环使用，所产出的泥料相当可观。此外，据发掘者回忆，2004 年对特大房址 F106 考古发掘时，在其门道位置附近曾发现过一处与上述澄泥池结构相似的沟状遗迹，目前来看，应当也是在建造这处房屋时用来制备青灰色泥的澄泥池。除以上外，在西坡遗址其他房屋基址附近，应当存在更多的具有同样结构和功能的澄泥池遗迹。

三 西坡遗址青灰色泥的功能及相关问题分析

根据上文分析，西坡遗址房屋基址和墓葬所用青灰色泥在泥料来源和使用方式上均有较大差异，应当有着不同的功能和含义。

（一）房屋建造

西坡遗址已发掘的 7 座建筑基址遗存形状相近，布局与结构基本相同，均为四面坡式房顶的半地穴式建筑，建造工序复杂，大体包括以下过程：挖成半地穴和门道；沿地穴边缘挖柱槽，填土夯实后再挖坑立柱；放置室内柱的柱础石，铺设居住面垫层；依托立柱，建筑半地穴墙体；挖火塘，立室内柱；在居住面铺垫层顶部、半地穴墙壁内面和顶面、火塘内壁抹泥；烧烤抹泥面；填充半地穴墙体和半地穴坑壁间的缝隙，修筑地上部分和房顶[11]。

从考古发掘情况来看，以上房屋建造工序中有多处用到青灰色泥，尤其是 7 座房址的居住面及墙壁处理极为考究，均有使用青灰色泥涂抹的现象，使用位置包括居住面、墙壁面、墙顶面以及火塘的壁、底、进风道等。因此可将青灰色泥看作是当时建筑材料的一种，其作用除涂抹墙面、火塘等位置外，还作为房屋地坪的原材料之一。在房屋建造不同的工序和位置，青灰色泥所发挥的功能也不尽相同。在居住面、墙壁面、墙顶面抹泥，经火烧烤后形成硬面，一方面平整美观，有时还在细泥层上饰以彩绘；另一方面密封坚固，可延长房屋使用期限，还能起到防寒保暖效果。在柱槽、柱洞及其周围抹泥或铺垫泥块，主要是为了防火、防蛀和防腐。在火塘的壁、底、进风道位置抹泥，则是为提高密封性，防止漏火降温。在使用青灰色泥时，西坡先民还会因工序和位置的不同，将青灰色泥与料礓粉、蚌壳末、草茎叶等掺杂在一起，以提升利用效果。如 F106、F108 居住面采用青灰色草拌泥或青灰色泥夹料礓石或青灰色泥夹棕色泥，旨在提高居住面耐用度。F108 墙壁采用青灰色草拌泥，以草为筋，可以防止墙壁龟裂，避免泥层脱落。F105 室内居住面制作考究，自上而下的 5 层中，除第 2 层外，其他各层都是用细泥和料礓粉、蚌壳末等物混合而成，且每层表面均再刷抹一层细泥，并用辰砂涂成朱红色，这些复杂的工序，在提升居住面坚实、耐用和美观程度的同时，显然还被赋予某种原始信仰和宗教色彩。

根据现有考古资料，史前大规模、明确使用青灰色泥的情形仅见于仰韶文化中期的西坡遗址。在房屋建造过程中于居住面、墙面等部位涂抹细泥的现象在史前时期的我国北方地区较为常见，但泥料的来源和颜色大多未经明确。如早于西坡遗址的中原地区贾湖等裴李岗文化遗址，北方地区白音长汗、敖汉兴隆洼等兴隆洼文化遗址，海岱地区章丘西河等后李文化遗址，已经存在居住面、坑壁、墙壁抹泥的情形[12]。与西坡同期的其他仰韶文化中期遗址中也有涂抹细泥的情形，但泥质略有差异，且颜色均不可考。如郑州大河村遗址仰韶文化三期半地穴房基 F16 使用砂质细泥做地坪、墙皮；地面房基 F1 墙壁、烧火台抹砂质细泥，F23 用草拌泥筑墙，夹砂泥、硬草拌泥铺垫地坪[13]；灵宝北阳平遗址半地穴房基面由草拌泥和夯土做成[14]；陕西华县泉护村遗址 F201 半地穴式五边形房址的墙壁表面、居住面、柱洞周壁等均用草拌泥涂抹后再经火烧，坚硬光滑[15]；彬县（今彬州）水北遗址 F1、F4 半地穴式五边形房址的墙壁内侧和居住面均涂抹一层草拌泥，在 F1 草拌泥层表面还见有少量紫红色彩绘[16]。另外，渑池班村遗址庙底沟一期文化遗存房屋地面和墙壁表面的硬面经科技分析，已经掌握烧制石灰的技术，并将其运用至建筑材料中[17]。由此带来的一个重要变化是，从仰韶文化中期开始，随着人工烧制石灰技术的成熟和普及，开始流行在墙壁表面和居住面上先抹一层草拌泥或细泥后，再涂一层白灰，形成"白灰面"，这样原先作为墙面和活动面表层的细泥层逐渐变为白灰面的底层垫土。在新发掘的甘肃庆阳南佐仰韶文化晚期遗址中，包括"宫城"城墙，城内大型建筑基址的内外墙壁、地面，基址外的散水台以及火坛、火塘等，几乎所有的建筑都发现有涂抹草拌泥和白灰面的现象，其中规模最大的 F1 表面涂抹的白灰多达 6 层[18]。此外，郑州大河村遗址仰韶文化四期的房屋墙面采用木骨泥墙，居住面出现用大砂、黏土和料礓石粉配置的三合土，经火烧成坚硬的青灰色，类似于现在的水泥地坪[19]。这种情况还见于巩义双槐树等遗址[20]。仰韶村、班村、笃忠仰韶文化二期，涧口仰韶文化遗存平地起建的建筑均有"白灰面"地面[21]。龙山文化时期，草拌泥筑墙、泥抹居住面的技术仍然沿用，例如，大河村遗址龙山文化中期 F24 用草拌泥筑墙，居住面用少许黏泥砸平抹光[22]。但此时，居住面、墙面在细泥层之上涂抹白灰已经广泛流行，如泗水尹家城遗址地面建筑的居住面涂抹白灰面[23]，夏县东下冯遗址 F203 居住面、墙壁面均涂抹白灰，安阳后冈遗址 F28 两层居住面皆抹白灰[24]，吕梁信义遗址庙底沟二期至龙山文化时期的数十座窑洞式房址主室地面和壁面多为抹一层草拌泥后，上铺白灰面[25]。

从史前房屋建造技术和建筑材料的发展演变过程来看，至少在我国北方地区长期存在着于房屋居住面、坑壁、墙壁等部位抹泥的现象，但最早大规模且使用精细淘洗加工后泥料的情况应首见于西坡遗址。西坡建筑基址涂抹、铺垫青灰色细泥和草拌泥的情况，在工艺上已接近后来的白灰面，所不同的只是泥料的来源和加工程序，因此可看作是我国史前白灰面建筑的先河。相比火烤后的细泥层，白灰面更加坚固，吸水性也更好，不仅起到防潮的作用，还可以杀虫、驱虫，是史前房屋建筑技术的重大进步。

（二）葬仪

《灵宝西坡墓地》作者指出，用泥封填墓室是西坡墓地特有的一种葬俗。西坡墓地已发掘的 34 座墓葬中使用青灰色泥的就达 32 座，占比极高，未发现青灰色泥的 M19、M22 受到后期破坏或扰动较严重，推测原也应有使用青灰色泥封填墓圹的现象。这些墓葬不论规模大小，均使用青灰色泥封填墓室，看不出有等级上的差异，因此可以认为，至少在仰韶文化中期的西坡遗址，使用青灰色泥封填墓圹是一种有意识的普遍现象。与建造房屋涂抹细泥的方式不同，西坡墓葬使用大量青灰色泥块充当填土填充整个墓圹，填泥中均掺杂了芦苇的茎叶，M27 填泥中还有柿、枣等多种植物的鲜叶，可见这些墓葬在填泥之前，应该还有往青灰色泥中掺杂植物茎叶的制备过程，也是一种有意识的活动，可以看作西坡遗址仰韶文化中期葬仪的一部分。这些墓葬的墓室、墓圹、脚坑、二层台的填土中还多发现有泥块、泥斑，应是在涂抹封盖泥层和埋葬过程中不可避免掉落或掺杂的。

西坡墓葬的葬仪极为繁复和隆重，《灵宝西坡墓地》中有着详细分析，并按时间顺序将其分为下葬前、下葬和下葬后三个阶段，包括对尸体的处理、打圹、准备下葬物品、填埋墓圹等数十个环节，其中用到青灰色泥的有"以草拌泥封盖墓室和脚坑"和"填埋墓圹"，均是在用填土填平墓室和脚坑之后。因青灰色泥要事先用芦苇和植物鲜叶特别调制，因此，下葬当天制备青灰色草拌泥应是葬仪中必备的一个环节。从考古发掘的情况来看，一些规模较大的墓葬如 M27、M29，墓室和脚坑均以木板封盖，在盖板上覆盖麻布。而且大部分墓主都有包裹尸体的迹象，M8 墓主头顶部和 M27 填泥中还发现了零星的朱砂痕迹。值得注意的是，除 M27 外，其他墓葬墓圹中填埋的并不是单纯的青灰色草拌泥，而是掺杂着取自墓地附近的棕红色土，甚至还有挖掘墓圹时挖出的生土，各种土的比例并不固定，一般大中型墓葬填土中的棕红色土和青灰色草拌泥较多，有几座墓葬四角的填土还有意用了较为纯净的黄色生土，这些现象对判断西坡墓葬使用青灰色泥的功能极为重要。从出土情况看，西坡墓葬中所用的青灰色草拌泥质地坚硬而细密，推测在下葬时的饱水状态下应有较强的隔水性，在填满墓圹时对墓室中的尸体和随葬品有一定的密封效果。

这一情况很容易让我们联想到后世曾用作墓葬密封防腐材料之一的青膏泥，青膏泥学名微晶高岭土，在湿润状态下呈青灰色，结构紧密，隔水性强，还有较大的黏性，故称青膏泥，晒干后呈白色或青白色，又称白膏泥。青膏泥是一种很好的密封防腐材料，在我国南方地区考古发掘中，常可见到马王堆汉墓女尸那样保存较好的湿尸，正是得益于青膏泥的使用。根据现有考古成果，至迟在商代，人们已经开始有意识地将青膏泥用作墓葬的密封防腐材料。如固始葛藤山六号商代墓葬椁外四周的墓室内，皆用青膏泥夯实[26]；罗山蟒张后李商周墓地商代晚期 M43、M44、M45 接近椁顶时，都有一层厚约 20 ~ 30 厘米的青膏泥[27]。两周至秦汉时期，青膏泥在墓葬中得到更广泛的使用，尤以南方长江流域最为流行，特别是大中型墓葬中的墓室、墓壁、墓底等位置多用青膏泥填充，并逐步形成一套稳定的丧葬习俗和一系列有效的防腐措施。与西坡墓葬不同的是，这些晚期墓葬青膏泥的使用量极大，如绍兴印山越王陵的墓坑内青膏泥厚达 6 ~ 8 米，总量达 5700 立方米左右[28]。泥的来源也不同，相比西坡墓葬所用青灰色草拌泥需人工澄泥、掺杂植物茎叶调制等复杂工序，青膏泥不可人工制作，是一种在长期的地质过程中形成的含有高岭土成分的黏土，在我国南方的湖南、江西、江苏等地都有分布。综合以上分析，我们认为，西坡墓葬使用青灰色泥与后来墓葬所用青膏泥的功能有着显著差异，西坡墓葬所用的青灰色泥并不是为了防腐，或主要目的不是防腐，而是作为葬仪中的"道具"，在制备后与生土、棕红色地层土等混合后一并填入墓圹，这一现象和过程与木板封盖、尸体包裹等行为构成一整套完整的丧葬礼仪，可看作是西坡墓地特有的一种特殊葬仪。

西坡墓地独有的丧葬习俗并不是仅有使用青灰色泥这一种。在西坡墓地的 34 座墓葬中，20 座有随葬品，14 座无随葬品，无随葬品的墓葬大多数位于墓地的东部。经过前期研究发现，西坡墓地是从西往东逐渐形成的，东部墓葬的年代处于仰韶文化中期最晚阶段，墓地东部墓葬不再随葬器物的现象，很可能意味着西坡墓地丧葬习俗的变化[29]。西坡墓地还出土有陶大口缸和玉钺这两种特殊随葬品，其中，4 件大口缸分别成对出自大型墓葬 M8 和 M27，13 件玉钺分别出自 M6、M8 等 9 座墓葬，这些墓葬皆位于偏西位置，属于墓地的较早阶段。随葬陶大口缸和玉钺的葬俗也是西坡墓地所特有的，目前在黄河中游考古学文化中找不到这种葬俗的来源与流向，该葬俗可能是受到黄河下游和长江中下游考古学文化的影响，其中随葬玉钺是发生在西坡墓地的阶段性现象，该现象既可能与丧葬习俗有关，也可能与玉钺来源有关。由此推测，使用青灰色草拌泥的特殊葬仪也是西坡墓地所独有的，同样未见于黄河中游考古学文化，亦有可能是西坡遗址在仰韶文化中期晚段的一个阶段性现象，可被看作是当时西坡人群的一种集体意识取向。

以灵宝西坡墓地为代表的仰韶文化中期葬仪的繁复和隆重程度还应与社会分化情况密切相关。按照现有认识，豫西、关中等仰韶文化核心区在中期的庙底沟类型阶段开启了社会复杂化进程，灵宝西坡遗址是这一时期中心聚落的典型代表，也是当时聚落人群分化程度最显著的地方，不仅其聚落布局发生了根本性的变化，各类原始宗教仪式等活动也成为社会上层的政治统治手段[30]。表现在墓葬方面，陶大口缸和玉钺等特殊随葬物品具备了象征权力或特殊身份的功能，成为区分人群阶层的标识物，除此之外，特殊的丧葬礼仪也是当时社会等级的重要表达方式。这一时期的上层社群有着密切的社会观念交流，上层社会争相以外来的仪式和物品提高自己在当时社会中的声望和地位[31]。西坡墓地大墓中随葬的玉器、象牙器，很可能就是当时聚落社会高等级人群通过上层远距离交流而得来的。与此同时，处于聚落社会较低等级的下层平民阶层也普遍有着模仿上层社会葬仪的现象和趋势，而这些下层平民一般难有渠道或足够的财富来获取玉器、象牙器等贵重的特殊物品，相对来说，通过模仿上层社会的丧葬礼仪更容易实现一些。表现在使用青灰色泥方面，尽管西坡墓地高等级的大墓因规模更大，耗费的泥量和人工更多，但各等级墓葬均有以青灰色草拌泥封盖墓室和回填墓圹的步骤，只不过等级略低的墓葬在用泥量和填泥程序上都有减省的现象，表现出有模仿大墓的嫌疑。

四 结 语

综合上文分析，灵宝西坡遗址建筑基址、墓葬中青灰色泥的大量使用和澄泥池的发现，一方面表明仰韶文化中期先民对青灰色泥的使用已是一种有意识的行为，且已经掌握澄泥技术；另一方面把澄泥池的使用追溯到了仰韶文化时期，是我国古代建筑领域的创举。西坡遗址建筑基址和墓葬使用青灰色泥的来源和功能并不相同，应当一分为二来看待。建筑基址中的青灰色泥，主要来自房屋附近澄泥池的泥料加工，在当时作为建筑材料的一种，用于涂抹墙面、火塘等位置，还是制作房屋地坪的原材料之一，其功能主要是提升房屋的坚固、美观和耐用程度，反映出仰韶文化时期建筑理念和工艺的进步，为后来白灰面建筑技术的出现和长期流行奠定了基础。墓葬中的青灰色泥，主要来自经简单处理后的河边湿地淤泥，应当是作为当时葬仪中的"道具"之一，但是很难说明其具有为尸体防腐的目的。这种使用青灰色草拌泥的特殊葬仪，有可能是西坡遗址在仰韶文化中期晚段的一个阶段性现象，可看作是当时西坡人群的一种阶段性集体意识取向，等级略低的墓葬可能还存在着模仿大墓葬仪的情况，其背景是仰韶文化中期较晚阶段的大型中心性聚落社会人群的日益分化。

需要说明的是，史前时期大规模、明确地制作青灰色泥，并将其用于房屋建造和丧葬礼仪中的现象，目前仅见于灵宝西坡遗址，但是不能因此将其定性为孤例，发掘人员对西坡遗址澄泥池认识的反复过程，也可能存在于其他史前遗址，希望在未来的考古发掘和研究中能够发现更多此类案例，为相关课题的进一步深入研究提供更多素材和信息。

（原刊于《中原文物》2023年第6期）

注释

[1] a. 中国社会科学院考古研究所河南一队、河南省文物考古研究所、三门峡文物工作队等：《河南灵宝市西坡遗址试掘简报》，《考古》2001年第11期；b. 河南省文物考古研究所、中国社会科学院考古研究所河南一队、三门峡市文物考古研究所等：《河南灵宝市西坡遗址2001年春发掘简报》，《华夏考古》2002年第2期；c. 河南省文物考古研究所、中国社会科学院考古研究所河南一队、三门峡市文物考古研究所等：《河南灵宝西坡遗址105号仰韶文化房址》，《文物》2003年第8期；d. 中国社会科学院考古研究所河南一队、河南省文物考古研究所、三门峡市文物考古研究所等：《河南灵宝市西坡遗址发现一座仰韶文化中期特大房址》，《考古》2005年第3期；e. 河南省文物考古研究所、中国社会科学院考古研究所河南一队、三门峡市文物考古研究所等：《河南灵宝市西坡遗址墓地2005年发掘简报》，《考古》2008年第1期；f. 中国社会科学院考古研究所河南一队、河南省文物考古研究所、三门峡市文物考古研究所等：《河南灵宝市西坡遗址2006年发现的仰韶文化中期大型墓葬》，《考古》2007年第2期；g. 马萧林、李新伟、杨海青：《河南灵宝西坡遗址第五次发掘获重大突破》，《中国文物报》2005年8月26日第1版；h. 中国

社会科学院考古研究所、河南省文物考古研究所：《灵宝西坡墓地》，文物出版社，2010 年；i. 中国社会科学院考古研究所河南一队、河南省文物考古研究院、三门峡市文物考古研究所：《河南灵宝市西坡遗址庙底沟类型两座大型房址的发掘》，《考古》2015 年第 5 期；j. 中国社会科学院考古研究所河南一队、河南省文物考古研究院、三门峡市文物考古研究所等：《河南灵宝市西坡遗址南壕沟发掘简报》，《考古》2016 年第 5 期。

〔2〕马萧林：《仰韶文化中期的聚落与社会——灵宝西坡遗址微观分析》，《中原文物》2020 年第 6 期。

〔3〕河南省文物考古研究所、中国社会科学院考古研究所河南一队、三门峡市文物考古研究所等：《河南灵宝市西坡遗址 2001 年春发掘简报》，《华夏考古》2002 年第 2 期。

〔4〕河南省文物考古研究所、中国社会科学院考古研究所河南一队、三门峡市文物考古研究所等：《河南灵宝西坡遗址 105 号仰韶文化房址》，《文物》2003 年第 8 期。

〔5〕中国社会科学院考古研究所河南一队、河南省文物考古研究所、三门峡市文物考古研究所等：《河南灵宝市西坡遗址发现一座仰韶文化中期特大房址》，《考古》2005 年第 3 期。

〔6〕中国社会科学院考古研究所河南一队、河南省文物考古研究院、三门峡市文物考古研究所等：《河南灵宝市西坡遗址庙底沟类型两座大型房址的发掘》，《考古》2015 年第 5 期。

〔7〕中国社会科学院考古研究所、河南省文物考古研究所：《灵宝西坡墓地》，文物出版社，2010 年，第 287 页。

〔8〕同注〔7〕。

〔9〕中国社会科学院考古研究所河南一队、河南省文物考古研究院、三门峡市文物考古研究所等：《河南灵宝市西坡遗址试掘简报》，《考古》2001 年第 11 期。

〔10〕同注〔9〕。

〔11〕同注〔6〕。

〔12〕陈明辉：《裴李岗时期的文化与社会》，复旦大学 2013 年硕士学位论文。

〔13〕郑州市文物考古研究所编著：《郑州大河村（上）》，科学出版社，2001 年。

〔14〕王巍主编：《中国考古学大辞典》，上海辞书出版社，2014 年。

〔15〕北京大学考古学系著，中国社会科学院考古研究所编：《华县泉护村》，科学出版社，2003 年。

〔16〕陕西省考古研究院、咸阳市文物考古研究所：《陕西彬县水北遗址发掘报告》，《考古学报》2009 年第 3 期。

〔17〕河南省文物管理局、水利部小浪底水利枢纽建设管理局移民局编：《黄河小浪底水库文物考古报告集》，黄河水利出版社，1998 年，第 9 页。

〔18〕甘肃省文物考古研究所等：《甘肃庆阳市南佐新石器时代遗址》，《考古》2023 年第 7 期。

［19］同注［13］。

［20］肖娟英、吴超明、宋国定、刘思然、顾万发：《巩义双槐树仰韶房址地坪的原料与制作工艺研究》，《中原文物》2023 年第 3 期。

［21］李寒冰：《三门峡地区仰韶文化研究》，河南大学 2022 年硕士学位论文，第 47 页。

［22］同注［13］。

［23］山东大学历史系考古专业教研室编：《泗水尹家城》，文物出版社，1990 年，第 156 页。

［24］傅淑敏：《豫晋龙山文化房屋建筑比较分析》，《文物》1992 年第 9 期。

［25］山西省考古研究院、山东大学文化遗产研究院、吕梁市文物考古研究所：《山西吕梁市信义遗址新石器时代窑洞式房址》，《考古》2023 年第 3 期。

［26］信阳地区文管会、固始县文管会：《固始县葛藤山六号商代墓发掘简报》，《中原文物》1991 年第 1 期。

［27］信阳地区文管会、罗山县文管会：《罗山蟒张后李商周墓地第三次发掘简报》，《中原文物》1988 年第 1 期。

［28］a. 浙江省文物考古研究所：《浙江绍兴印山大墓发掘简报》，《文物》1999 年第 11 期；b. 浙江省文物考古研究所、绍兴县文物保护管理所：《印山越王陵》，文物出版社，2002 年。

［29］马萧林：《灵宝西坡墓地再分析》，《考古与文物》2019 年第 5 期。

［30］a. 马萧林：《仰韶文化中期的聚落与社会——灵宝西坡遗址微观分析》，《中原文物》2020 年第 6 期；b. 马萧林：《河南地区仰韶文化庙底沟期遗存的发现与研究》，《中原文物》2021 年第 5 期；c. 马萧林、刘丁辉：《仰韶文化"陶鹰鼎"的定名及相关问题研究》，《中原文物》2022 年第 6 期。

［31］a. 张弛：《仰韶文化兴盛时期的葬仪》，《考古与文物》2012 年第 6 期；b. 李新伟：《中国史前玉器反映的宇宙观——兼论中国东部史前复杂社会的上层交流网》，《东南文化》2004 年第 3 期；c. 李新伟：《中国史前社会上层远距离交流网的形成》，《文物》2015 年第 4 期。

三门峡庙底沟遗址 F301 房屋复原图修正[*]

    三门峡庙底沟遗址是 20 世纪 50 年代发掘的一处十分重要的新石器时代遗址。庙底沟遗址的发掘与研究，特别是仰韶文化庙底沟类型的发现和庙底沟二期文化的提出，极大地推动了黄河流域新石器时代考古的发展。在这次发掘中，揭露了两座仰韶文化房址，编号为 F301、F302。在《庙底沟与三里桥》考古报告中，发掘者根据考古发掘信息，形象地复原了庙底沟遗址仰韶文化 F301 房屋，我们得以直观地认识仰韶文化中期或庙底沟期的房屋形态和内部结构。数十年来，F301 房屋复原图被大量引用，成为学术界和科普界展示仰韶文化中期房屋形态和建筑结构的范例。然而，根据与庙底沟遗址年代相近、空间距离不远的灵宝西坡遗址揭露的几座大、中型房址的考古信息，我们认为，庙底沟遗址仰韶文化 F301 房屋复原图对半地穴墙壁、壁柱和外墙的展示方式是错误的。已有学者注意到这一问题，并指出，F301 房屋复原图的墙体部分内外都可见到柱子是经不起推敲的[1]。那么，庙底沟期房屋壁柱究竟与墙体是什么关系，复原图到底存在哪些问题，值得提出来进行讨论。

一　庙底沟 F301 建筑结构

    在庙底沟遗址揭露的两座仰韶文化房址均为长方形浅竖穴式，门向南偏西，有一条窄长斜坡式门道，室内有一个圆形火塘，房基中部有 4 个带石柱础的柱洞，在浅地穴四周的坑壁上敷有一层草泥土，并有排列整齐的柱洞，都没有石柱础[2]。F301 房址门道长 2.84、宽 0.6~0.72 米，有 11° 斜坡，两壁残高 0.43~0.76 米。室内居住面南边长 7.42 米，北边长 6.8 米，东边长 6.18 米，西边长 6.27 米。浅竖穴的四壁，残存

---

  * 本文受到 2019 年度全国文化名家暨"四个一批"人才工程自主选题项目"中原文明起源研究"课题资助，是 2023 年河南兴文化工程文化研究专项项目"河南地区仰韶文化社会复杂化进程及其在中华文明形成中的地位研究"（批准号：2023XWH106）的阶段性成果。

聚合与分化——仰韶文化中期的聚落与社会

坑壁最高0.68米，最低0.34米。柱洞残存37个，其中室内中柱4个；四壁33个，排列整齐，有的露出于壁外，有的隐存在壁内（图一）。发掘者根据考古信息复原了F301房屋，即四角攒顶、木骨泥墙、壁柱外露的方形房屋（图二）。显然，房屋F301

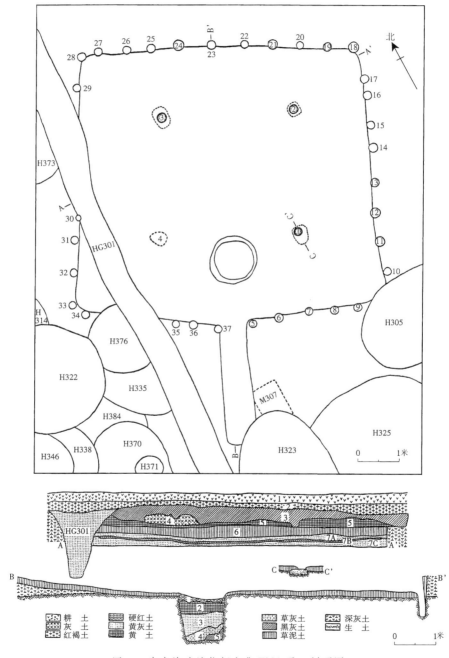

图一　庙底沟遗址仰韶文化F301平、剖面图

的复原图是基于发掘资料的平、剖面图，简单地以墙的形式把壁柱之间的空隙填充并且连接起来，以至于在房屋内外都能看到壁柱。该房屋的复原图和半剖图（图三）显示，半地穴墙壁和地面以上的墙壁似乎是上下贯通的，看起来像是木骨泥墙。

 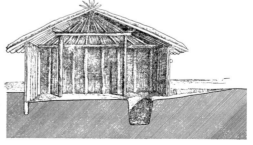

图二　庙底沟遗址仰韶文化 F301 复原图　　　　图三　庙底沟遗址仰韶文化 F301 半剖图

二　西坡房屋墙体构造

2000～2013 年，中国社会科学院考古研究所与河南省文物考古研究所组成联合考古队，对西坡遗址进行了 8 次发掘，发掘面积近 8000 平方米[3]，揭露了 F105、F106、F107、F108 大型房址和 F102、F104、F3 中型房址。这批房址均为半地穴结构，其中 F105、F106、F102、F104 都较好地保留了半地穴墙的原始高度，F106 还残存了一段地面以上的外墙，有的半地穴墙壁上面的光滑平面保存较好。这些遗存既有助于了解地面以下房屋建筑的原始结构，也有助于辨识半地穴墙壁顶部平面的原始状况。此外，发掘者特别注意观察房屋的建造过程，在多篇考古简报里还原了房屋的建造程序，这为认识房屋的墙体构造和复原房屋提供了重要参考。

F102 为半地穴式房屋，四周墙基发现柱洞 47 个，柱洞均隐存于半地穴墙壁内（图四、图五）。室内墙壁大部分为直壁，少部分略斜壁下张，与墙壁上面呈弧角相连[4]。墙壁建造是依房基四周的木柱，做成地穴部分的墙，墙壁面、墙上面等涂抹细泥层，壁柱周围糊上防火泥，且自外向内鼓起，旨在烧烤房屋时阻止木柱燃烧。从剖面图看，墙壁外与房基坑周壁间填土后，与房址外地面相平。F104 墙壁四周发现柱洞 44 个，柱洞也都隐存于半地穴墙壁内。其墙壁上面为厚约 2 厘米的经火烧烤的细泥层光面，在后墙壁中部上面平置一泥质灰陶盆（图六）。发掘者据此认为，半地穴墙壁上并非直接修建木骨泥墙[5]。F3 被后期因素破坏严重，仅在残留的西墙和南墙上发现 13 个柱洞，柱洞均隐存于半地穴墙壁内（图七）。墙壁残高约 0.5 米，表面为一层经火烧烤呈青灰色的细泥层。

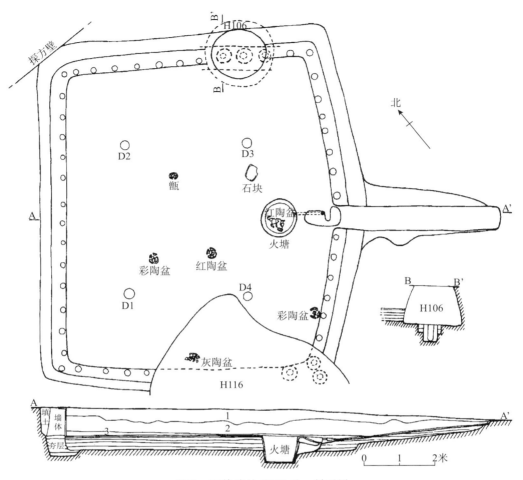

图四　西坡遗址 F102 平、剖面图

图五　西坡遗址 F102 俯视图

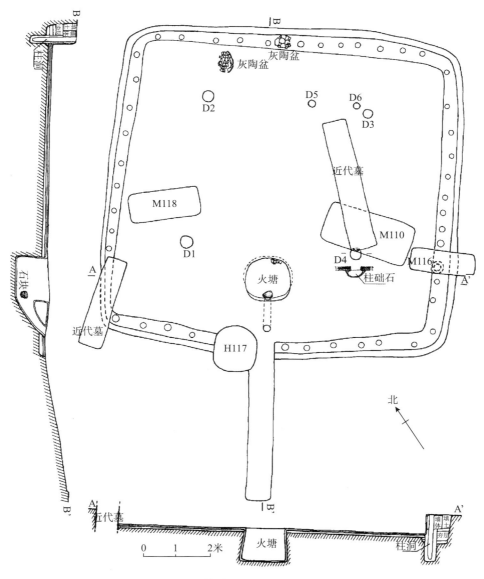

图六　西坡遗址 F104 平、剖面图

F105 主室为半地穴式，四周设置回廊，是半地穴与地面式建筑相结合的房屋。墙壁柱洞共清理出 38 个，多数柱洞下部有灰白色木头朽灰，D36 底部还发现了一层厚约 3~4 厘米的木炭。墙壁仅存半地穴及其以下部分。其墙壁建造是在基槽栽立木柱后，将基槽内侧层层夯打至地表形成内墙，然后夯填墙壁与房基坑周围空隙直至地表形成外墙[6]。从剖面图看，壁柱位于内、外墙之间（图八）。

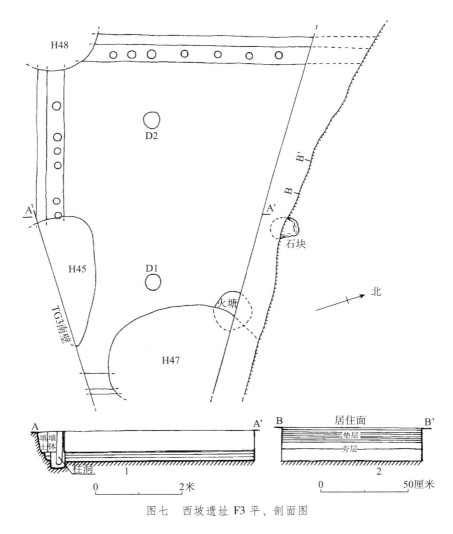

图七　西坡遗址 F3 平、剖面图

　　F106 为半地穴式房屋，墙壁柱洞保存 41 个，壁柱的柱洞和室内柱的柱坑均不见木柱腐朽痕迹，其填充土为房屋倒塌形成的堆积，推测房屋废弃时，全部柱子已被当时的居民移走。根据清理发现壁柱情况，F106 居住面以上部分，壁柱半边贴附于地穴壁内，半边裸露在外（图九）。半地穴墙壁夯筑而成，保存高度 0.4～0.8 米，上面为平整的抹泥台面，宽度约 0.6 米。外墙与半地穴墙壁平行，也是夯筑而成，保存高度 0.1～0.3 米。在外墙与半地穴墙上台面交界处的下部发现立柱痕迹，推测外墙建造是在距离半地穴墙体约 0.2 米处挖槽埋立细柱，依托细柱、墙槽外壁和挡木夯筑，之后拔走细柱，将留下的沟槽填实[7]。

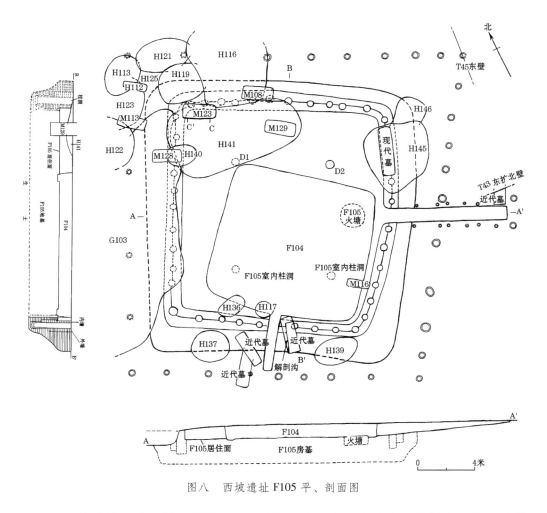

图八　西坡遗址 F105 平、剖面图

　　F107 为半地穴式房屋，叠压 F108（图一〇）。由于半地穴墙体保存不佳，壁柱又均被移走，墙体顶部的柱洞痕迹已难以辨认[8]。从平面图看，其壁柱情况与 F106 相同，部分被包裹在半地穴墙体内，部分裸露在外。

三　房屋壁柱与墙体的关系

　　根据地层关系和出土遗物的特征判断，F105、F106、F108 是西坡聚落中最早的一批房屋建筑[9]，F107 和 F3、F102、F104 大体属于一个略晚的时期[10]。据此表明，西坡遗址房屋不论时间早晚，不论采用何种建造程序，从室外观察，壁柱均未裸露，但室内情况又因房而异。具体而言，半地穴部分，早期大型房屋 F105 的壁柱位于半地穴内、外墙之间，F106 壁柱则半边裸露在半地穴的墙体外。晚期中型房屋

图九　西坡遗址 F106 俯视图

F102、F104、F3 壁柱均隐存于半地穴墙体内。大型房屋 F107 壁柱则部分裸露于半地穴墙体外。F106、F107 壁柱均存在被移走重复利用现象，其壁柱部分裸露显然更易移出。

　　地上部分，壁柱高于地面用以支撑屋顶，但壁柱与地面墙体的关系可根据遗迹和遗物现象做出推断。西坡 F104、F102、F3 半地穴墙体的墙上平面涂抹细泥，经烧烤后形成光面，且 F104 半地穴墙上面放置有陶器，这不仅说明 3 座房屋地面以上壁柱是裸露的，而且地面以上墙体应在半地穴墙上面以外，即半地穴墙壁和地面以上的室外墙壁不在一个垂直面上，使得半地穴墙体上面与壁柱间留出足够的空间以摆放器物。西坡 F106 半地穴墙壁与外壁平行，外墙平均厚度约 0.6 米，内侧抹有约 0.05 米厚的草拌泥，且在修筑外墙后，进一步修整出半地穴墙体上宽约 0.6 米的台面[11]。由此可知，F106 地面以上壁柱同样处于裸露状态，其室内半地穴墙体上的台面用来摆放器物，壁柱裸露形成的间隙，也使外墙内侧涂抹草拌泥得以实现。F105 半地穴部分内墙宽 0.35 ~ 0.7 米，外墙宽 0.4 ~ 0.78 米[12]，其内墙上面自然形成室内台面，地面以上壁柱裸露，外墙紧贴壁柱，一直修筑至屋顶。

　　综上所述，从西坡房屋的建筑结构可以得出以下结论。第一，大多数房址都保

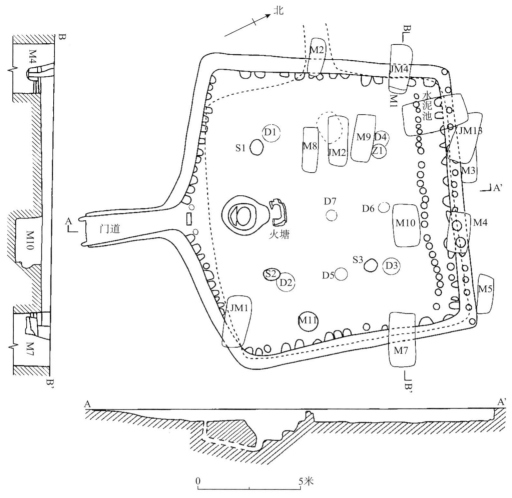

图一○　西坡遗址 F107 平、剖面图（虚线为推测的 F108 的轮廓及其火塘）

留半地穴墙壁上面的光滑平面，该平面是室内可以放置器物的一圈平台，平台以外的地上部分有墙壁，其功能是起到挡风遮雨的围护作用而不承重。第二，在半地穴部分，壁柱既有裸露在室内的"半壁柱"，也有隐存于墙壁内的真正壁柱；在地上部分，壁柱均裸露出来，没有被外墙包裹，在室内能够看到。第三，地面以上墙壁可能是紧贴壁柱而做的，也可能靠外不接触壁柱，壁柱起到支撑房顶的作用，而地面以上的墙壁位于壁柱外侧，从室外看不到里侧的壁柱。以上几点就是本文讨论的问题之关键。

　　灵宝北阳平遗址距离西坡遗址约 5 公里，二者文化年代一致，内涵相仿，同属灵宝铸鼎原仰韶文化遗址群。2021 年，在北阳平遗址发现仰韶文化中期房址 3 座，已清理 2 座。其中 F2 规模较大，结构复杂，加工考究，保存大量炭化木构件[13]。从披露的材料看，与西坡房屋结构一致。庙底沟遗址和西坡、北阳平遗址均为仰韶文化中期遗址，三者相距不远，年代接近，其建筑形状和结构也应相同或相近。庙底沟遗址仰韶文化 F301 房屋的复原图是基于当时的发掘情况绘制的，可能由于两个问题导致复原图出现偏差：一是庙底沟遗址揭露的房屋的半地穴部分保存得不完整，发掘者看不到半地穴墙壁上面的平整台面；二是当时的发掘没有弄清房屋的建造程序，尤其是没搞清半地穴墙壁、地面以上墙壁、壁柱三者的关系，故而把半地穴墙壁和地面以上的墙壁垂直贯通起来，整个墙壁似乎成了木骨泥墙。因此，以西坡遗址房屋为依据，庙底沟遗址仰韶文化 F301 房屋的复原图应该修正为从室外看不到室内的壁柱，从室内能看到壁柱和半地穴墙壁上的平台面，地面以上部分的壁柱之间是有空隙的（图一一）。

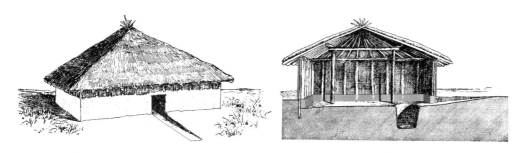

图一一　修改后庙底沟遗址仰韶文化 F301 复原图、半剖图

近年来，类似三门峡庙底沟遗址 F301 这样的半地穴房屋，在豫西、晋南和关中等地的仰韶文化中期遗址中时有发现[14]。这类半地穴房屋的建筑形态和结构，与在豫中、豫南地区发现的仰韶文化晚期地面式木骨泥墙式房屋的建筑形态和结构存在明显差异[15]。我们对庙底沟遗址 F301 复原图的修正，有助于形象地理解和认识仰韶文化中期的房屋形态和建筑结构，进而丰富仰韶文化的文化内涵，活化仰韶文化的历史场景。

（原刊于《考古与文物》2024 年第 12 期）

注释

［1］程鹏飞：《仰韶文化庙底沟期大型半地穴式房址研究》，《文化遗产与公众考古》第二

辑，北京联合大学文化遗产保护协会编，2016 年，第 41 页。

［2］中国社会科学院考古研究所编著：《庙底沟与三里桥》，文物出版社，2011 年，第 6 页。

［3］马萧林：《仰韶文化中期的聚落与社会——灵宝西坡遗址微观分析》，《中原文物》2020 年第 6 期。

［4］河南省文物考古研究所、中国社会科学院考古研究所河南一队、三门峡市文物考古研究所等：《河南灵宝市西坡遗址 2001 年春发掘简报》，《华夏考古》2002 年第 2 期。

［5］同注［4］。

［6］河南省文物考古研究所、中国社会科学院考古研究所河南一队、三门峡市文物考古研究所等：《河南灵宝西坡遗址 105 号仰韶文化房址》，《文物》2003 年第 8 期。

［7］中国社会科学院考古研究所河南一队、河南省文物考古研究所、三门峡市文物考古研究所等：《河南灵宝市西坡遗址发现一座仰韶文化中期特大型房址》，《考古》2005 年第 3 期。

［8］中国社会科学院考古研究所河南一队、河南省文物考古研究院、三门峡市文物考古研究所：《河南灵宝市西坡遗址庙底沟类型两座大型房址的发掘》，《考古》2015 年第 5 期。

［9］同注［3］。

［10］同注［8］。

［11］同注［7］。

［12］同注［6］。

［13］此信息来自 2021 年度河南考古工作成果交流会。

［14］a. 山西省考古研究院、临汾市文物考古工作站、襄汾县文化和旅游局：《山西临汾桃园遗址 F1 发掘简报》，《中原文物》2021 年第 5 期；b. 陕西省考古研究院、咸阳市文物考古研究所：《陕西彬县水北遗址发掘报告》，《考古学报》2009 年第 3 期；c. 陕西省考古研究院、白水县文物旅游局：《陕西白水县下河遗址仰韶文化房址发掘简报》，《考古》2011 年第 12 期；d. 张光辉、刘吉祥：《山西吕梁德岗遗址》，《大众考古》2019 年第 6 期；e. 北京大学考古学系著，中国社会科学院考古研究所编：《华县泉护村》，科学出版社，2003 年，第 27 – 29 页。

［15］a. 郑州市文物考古研究所：《郑州大河村》，科学出版社，2001 年，第 166 – 170 页；b. 河南省文物研究所、长江流域规划办公室考古队河南分队：《淅川下王岗》，文物出版社，1989 年，第 166 页。

河南地区仰韶文化庙底沟期遗存的发现与研究 *

今年是仰韶文化发现 100 周年。1921 年，瑞典地质学家安特生在河南省渑池县仰韶村进行考古发掘，首次发现了彩陶、红陶、磨光石器等新石器时代文化遗存，仰韶文化因而得名。百年来，经过几代考古学家的努力，发现的仰韶文化遗址数以千计，发掘的仰韶文化遗址数以百计，对仰韶文化的认识不断深化。目前来看，仰韶文化的年代距今约 7000 年至 5000 年，由多个发展阶段和文化类型组成，包含半坡期、庙底沟期和西王村期，分别代表仰韶文化的早期、中期和晚期。在长达 2000 余年的发展历程中，仰韶文化的社会形态经历了从简单的平等社会到复杂社会的转变，完成这一重要转变的节点就是仰韶文化中期的庙底沟期（距今约 5800 ~ 5300 年），或称庙底沟类型，也有学者称之为庙底沟文化[1]或西阴文化[2]。这个过程中伴随着一系列的重大变化，包括遗址数量激增、文化区域扩大、聚落等级出现等，分布范围从豫西、晋南和关中东部核心区，拓展到整个黄河中上游，甚至影响到了黄河下游和长江中游等邻近地区，因此有学者将这一时期描述为"五百年的文化繁荣"[3]，还有学者称其是"庙底沟时代"[4]。近年来，仰韶文化庙底沟期成为探索文明起源的重要对象，这一时期的社会发展机制与中原地区文明起源和发展的关系，也是学术界日益关注的重要课题。

仰韶文化庙底沟期得名于 1956 年河南三门峡庙底沟遗址的发掘，以庙底沟遗址一期为代表的文化遗存被命名为仰韶文化庙底沟类型，成为仰韶文化最先被划分出的文化类型，又被作为仰韶文化中期的代表，最早年代距今约 5800 年。双唇小口尖底瓶和平底瓶、釜形灶、曲腹彩陶钵、曲腹彩陶盆、侈口夹砂罐、折腹圜底釜等陶器是这一时期的标志性器物，以圆点弧边三角纹、回旋勾连纹、花瓣纹等为代表性彩陶纹饰。大量材料表明，河南地区是仰韶文化庙底沟期遗存分布最集中、典型文

---

* 本文是国家社会科学基金重大项目"河南灵宝西坡遗址综合研究"（批准号：12&ZD196）和 2019 年度中宣部文化名家暨"四个一批"人才自主选题项目"中原文明起源研究"的阶段性成果。

化因素表现最充分、发展序列最完整、阶段性变化最显著的地区之一。近年来，随着"中华文明探源工程""考古中国：中原地区文明化进程研究"等项目的实施，在河南特别是豫西发现并发掘了一批以庙底沟期遗存为主的遗址，对深化仰韶文化考古研究具有重要价值。本文拟对河南地区仰韶文化庙底沟期遗存做系统梳理，并对这一时期的社会经济和社会发展状况进行分析与评估。

一 河南地区仰韶文化庙底沟期遗存的考古发现概述

据第三次全国文物普查资料，河南发现的仰韶文化遗址有 3000 余处，其中大部分包含有庙底沟期遗存。由于考古学界对仰韶文化类型和分期认识的阶段性差异，在 1959 年最早将仰韶文化划分为半坡和庙底沟两个类型之前[5]，多将此类遗存笼统归为仰韶文化。此后，随着考古工作的逐步深入和对仰韶文化内涵认识的更加清晰，河南境内仰韶文化庙底沟期的材料日渐增多，现以 1956 年庙底沟遗址的发掘为起始点，择要梳理。

1956 年至 1957 年，黄河水库考古队对三门峡庙底沟遗址进行了发掘，揭露面积 4480 平方米，发现了大量仰韶文化和仰韶向龙山过渡期的遗迹和遗物，其中属于仰韶文化的有房址 2 座，窖穴 148 个，墓葬 1 座及大量石、骨、陶器等[6]。庙底沟遗址的发掘，让考古学界意识到各地的仰韶文化面貌存在着较大的时空差异，从而确立了庙底沟类型，并首次提出"庙底沟二期文化"的概念，解决了仰韶文化和龙山文化的关系及仰韶文化的去向问题，为后来关于仰韶文化类型和分期的讨论打下了基础。

1958 年，中国科学院考古研究所洛阳工作队对洛阳同乐寨遗址进行发掘，发掘面积 225 平方米，发现一批相当于仰韶文化庙底沟期的遗存，包括灰坑 2 个，儿童瓮棺葬 13 座，以及大量石、骨、陶质遗物[7]。

1959 年至 1960 年，北京大学历史系考古专业对洛阳王湾遗址进行了两次发掘，揭露面积 3625 平方米，发现大量新石器时代遗存，其中属于仰韶文化庙底沟期的有房屋基址 7 座、墓葬 85 座、灰坑 8 个[8]。

1959 年至 2009 年，河南省文化局文物工作队和郑州大学历史学院考古系先后对淅川沟湾遗址（原名下集遗址）进行了发掘，总发掘面积 5725 平方米[9]。部分遗存属仰韶文化庙底沟期，较为重要的发现是遗址外围仰韶文化不同时期的大、小两个环壕，其中大环壕属于庙底沟期。

1960 年，北京大学考古系对偃师高崖遗址进行了试掘，揭露面积 60 余平方米，在遗址的西台地发现有属于仰韶文化庙底沟期的部分遗存[10]。

1971 年至 2010 年，河南省博物馆文物工作队和中国社会科学院考古研究所先后对淅川下王岗遗址进行了 7 次发掘，总发掘面积达 5311 平方米[11]。该遗址仰韶文化遗存内涵丰富，属于庙底沟期的有房屋基址 12 座、陶窑 2 座、灰沟 8 条、墓葬 494 座（含 24 座瓮棺葬）、灰坑 115 个。

1972 年至 2015 年，郑州市文物考古研究院、郑州市大河村遗址博物馆等单位先后对郑州大河村遗址进行了 25 次发掘，总发掘面积达 7000 多平方米[12]。该遗址文化内涵丰富，仅仰韶文化就可分为七期，其中第一期和第二期属于仰韶文化庙底沟期。这一时期的遗迹不算丰富，主要有墓葬 12 座、房屋基址 1 座。

1976 年，河南省文物研究所对郑州后庄王遗址进行了发掘，发掘面积 600 多平方米[13]。后庄王遗址仰韶文化庙底沟期遗存丰富，发现有房屋基址 2 座、墓葬 68 座（含瓮棺葬 50 座）、灰坑 23 个。

1976 年，洛阳博物馆对洛阳西高崖遗址进行了试掘，揭露面积 108 平方米[14]。西高崖一期遗存相当于仰韶文化庙底沟期，发现窖穴 9 个和大量遗物。

1978 年至 1980 年，河南省文物研究所对长葛石固遗址进行了 4 次发掘，揭露面积 2145 平方米[15]。石固遗址第六期遗存属仰韶文化庙底沟期，主要遗迹有墓葬 20 座（含土坑墓 10 座、瓮棺葬 10 座），还有灰坑 45 个。

1979 年至 1980 年，河南省文物研究所对登封八方和双庙遗址进行了试掘，揭露面积 175 平方米，发现有部分属于仰韶文化庙底沟期的灰坑[16]。

1980 年，郑州市博物馆对荥阳点军台遗址进行了发掘，发掘面积 700 平方米[17]。点军台遗址第一期、第二期遗存属仰韶文化庙底沟期，遗迹较为丰富，主要有房屋基址 6 座、灶坑 1 个、墓葬（瓮棺）13 座、灰坑 2 个，其中 4 座连排房屋较为重要。

1980 年至 2020 年，河南省文物考古研究院对渑池仰韶村进行了第三次和第四次发掘，共计揭露面积 400 多平方米[18]。作为仰韶文化的发现地，仰韶村遗址之前曾有过两次发掘，1921 年由安特生主持首次发掘，1951 年夏鼐先生主持了第二次发掘。严文明先生在 20 世纪 60 年代曾对安特生发表的仰韶村发掘资料做过分析，认为仰韶村遗址的仰韶文化遗存以庙底沟期最为丰富[19]。第三次发掘进一步证实了仰韶村遗址的文化内涵和发展序列，第四次发掘发现了更为丰富的仰韶文化庙底沟期遗存，分布区域较之早期更为扩大。

1981 年，郑州市博物馆对荥阳青台遗址进行了发掘，发掘面积 730 平方米，发现有部分仰韶文化庙底沟期遗存[20]。

1984 年至 1986 年，中国社会科学院考古研究所先后对汝州中山寨遗址进行了 3 次发掘，共揭露面积 665 平方米[21]。中山寨遗址第二期、第三期遗存属仰韶文化庙底沟期，主要遗迹有窖穴 26 个、墓葬 1 座、陶窑 1 座。

1984 年至 2010 年，河南省文物考古研究所和中国社会科学院考古研究所先后对郑州站马屯遗址进行了 3 次发掘，总发掘面积 6754 平方米[22]。其中 2006 年至 2007 年中国社会科学院考古研究所发掘的第一期遗存属仰韶文化庙底沟期，主要遗迹有墓葬 12 座（其中瓮棺葬 8 座、土坑墓 4 座），还有灶 1 个、兽骨坑 2 个、灰坑 25 个。

1988 年，郑州市文物队对荥阳方靳寨遗址进行了发掘，发掘面积 100 平方米，所获最早遗存属于仰韶文化庙底沟期[23]。

1989 年至 1993 年，河南省文物研究所先后对汝州洪山庙遗址进行了 2 次发掘，揭露面积 173 平方米，发现仰韶文化庙底沟期房屋基址 1 座、大型瓮棺合葬墓 1 座（内含瓮棺 136 座）、灰坑 5 个[24]。

1991 年，中国历史博物馆等单位对渑池班村遗址进行发掘，发掘面积 5000 余平方米[25]。班村仰韶文化一期陶器有双唇口尖底瓶、敛口钵、曲腹盆、曲腹钵等，以回旋勾连纹为主要彩陶图案，属于仰韶文化庙底沟期。

1991 年至 1998 年，北京大学考古系等单位对邓州八里岗遗址进行了 6 次发掘，共发掘面积 3550 平方米[26]。八里岗遗址仰韶文化聚落保存较好，第三、四段遗存属于仰韶文化庙底沟期，主要遗迹有房屋基址、窖穴和墓葬，其中最重要的发现是从仰韶中期到晚期历经多次废建的连排房屋基址。

1992 年，郑州大学考古系等对尉氏椅圈马遗址进行了发掘，揭露面积 620 平方米[27]。椅圈马遗址的新石器时代遗存较为丰富，其中第二、三期遗存的时代相当于仰韶文化庙底沟期，主要遗存有房屋基址 3 座、墓葬 29 座（含儿童瓮棺葬 11 座）以及部分灰坑等。

1992 年至 2020 年，河南省文物考古研究所和郑州市文物考古研究院分别对巩义双槐树遗址（原名滩小关遗址）进行了 2 次发掘，发掘面积达 1 万多平方米[28]。其中 2013 年至 2020 年的第 2 次发掘取得重大突破，发现仰韶文化时期的三道环壕、墓地、房屋基址群等遗迹，确认其性质为仰韶文化中晚期的巨型聚落遗址。其中第二期遗存属仰韶文化庙底沟期偏晚阶段，主要遗迹有内壕和中壕、灰坑、瓮棺葬等。

1993 年，河南省文物考古研究所等单位对焦作陨城寨遗址进行了发掘，发掘面积 225 平方米，所获遗存属仰韶文化庙底沟期，主要有灶 4 个、柱洞 2 个和灰坑 17 个[29]。

1993 年至 1996 年，国家文物局考古领队培训班对郑州西山遗址进行了发掘，总发掘面积 6385 平方米，发现了我国第一座仰韶文化晚期城址[30]，属于仰韶文化庙底沟期的遗迹有房屋基址 4 座、瓮棺葬 1 座、灰坑 8 个。

1995 年至 1996 年，洛阳市文物工作队等单位对新安太涧遗址进行了发掘，揭露面积 480 平方米，遗址第一期遗存属于仰韶文化庙底沟期，遗迹遗物较少[31]。

1995 年至 1996 年，河南省文物考古研究所对伊川孙村遗址进行了发掘，揭露面积 210 平方米，发现仰韶文化庙底沟期 3 个灰坑[32]。

1996 年，河南省文物考古研究所对新安槐林和麻峪遗址进行了发掘[33]。其中槐林遗址发掘面积 400 多平方米，主要为仰韶文化庙底沟期遗存，发现有灰坑 19 个、陶窑 1 座、墓葬 2 座。麻峪遗址发掘面积 700 平方米，主要为仰韶文化遗存，一期属仰韶文化庙底沟期，遗迹较少，有灰坑 2 个。

1996 年，河南省文物考古研究所对济源长泉遗址进行了发掘，发掘面积 600 平方米[34]。长泉仰韶文化二、三期遗存相当于仰韶文化庙底沟期，发现瓮棺墓葬 4 座、陶窑 1 座、沟 1 条、灰坑 36 个。

1996 年至 1997 年，洛阳市文物工作队等单位对孟津寨根遗址进行了发掘，揭露面积 1038 平方米[35]。属于仰韶文化庙底沟期的有房屋基址 4 座、灰坑 3 个、瓮棺葬 1 座。

1997 年，洛阳市文物考古研究院等单位对新安盐东遗址进行了联合发掘，发掘面积近 4000 平方米，主要为仰韶文化遗存[36]。盐东新石器文化一期遗存属仰韶文化庙底沟期，遗迹相对较少，有灰坑 6 个。

1997 年至 1998 年，河南省文物考古研究所对三门峡南交口遗址进行了 3 次发掘，揭露面积 1400 平方米，主要为仰韶文化遗存[37]。南交口第二期遗存相当于仰韶文化庙底沟期，发现房屋基址 6 座、灰坑 57 个、灰沟 3 条、灶址 1 个、墓葬 1 座。

1998 年至 1999 年，河南省文物考古研究所对渑池关家遗址进行了发掘，发掘面积 12000 平方米，以仰韶文化庙底沟期遗存为主，遗迹有壕沟 1 条、房屋基址 20 座、墓葬 50 余座、陶窑 2 座、灰坑 400 多个[38]。

1999 年，河南省文物考古研究所对渑池西湾遗址进行了发掘，发掘面积 400 平方米，主要为仰韶文化庙底沟期遗存，发现有墓葬 1 座、房屋基址 2 座、灰坑 4 个[39]。

1999 年，中国社会科学院考古研究所等单位联合对灵宝北阳平遗址进行了发掘，发掘面积 320 平方米，发现仰韶文化庙底沟期的房屋基址 3 座、灰坑 22 个、墓葬 2 座[40]。这次发掘证实了北阳平遗址的中部是以仰韶文化庙底沟期为主的遗存。

2000 年至 2001 年，河南省文物考古研究所对西峡老坟岗遗址进行了发掘，发掘面积 1200 平方米[41]。所获遗存多为仰韶文化庙底沟期，主要有房屋基址 20 座、墓葬 21 座、灰坑 13 个。

2000 年至 2013 年，中国社会科学院考古研究所与河南省文物考古研究所先后对灵宝西坡遗址进行了 8 次发掘，发掘面积近 8000 平方米[42]。证实西坡是一处以庙底沟期遗存为主的仰韶文化遗址，也是仰韶文化庙底沟期中心聚落的典型代表。主要遗存有 7 座大、中型房屋基址，还有百余座灰坑和 34 座墓葬。

2002 年至 2006 年，中国社会科学院考古研究所对偃师灰嘴遗址进行了两次发掘，揭露面积 400 平方米[43]，少量灰坑、房址等遗迹属于仰韶文化庙底沟期。

2003 年，洛阳市第二文物工作队对伊川大庄遗址进行了发掘，发掘面积 600 平方米，其中部分遗存为仰韶文化庙底沟期[44]。

2006 年，河南省文物考古研究所对渑池笃忠遗址进行了发掘，发掘面积 1900 平方米，有少量仰韶文化庙底沟期遗存[45]。

2006 年，洛阳市第二文物工作队对洛阳杨窑遗址进行了发掘，发掘面积 600 平方米，部分遗存属仰韶文化庙底沟期[46]。

2010 年至 2011 年，洛阳市文物考古研究院对洛阳五女冢遗址进行了发掘，揭露面积 8700 平方米[47]。遗址仰韶文化第一期相当于仰韶文化庙底沟期，共发现尖底瓶墓葬 23 座、灰沟 1 条、灰坑 91 个。

2018 年，洛阳市文物考古研究院对伊川土门遗址进行了发掘，发掘面积 1000 平方米，发现仰韶文化庙底沟期房址 5 座、墓葬 7 座、灰坑 48 个[48]。"伊川缸"最早在土门遗址被发现并得名。

除考古发掘外，河南地区至少还开展了数十次大规模区域考古调查。如 1953 年开始的三门峡水库淹没区考古调查，就已经注意到豫西三门峡附近是仰韶文化遗址最密集、最丰富的地区之一[49]。从 1999 年开始，河南省文物考古研究所等单位对灵宝盆地铸鼎原周围进行联合考古调查，取得了对铸鼎原仰韶文化聚落群的突破性认识[50]。2006 年至 2011 年，河南省文物考古研究所对灵宝盆地史前遗址进行考古调查，在 1000 多平方公里范围内确认了多达 105 处仰韶文化庙底沟期遗址，占全部仰韶文化遗址的近一半[51]，这是目前已知仰韶文化庙底沟期遗址数量最多、分布最密集的区域，其中不乏多处大型中心性聚落，如北阳平、西坡、五帝等遗址。

经过梳理，近 70 年来，河南地区经过正式考古发掘的仰韶文化庙底沟期遗址达 40 多个，总计发掘面积超过 10 万平方米（图一）。这些考古发掘与研究概括起来有以下特点。

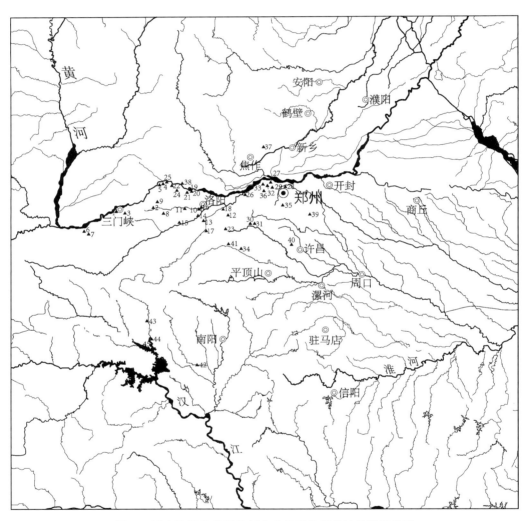

图一　河南地区已发掘仰韶文化庙底沟期遗址位置示意图

1. 三门峡庙底沟　2. 渑池班村　3. 三门峡南交口　4. 渑池关家　5. 渑池西湾　6. 灵宝北阳平　7. 灵宝西坡　8. 渑池笃忠　9. 渑池仰韶村　10. 洛阳同乐寨　11. 洛阳王湾　12. 偃师灰嘴　13. 伊川大庄　14. 洛阳西高崖　15. 洛阳杨窑　16. 洛阳五女冢　17. 伊川土门　18. 偃师高崖　19. 孟津寨根　20. 孟津妯娌　21. 新安盐东　22. 新安太涧　23. 伊川孙村　24. 新安槐林　25. 新安麻峪　26. 巩义双槐树　27. 郑州西山　28. 郑州大河村　29. 郑州后庄王　30. 登封八方　31. 登封双庙　32. 荥阳点军台　33. 荥阳青台　34. 汝州中山寨　35. 郑州站马屯　36. 荥阳方靳寨　37. 焦作隞城寨　38. 济源长泉　39. 尉氏椅圈马　40. 长葛石固　41. 汝州洪山庙　42. 邓州八里岗　43. 西峡老坟岗　44. 淅川沟湾　45. 淅川下王岗

一是大多数为配合基本建设的抢救性发掘，围绕学术课题连续开展的主动性发掘较少。大批抢救性发掘工作有一定的阶段性，如 20 世纪 50 年代配合黄河三门峡水库建设，20 世纪 90 年代配合黄河小浪底水利枢纽工程建设，21 世纪以来配合南水北调、高速公路、铁路等大型工程建设。连续开展主动性发掘的项目仅有邓州八里岗、灵宝西坡等少数遗址，因而对庙底沟期聚落形态研究的材料尚显不足。

二是考古发掘的遗址点在区域分布上明显不均，主要集中在豫西、郑洛、豫西南等地区，豫北、豫东等地区较少。这些发掘为认识河南地区仰韶文化庙底沟期的文化面貌提供了重要资料。例如，洛阳王湾遗址的发掘为解决该地区仰韶文化的分期提供了科学依据，邓州八里岗遗址的发掘为认识豫西南仰韶文化的面貌和社会发展阶段提供了样本，汝州洪山庙揭露的"伊川缸"类葬具有助于了解嵩山以南和崤山以东区域的庙底沟期文化面貌，灵宝西坡遗址的系统发掘则为认识庙底沟期中心聚落的演变和社会形态提供了宝贵资料。

三是不同区域的庙底沟期文化面貌存在一定程度的差异。大体上以渑池为界，渑池以西的豫西地区与关中、晋南的庙底沟期文化面貌接近，炊具多为陶罐或釜灶，基本不用鼎；渑池以东从豫中到豫南的广大地区较为接近，炊具常用多种形式的三足鼎，但这些地区之间也存在一些差异，比如豫西南很少见到小口尖底瓶。此外，不同区域在聚落布局、房屋结构与规模，以及墓葬埋葬习俗、方式等方面都存在差异。

四是 20 世纪 90 年代以前，考古发掘与研究的主要目的是建立年代框架和文化谱系，而 90 年代以后特别是 21 世纪以来，采用聚落考古、多学科考古方法研究人地关系、生业经济、社会结构等问题的理念不断增强，学者着力探索仰韶文化庙底沟期的社会文明化进程及其运行机制。

二　河南地区仰韶文化庙底沟期的社会经济

仰韶文化庙底沟期的社会经济取得了长足发展，主要表现在生业经济和手工业生产方面。

（一）生业经济

植物考古和动物考古研究表明，仰韶文化庙底沟期是以粟作种植和家畜饲养为主的生业形态。黄河中游地区至少从新石器时代中期到仰韶文化早期，就已经开始了从狩猎采集为主、农耕和家畜饲养为辅，到以粟、黍农业为经济主体的生业形态的转变，还有可能经历了从以黍为主到以粟为主的转换过程[52]。大量证据显示，河南地区是史前生业经济发展转型较快的区域，从仰韶文化早期开始，粟作农业已是重要的生业经济，并且很可能是最早完成向农业和家畜饲养业为主的生业方式转变的区域之一。例如，在豫西的底董、底董北、晓坞、南交口等仰韶文化早期的植物遗存中，农作物在全部出土植物籽粒中的比重已经达到一半以上，而且粟在全部出土农作物籽粒中的比例已经占据绝对优势[53]。根据对西坡、西山和关家等遗址仰韶文化庙底沟期遗存中的人骨和动物骨骼的稳定同位素分析结果，以粟为代表的 C_4 类植物已成为当时主要的食物品种[54]，这说明粟作农业在当时生业经济中的主导地位已经处于稳定态势。

从西坡和班村的仰韶文化庙底沟期动物遗存分析来看，家养动物在全部动物中的比例也已占据绝对优势，其中猪是最主要的家畜，狗次之，鹿科动物等野生动物在肉食结构中的比例较小[55]。说明此时以猪为主的家畜饲养已经成为人们获取肉食的主要方式，渔猎只是肉食消费的必要补充。

除动植物考古研究成果外，还有其他相关证据可以加强以上的判断。灵宝铸鼎原周围的考古调查显示，仰韶文化早期的聚落大多分布在河流的中下游，上游区域大多未被开发。到了仰韶文化庙底沟期，随着聚落数量大幅度增加、规模明显扩大，人们的活动不断向河流上游拓展，甚至不少新的聚落还选址在远离河流、地势较高的山坡地带。这一现象固然是因为当时人口增加而造成局部人地关系紧张，但同时也反映了当时农业生产技术和工具的进步，已经能够让一部分人可以通过增加对农业生产的劳动和技术投入，缓解或消除土地等生产条件的劣势问题。

此外，在河南地区仰韶文化庙底沟期遗址中，石质农业工具的种类更加多样化，铲、锄、刀、镰等生产和收割工具的比重增加，窖穴的容积也较之前明显扩大。这些变化，一方面说明当时的人们借助更为先进的农业生产技术和工具，已经开始进行一定程度上的精耕细作以提高粮食产量；另一方面说明有不少粮食剩余，可以用来储藏。根据刘莉等学者的最新研究成果，仰韶文化中最为常见的尖底瓶和平底瓶都具有酿酒功能，从仰韶文化庙底沟期开始，尖底瓶器形逐渐变大，容积显著增加，说明这个时期对酒的需求不断增加[56]，同时也证明了从仰韶文化庙底沟期开始有更多的剩余粮食用以酿酒。

需要说明的是，整个河南地区仰韶文化庙底沟期的生业经济的发展并不是同步的，而是呈现出区域间发展差异化、不平衡的态势。与豫西庙底沟期生业经济的快速发展转型相比，豫西南的种植农业和家畜饲养业的发展略显缓慢和复杂。以沟湾遗址为例，在从仰韶文化早期到石家河文化时期的漫长时间里，农作物的数量在植物种子总数的比例仅有 16.85%，其中黍在农作物中始终占绝对优势[57]，而根据对墓葬中人骨的碳氮同位素分析结果，仰韶文化时期的沟湾居民又以稻米为代表的 C_3 类食物为主，以小米等 C_4 类食物为辅[58]。在八里岗遗址的仰韶文化动植物遗存中，稻占所有农作物的比例最大，家猪的比例虽然在庙底沟期有所提升，但明显低于豫西地区[59]。以上的差别除了自然环境因素外，更多的是与社会发展水平相关。豫西是仰韶文化庙底沟期生产力发展水平较高的区域，较为发达的种植农业和家畜饲养业是豫西仰韶文化迅速崛起的主要动力之一，也为这一区域在后来文明化进程中的加速和引领地位奠定了坚实的经济基础。

（二）手工业生产

目前，仰韶文化庙底沟期尚缺少那种被全面揭露，能够清晰、完整地呈现聚落布局的典型遗址，因此关于这一时期的手工业布局和特征还不清楚。从现有的仰韶文化庙底沟期手工业遗物和相关遗迹等信息来看，这时的手工业门类是比较齐全的，包括陶、石、骨、角、蚌器制造和纺织等大宗门类，还有玉器等奢侈品制造。

陶窑是仰韶文化庙底沟期最为常见的手工业遗迹，在不少遗址都有发现，这些陶窑在聚落中的位置比较分散，仅在下王岗、关家等个别遗址中，存在着数座陶窑成组分布的情况。有学者认为，这一时期的陶器生产是被氏族或家族控制、由不同家族中的少数家庭工匠实施的行为，属于家庭层面的专业化生产，其产品也由氏族或聚落统一分配、交换或流通[60]。彩陶是仰韶文化庙底沟期最具标识性的文化符号，这一时期的彩陶数量猛增，陶器种类和彩陶图案等都较前期更加丰富，施彩和制陶工艺也更加成熟，特别是在仰韶文化庙底沟期分布区和影响范围内的彩陶呈现出较高的一致性，已经达到了标准化、专业化的程度，有学者把这一时期彩陶的大范围流行形象地称为"中国史前的第一次艺术浪潮"[61]。此外，在西坡和下王岗等遗址的仰韶文化庙底沟期墓葬中还发现有用陶明器随葬的现象，这些陶器显然也是由专业人群制作，甚至有可能是在区域性、规模化的陶器作坊内完成的。

由于石器生产的特殊性，很难留下与制作场景直接相关的作坊等遗迹，关于石器生产的线索主要从石器加工的遗留物和成品中寻找。前文提到，随着仰韶文化庙底沟期人口增长和农业生产规模的扩大，石质农具的数量、种类都相应提升，同样也对石器制作水平和效率有了更高的要求。按照以往的认识，专业化的石器生产是从龙山文化开始的[62]，但近年来的考古资料显示，至少在仰韶文化庙底沟期已经有了不少大规模集中加工石器的场所。如渑池关家遗址仰韶文化庙底沟期聚落的东北部的部分灰坑中，集中出土了大量的石块、石器、石器半成品和加工过程产生的碎屑，发掘者推测，这很可能是与石器加工有关的废弃堆积[63]。在三门峡庙底沟和洛阳西高崖遗址，都发现有大量的石质盘状器等石器集中出土，其中庙底沟遗址就有2000多件[64]。这说明，当时已有专门从事制作盘状器等石器的专业人群和固定的加工场所，服务于自身聚落甚至更大的区域。

不同于周边地区的大汶口文化、凌家滩文化和红山文化等，以豫西为代表的仰韶文化庙底沟期在社会复杂化过程中，不以大量的奢侈品和宗教活动为物化表征，有学者将这一传统称作"中原模式"[65]。在西坡遗址的仰韶文化庙底沟期墓地中，用以区别墓主人之间身份差别的标志仅限于墓葬规模以及大口缸，玉钺、象牙器等奢侈品反而不具备区别身份地位的作用，这一现象似乎也暗示了这些玉器和象牙器等奢侈品在仰韶文化庙底沟期的使用和生产可能不具有垄断性。研究结果显示，在灵宝及其附近区域的仰韶文化庙底沟期墓葬中，用玉钺作为随葬品的现象较为普遍，玉料采集和玉器制作很可能都在当地完成[66]。最近在南阳黄山遗址还发现了仰韶文化晚期的玉石器作坊遗址[67]，也验证了在仰韶文化分布区内有制作玉器的传统。象牙器仅在西坡、关家等遗址有所发现，但是在同时期周边的多个地区却很流行，如大汶口文化、崧泽文化等区域，因此，西坡、关家等遗址的象牙器的原料或成品可能是通过远距离交流从其他地区获得的[68]。

其他如骨、角、蚌等器物数量较少，难以推测生产组织状况。根据目前所见的遗存来看，相较于仰韶文化半坡期相对封闭式、内向型的手工业模式，庙底沟期的陶、石、玉器等手工业生产的专业化已经有了一定程度的发展，在部分区域和聚落内已经出现了集中和较大规模的专业化手工作坊，甚至还存在着与周边其他地区在奢侈品原料或产品方面的交流。相比较而言，河南地区仰韶文化庙底沟期的彩陶制作规模和技术在同时期处于领先地位，并对周边地区产生较大影响，但包括玉石器在内的其他手工业远不及长江中下游等地区发达。北阳平、西坡等大型中心聚落在豫西地区出现，规模达数十万乃至百万平方米以上，显然是区域内部大量人群聚集的结果，而这些人同时生活在一个区域或聚落，不可能全部从事农业生产活动，很可能已经出现了原始分工，将部分人群从农业生产中剥离出来，专门从事聚落所需的手工业生产，这一变化也是社会复杂化的必然结果。

三 河南地区仰韶文化庙底沟期的社会复杂化

从20世纪60年代早期开始，关于仰韶文化社会组织结构的研究就已经是一个热门话题。对临潼姜寨、郑州大河村、秦安大地湾等遗址的大面积揭露和研究，使人们对于仰韶文化早、晚期的社会形态和发展状况有了比较清晰的认识。20 世纪 90 年代以来，随着仰韶文化庙底沟期考古发掘材料的增多，尤其是对灵宝西坡等大型中心性聚落遗址的发掘，学术界逐渐认识到，庙底沟期是仰韶文化走向文明化的过程中至关重要的阶段。这一时期的种种变化，如大型中心聚落的出现、区域内聚落等级呈现，以及聚落内部的房屋建筑、墓葬等规模上的差别日益悬殊等这些前所未有的迹象，无不暗示着在当时的区域和聚落内部，先后经历了从聚落的逐渐聚合到中心聚落社会阶层走向分化这两个重大转变[69]。这就是当前学术界所热议的社会复杂化或文明化，有学者称之为"早期中国文明的第一缕曙光"[70]。

聚落的等级化是判定区域社会分化的重要证据。在仰韶文化半坡期，区域内的同时期聚落规模相当，分布均匀，不存在单一的、规模悬殊的超大型聚落，表现出一种近似平等、相对均衡的社会组织结构；而到了仰韶文化庙底沟期，遗址的面积开始呈现明显的差异化，出现了具有区域性中心性质的大型聚落。以灵宝盆地为例，仰韶文化庙底沟期出现了以河流为基础的聚落群，大、中、小型聚落呈"团状"聚集分布，每个聚落群都有明确的中心聚落，还出现了以北阳平和西坡为代表的数十万平方米的区域核心聚落，周围还有少数十几万平方米的中型聚落，大多数则是仅有几万平方米的小型聚落[71]。中心聚落的出现，暗示着区域内的人口由分散走向聚合，这些中心聚落规模更大，有着更多大型公共性建筑设施、更明确的社会分工和更复杂的社会结构，甚至可能已经具备了一定的区域社会动员乃至控制能力，让区域内的族群和人口主动或被动地从周边的普通聚落聚集到中心聚落中来，这一现象代表着一种全新的社会秩序的确立。

区域社会的分化过程在中心聚落的内部结构中表现得更为显著。尽管受发掘规模的限制，西坡仰韶文化庙底沟期聚落的布局结构尚不完全清晰，但遗址内发现的众多遗迹现象尤其是 7 座大、中型房屋基址以及墓地，依然为我们探知当时的社会结构提供了重要线索。考古发掘显示，西坡遗址早期的建筑布局是由聚落中部的成组大型房屋构成，这些房屋规模宏大，门道皆朝向中心广场，形成向心式的聚落布局。其中 F105 为一座占地面积达 516 平方米、四周带有宽大回廊的巨型建筑，居住面、墙面和部分房基夯土层表面甚至壁柱均用朱砂涂成红色，应该是聚落中具有公共性和礼仪性的殿堂级建筑。经过了一段时间之后，大型房屋被废弃，在同样的位置相继兴建了一批中型房屋，这些中型房屋规模小了很多，门道也改朝西南或东南向，并带有窖穴等附属设施，显然是更为实用的居住生活区，不再具有早期大型房屋的公共活动功能，西坡早期的向心式聚落布局到此时宣告终结。西坡聚落中心建筑布局变化的背后，应该是聚落内社会组织关系的实质性变化，也就是由早期聚落社会的集体权力转变为晚期身份地位较高的少数个人权力，本质上是聚落内部社会阶层的分化。这一变化在略晚于中型房屋的西坡墓地也表现得极为突出，在已揭露的 34 座墓葬中，墓葬间的差异主要表现在规模、随葬器物的种类与数量上。14 座不见有任何随葬品的墓葬规模都很小，20 座墓有随葬品，主要有玉石器、陶器、骨器和象牙器等，其中大口缸只见于规模较大的墓，具有区分墓主人身份和等级的特殊作用[72]。另外，对西坡墓葬人骨的碳、氮稳定同位素分析结果显示，不同规模墓葬的墓主人生前的食物结构也有差别，大墓的墓主人比中小型墓的墓主人生前有机会食用更多的肉食[73]，这同样说明了大墓的墓主人在当时的社会地位更高。可见，西坡社会在墓葬规格和埋葬习俗上均有了地位和等级上的差异化表现，时间比西坡聚落中心建筑布局变化的时间略晚，再次验证了西坡遗址的中晚期阶段出现社会阶层分化这一重要转变过程。需要指出的是，由于西坡墓地遭到后期自然和人为等因素的严重破坏，现存墓葬的埋葬深度和排列密度已非墓地的原始状况，因此，目前发掘的西坡墓地已经不具备分区或分群研究的客观条件。研究成果显示，西坡墓地是由西向东逐渐形成，墓葬中的随葬品还存在着阶段性变化特征，其中在墓地的最晚阶段出现了不再随葬器物的变化，也就是说，从仰韶文化庙底沟期最晚阶段开始，不再以随葬品为区别墓主人身份地位的标识物，这一变化深刻影响到了中原地区仰韶文化晚期的丧葬习俗[74]。

与生产力发展水平的区域不平衡相一致，河南地区庙底沟期的社会分化程度也表现出区域性差异，以三门峡灵宝为核心的豫西无疑走在了前列，其他区域略显滞后。在区域聚落的等级化方面，豫中、豫西南和洛阳盆地虽然在仰韶文化庙底沟期也出现了聚落数量增长、规模扩大的现象，但远不如豫西那么显著，聚落规模多在 10 万平方米以下，聚落分布相对稀疏，还未达到区域聚落分化和分级的程度。以豫西南的邓州八里岗遗址为例，其总面积约 6 万平方米的聚落规模和形态从仰韶文化半坡期到庙底沟期处于一种长期稳定的状态，其中聚落内南北分列的两组三排房屋，从仰韶文化庙底沟期到西王村期经历了多次废弃与重建，但位置和布局始终未变[75]，说明聚落的布局也是长期稳定的。豫中郑州地区的大河村、后庄王、点军台等遗址的房屋结构也是类似情况，均为中小型单间或套间建筑。无论是成组的排屋还是单间或套间，这些建筑虽有大小之别，但没有等级和规格上的高低之分，也就是说，聚落内部的社会组织结构尚未走向分化。再如在汝州洪山庙遗址发现的仰韶文化庙底沟期大型瓮棺合葬墓,现存的 136 个瓮棺密集地排列在一个墓坑内[76],瓮棺内的个体多数为成人,很可能是一个有血缘关系的群体迁葬行为,这些瓮棺形制单一,看不出个体间有身份等级和地位上的差别。而在同属于小型聚落的渑池关家遗址,仰韶文化庙底沟期的部分墓葬中出现了二层台和朱砂涂面的现象[77],表明聚落内部的人群已经有了分化和不平等的苗头。

综上分析,以三门峡为核心的豫西区域是河南地区在仰韶文化庙底沟期社会复杂化进程的引领者,灵宝西坡等中心聚落从出现到聚落布局发生根本性变化,见证了这一时期社会关系的聚合与分化,并蔓延到周围的渑池关家等小型聚落,河南地区内的其他区域尚未见到实质性的变化。

四 讨论与展望

由于仰韶文化庙底沟期在河南地区分布范围广,延续时间长,加上自然地理条件的差别和考古学文化本身的阶段性变化,导致不少区域在这一时期的文化面貌呈现出显著的个性特征和差异。这些差异的存在,引发了学术界长期以来关于仰韶文化庙底沟期地方文化和类型的讨论。严文明先生曾经指出,"在庙底沟类型及同期的各个地方类型之间,既是有联系的,又是各有特色的"[78],这些差异的形成,与各地的文化传统、发展水平、族群迁移和文化交流的影响有关。具体到河南地区来说,在嵩山以西的伊河流域和沙汝河上游地区流行的以直筒深腹缸(即"伊川缸")为葬具的二次葬,极少见于其他地区。大致以渑池为界,以西的灵宝盆地及周围、洛阳盆地西部以及黄河北岸的济源、焦作等地,很少见到鼎等三足器类,鼎的器形也单一,多为釜形鼎;而以东的洛阳—郑州及周围地区则普遍流行各类鼎形器,包括盆形鼎、罐形鼎和釜形鼎等。此外,仰韶文化庙底沟期最为常见的尖底瓶在豫西南的南阳盆地很少见到,鼎类器和圈足器却很发达。显然,豫西三门峡地区受豫陕晋交界的仰韶文化庙底沟期典型文化因素影响更多,洛阳—郑州一带保留了更多的本地文化传统,同时也接受了部分东方文化因素,而豫西南地区因地处黄河和长江中游两大文化系统之间,在继承仰韶文化传统的同时,也受到了长江中游文化因素的影响。

值得关注的是,延续了豫陕晋交界地区的仰韶文化在半坡期向东扩张的态势,豫西的仰韶文化在庙底沟期强势崛起的同时继续东扩,发展重心也不断东移。在这一过程中,洛阳—郑州一带长期保留的本地文化传统逐步被典型仰韶文化因素取代,聚落数量增加，规模逐渐扩大，最终在仰韶文化西王村期开始"进入加速发展阶段，人口向嵩山东北的郑州—荥阳—巩义一带集中，并率先在这一地区发展出了以双槐树为中心的区域复杂社会"[79]。与之形成对比的是，豫西灵宝盆地及周围区域在仰韶文化西王村期急剧衰退，区域内的聚落数量大幅减少，西坡、北阳平等聚落规模变小，一些中小型聚落甚至消失不见。

站在中国现代考古学诞生和仰韶文化发现的两个 100 年历史节点，我们深切地感受到，无论是中国考古学发展还是仰韶文化研究工作，都迎来了最好的时期。回首百年历程，我们感受到，仰韶文化的发掘与研究工作还有着很大的提升空间。一方面，关于仰韶文化的发现与发掘工作，严文明先生早在 20 世纪 80 年代就曾指出，"到现在究竟发现了多少仰韶文化遗址，没有一个确切的统计数字，总之是数以千计……但这绝对不是数目的极限，因为我们现在的调查工作还不够深入，发展还很不平衡"[80]。遗憾的是 30 多年过去了，这个数字依然不够准确，还仍然停留在"数以千计"，以至于我们到今天还难以对仰韶文化遗址的分布规律进行必要的科学分析。根据最新统计数据，仅河南的仰韶文化遗址就有 3000 多处，其中近年来在豫西灵宝等地做的几次区域调查工作，每次统计到的遗址数量都有更新，这说明各地都还有很大的提升潜力。尽管目前做过考古发掘的仰韶文化遗址数量已经很多，但大多是配合基本建设，受到发掘时间和规模的制约，极少开展像郑州大河村、邓州八里岗、灵宝西坡那种比较系统性的考古工作。另一方面，关于仰韶文化的研究工作，经过 100 年的历程，我们已经认识到，仰韶文化延续时间长，分布范围广，文化类型多，是一个非常复杂的文化综合体，同时也是中原文明起源和发展的关键阶段，只有从各方面进行研究，才能全面认识它的文化面貌，进而复原当时的社会结构和历史场景。因此，未来在做好考古调查、发掘和整理等基础性工作的同时，还要加强对重点区域、重要遗址的综合性、多学科和专题性研究，关注仰韶文化与同时期周边地区的文化关系，各地区仰韶文化的社会发展状况和聚落社会分化程度，以及仰韶文化在中华文明早期文明化、农业起源等进程中的地位、作用和模式等。

仰韶文化庙底沟期是仰韶文化研究中比较薄弱而又关键的阶段，还有很多重要的问题等待我们去破解。例如，以灵宝西坡为代表的中心聚落的详细布局还不清楚，其大型建筑向心式的聚落布局在豫西是否具有普遍性？豫西普通聚落的布局是怎样的？豫中地区的中心聚落和普通聚落的布局是什么样？豫西仰韶文化庙底沟期的衰落与豫中仰韶文化晚期的繁盛存在因果关系吗？聚落形态的演变反映了怎样的社会变迁？为什么仰韶文化庙底沟期会发生社会的聚合与分化？这些问题都需要通过对重点遗址开展大规模的考古发掘和多学科研究来解决。

（原刊于《中原文物》2021 年第 5 期）

注释

［1］张忠培：《中国考古学：实践·理论·方法》，中州古籍出版社，1994 年。

［2］余西云：《西阴文化——中国文明的滥觞》，科学出版社，2006 年。

［3］戴向明：《黄河流域新石器时代文化格局之演变》，《考古学报》1998 年第 4 期。

［4］韩建业：《庙底沟时代与"早期中国"》，《考古》2012 年第 3 期。

［5］a. 安志敏：《试论黄河流域新石器时代文化》，《考古》1959 年第 10 期；b. 石兴邦：《黄河流域原始社会考古研究上的若干问题》，《考古》1959 年第 10 期。

［6］中国科学院考古研究所：《庙底沟与三里桥》，科学出版社，1959 年。

［7］中国社会科学院考古研究所：《洛阳发掘报告》，燕山出版社，1989 年。

［8］北京大学考古文博学院：《洛阳王湾——田野考古发掘报告》，北京大学出版社，2002 年。

［9］a. 原长办考古队河南分队：《淅川下集新石器时代遗址发掘报告》，《中原文物》1989 年第 1 期；b. 郑州大学历史学院考古系、河南省文物管理局南水北调文物保护办公室：《河南淅川县沟湾遗址仰韶文化发掘简报》，《考古》2010 年第 6 期。

［10］北京大学历史系洛阳考古实习队：《河南偃师伊河南岸考古调查试掘报告》，《考古》1964 年第 11 期。

［11］a. 河南省文物研究所、长江流域规划办公室考古队河南分队：《淅川下王岗》，文物出版社，1989 年；b. 中国社会科学院考古研究所：《淅川下王岗——2008～2010 年考古发掘报告》，科学出版社，2020 年。

［12］a. 郑州市文物考古研究所：《郑州大河村》，科学出版社，2001 年；b. 郑州市大河村遗址博物馆：《郑州大河村遗址 2014～2015 年考古发掘简报》，《华夏考古》2016 年第 3 期。

［13］河南省文物研究所：《郑州后庄王遗址的发掘》，《华夏考古》1988 年第 1 期。

［14］洛阳博物馆：《洛阳西高崖遗址试掘简报》，《文物》1981 年第 7 期。

［15］河南省文物研究所：《长葛石固遗址发掘报告》，《华夏考古》1987 年第 1 期。

［16］河南省文物研究所：《登封八方、双庙仰韶文化遗址的试掘》，《华夏考古》1992 年第 2 期。

［17］郑州市博物馆：《荥阳点军台遗址 1980 年发掘报告》，《中原文物》1982 年第 4 期。

［18］a. 河南省文物研究所、渑池县文化馆：《渑池仰韶遗址 1980～1981 年发掘报告》，

《史前研究》1985 年第 3 期；b. 河南省文物考古研究院、三门峡市文物考古研究所、渑池县文化广电和旅游局：《河南渑池仰韶村遗址第四次考古发掘 2020 年度简报》，《华夏考古》2021 年第 4 期。

[19] 严文明：《从王湾看仰韶村》，《仰韶文化研究（增订本）》，文物出版社，2009 年。

[20] 郑州市文物工作队：《青台仰韶文化遗址 1981 年上半年发掘简报》，《中原文物》1987 年第 1 期。

[21] a. 中国社会科学院考古研究所河南一队：《河南临汝中山寨遗址试掘》，《考古》1986 年第 7 期；b. 中国社会科学院考古研究所河南一队：《河南汝州中山寨遗址》，《考古学报》1991 年第 1 期。

[22] a. 河南省文物研究所、文化部文物局郑州培训中心：《郑州市站马屯遗址发掘报告》，《华夏考古》1987 年第 2 期；b. 河南省文物考古研究所、河南省文物管理局南水北调文物保护办公室：《郑州市站马屯遗址仰韶文化遗存 2009～2010 年的发掘》，《考古》2011 年第 12 期；c. 中国社会科学院考古研究所河南新砦队、河南省文物管理局南水北调文物保护办公室：《郑州市站马屯西遗址新石器时代遗存》，《考古》2012 年第 4 期。

[23] 郑州市文物考古研究所、荥阳市文物保护管理所：《荥阳方靳寨新石器时代遗址发掘简报》，《中原文物》1997 年第 3 期。

[24] 河南省文物考古研究所：《汝州洪山庙》，中州古籍出版社，1995 年。

[25] 王建新、张晓虎：《试论班村仰韶文化遗存的分期及相关问题》，《考古与文物》2001 年第 3 期。

[26] a. 北京大学考古系等：《河南邓州八里岗遗址的调查与试掘》，《华夏考古》1994 年第 2 期；b. 北京大学考古系等：《河南邓州八里岗遗址 1992 年的发掘与收获》，《考古》1997 年第 12 期；c. 北京大学考古实习队：《河南邓州八里岗遗址发掘简报》，《文物》1998 年第 9 期；d. 北京大学考古文博院、南阳地区文物研究所：《河南邓州八里岗遗址 1998 年度发掘简报》，《文物》2000 年第 11 期。

[27] 郑州大学考古系、开封市文物工作队、尉氏县文物保管所：《河南尉氏县椅圈马遗址发掘简报》，《华夏考古》1997 年第 3 期。

[28] a. 河南省文物考古研究所：《河南巩义市滩小关遗址发掘报告》，《华夏考古》2002 年第 4 期；b. 郑州市文物考古研究院：《河南巩义双槐树新石器时代遗址》，《考古》2021 年第 7 期。

[29] 河南省文物考古研究所、焦作市文物工作队：《河南焦作隤城寨遗址的发掘》，《华夏考古》1998 年第 4 期。

[30] 国家文物局考古领队培训班：《郑州西山仰韶时代城址的发掘》，《文物》1999 年第 7 期。

［31］洛阳市文物工作队、新安县文物保护管理所：《河南新安县太涧遗址发掘简报——黄河小浪底水库淹没区考古发掘简报之一》，《考古与文物》1998 年第 1 期。

［32］河南省文物考古研究所：《河南省登封矿区铁路登封伊川段古遗址调查发掘报告》，《华夏考古》1998 年第 2 期。

［33］河南省文物管理局：《黄河小浪底水库考古报告（一）》，中州古籍出版社，1999 年。

［34］同注［33］。

［35］河南省文物管理局：《黄河小浪底水库考古报告（二）》，中州古籍出版社，2006 年。

［36］河南省文物管理局：《黄河小浪底水库考古报告（四）》，中州古籍出版社，2013 年。

［37］河南省文物考古研究所：《三门峡南交口》，科学出版社，2009 年。

［38］樊温泉：《关家遗址发掘获重要成果——揭露庙底沟文化聚落遗址》，《中国文物报》2000 年 2 月 13 日。

［39］河南省文物考古研究所：《河南渑池县西湾遗址发掘简报》，《华夏考古》2008 年第 3 期。

［40］中国社会科学院考古研究所河南第一工作队等：《河南灵宝市北阳平遗址试掘简报》，《考古》2001 年第 7 期。

［41］河南省文物考古研究所、南阳市文物考古研究所：《河南西峡老坟岗仰韶文化遗址发掘报告》，《考古学报》2012 年第 2 期。

［42］a. 中国社会科学院考古研究所河南一队、河南省文物考古研究所、三门峡市文物工作队等：《河南灵宝市西坡遗址试掘简报》，《考古》2001 年第 11 期；b. 河南省文物考古研究所、中国社会科学院考古研究所河南一队、三门峡市文物考古研究所等：《河南灵宝市西坡遗址 2001 年春发掘简报》，《华夏考古》2002 年第 2 期；c. 河南省文物考古研究所、中国社会科学院考古研究所河南一队、三门峡市文物考古研究所等：《河南灵宝西坡遗址 105 号仰韶文化房址》，《文物》2003 年第 8 期；d. 中国社会科学院考古研究所河南一队、河南省文物考古研究所、三门峡市文物考古研究所等：《河南灵宝市西坡遗址发现一座仰韶文化中期特大房址》，《考古》2005 年第 3 期；e. 河南省文物考古研究所、中国社会科学院考古研究所河南一队、三门峡市文物考古研究所等：《河南灵宝市西坡遗址墓地 2005 年发掘简报》，《考古》2008 年第 1 期；f. 中国社会科学院考古研究所河南一队、河南省文物考古研究所、三门峡市文物考古研究所等：《河南灵宝市西坡遗址 2006 年发现的仰韶文化中期大型墓葬》，《考古》2007 年第 2 期；g. 马萧林、李新伟、杨海青：《河南灵宝西坡遗址第五次发掘获重大突破》，《中国文物报》2005 年 8 月 26 日第 1 版；h. 中国社会科学院考古研究所、河南省文物考古研究所：《灵宝西坡墓地》，文物出版社，2010 年；i. 中国社会科学院考古研究所河南一队、河南省文物考古研究院、三门峡市文物考古研究所：《河南灵宝市西坡遗址庙底沟类型两座大型房址的发掘》，《考古》2015 年第 5 期；j. 中国社会科学院考古研究所河南一队、河南省文物考古研究院、三门峡市文物考古研究所等：《河南灵宝市

西坡遗址南壕沟发掘简报》，《考古》2016 年第 5 期。

[43] 中国社会科学院考古研究所河南第一工作队：《2002～2003 年河南偃师灰嘴遗址的发掘》，《考古学报》2010 年第 3 期；中国社会科学院考古研究所河南第一工作队：《河南偃师市灰嘴遗址 2006 年发掘简报》，《考古》2010 年第 4 期。

[44] 洛阳市第二文物工作队：《洛阳市伊川县大庄遗址发掘简报》，《西部考古》第四辑，三秦出版社，2009 年。

[45] 河南省文物考古研究所：《河南渑池笃忠遗址 2006 年发掘简报》，《华夏考古》2010 年第 3 期。

[46] 洛阳市第二文物工作队：《洛阳市杨窑遗址发掘简报》，《西部考古》第三辑，三秦出版社，2008 年。

[47] 洛阳市文物考古研究院：《洛阳五女冢遗址》，中州古籍出版社，2014 年。

[48] 任广：《伊川土门遗址》，《大众考古》2019 年第 8 期。

[49] a. 安志敏、王伯洪：《河南陕县灵宝考古调查记》，《科学通报》1954 年第 7 期；b. 黄河水库考古工作队：《黄河三门峡水库考古调查简报》，《考古通讯》1956 年第 5 期。

[50] 侯俊杰：《河南灵宝铸鼎原仰韶聚落遗址群考古工作的回顾与思考》，《中国文物报》2005 年 9 月 30 日第 7 版。

[51] 魏兴涛等：《三门峡灵宝盆地史前遗址的调查收获及重要意义》，《中国文物报》2020 年 4 月 3 日第 5 版。

[52] 赵志军：《中国古代农业的形成过程——浮选出土植物遗存证据》，《第四纪研究》2014 年第 1 期。

[53] a. 魏兴涛：《豫西晋西南地区新石器时代植物遗存的发现与初步研究》，《东方考古》第 11 集，科学出版社，2014 年；b. 秦岭：《南交口遗址 2007 年出土仰韶文化早、中期植物遗存及相关问题探讨》，《三门峡南交口》，科学出版社，2009 年。

[54] a. 张雪莲：《人骨碳十三、氮十五同位素分析》，《灵宝西坡墓地》，文物出版社，2010 年；b. 张雪莲、仇士华、钟建等：《中原地区几处仰韶文化时期考古遗址的人类食物状况分析》，《人类学学报》2010 年第 2 期；c. Dong Y., Morgan C., Chinenov Y., Zhou L., Fan W., Ma X., et al. Shifting diets and the rise of male-biased inequality on the Central Plains of China during Eastern Zhou. *Proceedings of the National Academy of Sciences*. 2017, 114 (5): 932 – 937.

[55] a. 马萧林：《河南灵宝西坡遗址动物群及相关问题》，《中原文物》2007 年第 4 期；b. 袁靖：《论中国新石器时代居民获取肉食资源的方式》，《考古学报》1999 年第 1 期；c. 白倩：《河南地区新石器时代生业方式初探》，《南方文物》2020 年第 1 期。

[56] a. 刘莉：《早期陶器、煮粥、酿酒与社会复杂化的发展》，《中原文物》2017 年第 2 期；b. 刘莉等：《仰韶文化的谷芽酒：解密杨官寨遗址的陶器功能》，《农业考古》2017 年第 6 期。

［57］王育茜、张萍、靳桂云、靳松安：《河南淅川沟湾遗址 2007 年度植物浮选结果与分析》，《四川文物》2011 年第 2 期。

［58］付巧妹、靳松安等：《河南淅川沟湾遗址农业发展方式和先民食物结构变化》，《科学通报》2010 年第 7 期。

［59］邓振华、高玉：《河南邓州八里岗遗址出土植物遗存分析》，《南方文物》2012 年第 1 期；王华、张弛：《河南邓州八里岗遗址出土仰韶时期动物遗存研究》，《考古学报》2021 年第 2 期。

［60］戴向明：《黄河中游史前经济概论》，《华夏考古》2016 年第 4 期。

［61］王仁湘：《中国史前的艺术浪潮——庙底沟文化彩陶艺术的解读》，《文物》2010 年第 3 期。

［62］中国社会科学院考古研究所河南第一工作队：《2002～2003 年河南偃师灰嘴遗址的发掘》，《考古学报》2010 年第 3 期。

［63］同注［38］。

［64］a. 中国科学院考古研究所：《庙底沟与三里桥》，科学出版社，1959 年；b. 洛阳博物馆：《洛阳西高崖遗址试掘简报》，《文物》1981 年第 7 期。

［65］韩建业：《西坡墓葬与"中原模式"》，《仰韶和她的时代——纪念仰韶文化发现 90 周年国际学术研讨会论文集》，文物出版社，2014 年。

［66］马萧林、权鑫：《河南灵宝三件馆藏玉钺的年代及相关问题》，《中原文物》2017 年第 6 期。

［67］马俊才：《河南南阳黄山遗址》，《大众考古》2020 年第 12 期。

［68］李新伟：《中国史前社会上层远距离交流网的形成》，《文物》2015 年第 4 期。

［69］马萧林：《仰韶文化中期的聚落与社会——灵宝西坡遗址微观分析》，《中原文物》2020 年第 6 期。

［70］陈星灿：《庙底沟时代——早期中国文明的第一缕曙光》，《中国文物报》2013 年 6 月 13 日第 5 版。

［71］同注［51］。

［72］马萧林：《灵宝西坡出土朱砂及相关问题研究》，《中原文物》2019 年第 6 期。

［73］张雪莲、李新伟：《西坡墓地再讨论》，《中原文物》2014 年第 4 期。

［74］马萧林：《灵宝西坡墓地再分析》，《考古与文物》2019 年第 5 期。

［75］同注［26］。

［76］同注［24］。

［77］同注［38］。

［78］严文明：《论半坡类型和庙底沟类型》，《仰韶文化研究（增订本）》，文物出版社，

2009 年。

[79] 张海：《中原核心区文明起源研究》，上海古籍出版社，2021 年。

[80] 严文明：《纪念仰韶村遗址发现六十五周年》，《仰韶文化研究（增订本）》，文物出版社，2009 年。